| 누가복음 편 |

예배사역자, 예배인도자 그리고 예배자를 위한 **예배시리즈 ❶**

21세기
복음전도 예배

Worship Evangelism

21세기 복음전도 예배
(Worship Evangelism)

초판 1쇄 발행 2018년 1월 1일

지은이 팀 켈러 외

번　역　박상희 외
펴낸이　가진수
펴낸곳　㈜글로벌워십미니스트리
편　집　김민혜

전화　070) 4632-0660
팩스　070) 4325-6181
등록일　2012년 5월 21일
등록번호　제 2016-000031호
이메일　wlm@worshipleader.kr

판권소유 ⓒ 도서출판 워십리더 2018
값 15,000원

ISBN 979-11-88876-01-3 03230

"도서출판 워십리더는 교회와 예배의 회복과 부흥을 위해 세워졌습니다. 예배전문 출판사로서 세계의 다양한 예배의 컨텐츠를 담아 문서선교의 사명을 감당할 것입니다. 한국교회의 목회자, 워십리더, 예배세션뿐만 아니라 모든 크리스천들이 하나님의 임재를 경험할 수 있도록 열정을 다하고 있습니다."

「이 책의 모든 내용은 저작권 보호를 받으므로 무단전제와 복제를 할 수 없습니다.」

(Printed in Korea)

| 차례 |

1장 / 예배큐티

누가복음 1-24장 ·· 005

2장 / 예배 매거진

1. 고기 잡는 사람들:

    21세기의 복음전도 예배(Worship Evangelism) · 팀 켈러(Timothy Keller) · 240

2. Big 5 · 벤 야거(Ben Yarger) ·· 259

3. 예배인도자의 5가지 가장 중요한 기술들 · 스탠 엔디콧(Stan Endicott) ······ 271

4. 자신의 실수를 통해 배우라 · 코디 데빈포트(Cody Davenport) ············ 275

5. 칼 아래에서: 성경 속의 희생과 오늘날의 예배 · 글렌 펙키엄(Glenn Packiam) 279

6. 만남(Encountering) · 데이브 윌리엄슨(Dave Williamson) ················ 282

7. 식탁의 회복 · 레너드 스윗(Leonard Sweet) ································· 291

8. 하나님의 정의를 기리는 찬양하기 · 마크 로버츠(Mark Roberts) ········· 298

9. 창조성을 발산하기: 4가지 E로 시작하는 원칙들 · 팀 휴즈(Tim Hughes) ···· 302

10. 새로운 환경에서 견고하게 시작하기 · 로리 놀랜드(Rory Noland) ········ 305

11. 예배 사역 안에서 영성과 감성의 건강을 유지하기 · 존 치섬(John Chisum) · 309

12. 완벽한 계획을 위한 5가지 조언 · 아론 스튜어트(Aaron Stewart) ········· 313

13. 다양한 예배를 구축하기 위한 4가지 원칙들 · 콘스탄스 체리(Constance Cherry) · 317

14. 사역의 동기 · 폴 발로쉬(Paul Baloche) ······································ 323

15. 예배 사역자에게 필요한 예배의 10가지 필수 요소 · 달린 첵(Darlene Zschech) · 327

매일 예배로 여는 하루
예배 큐티

| 누가복음: 누가가 전하는 복음

마리아와 사가랴가 즉흥적으로 예배를 드리는 첫 번째 장으로 시작해서 마지막 장 마지막 구절까지 ("하나님을 찬송하니라" 24:53) 누가복음은 하나님에 대한 예배로 넘쳐흐른다. 누가는 우리보다 앞서 간 예배자들과 함께 한 목소리로 예배할 수 있도록 우리에게 도전을 준다. 특별히 하나님께서 그분의 아들 예수 그리스도를 통해 역사 가운데 베풀어 주신 구원의 역사로 인하여 우리는 앞서 간 예배자들처럼 하나님께 영광을 돌린다. 그리하여 우리는 마리아의 기쁨의 노래에 동참한다. "내 영혼이 주를 찬양하며 내 마음이 내 구주 하나님을 기뻐하는 것은 … 그를 두려워하는 사람들에게 자손 대대로 자비를 베푸시는구나"(1:46-47, 50). 우리는 사가랴의 선포에 동참한다. "이스라엘의 주 하나님을 찬양하여라. 그가 오셔서 자기 백성을 죄에서 건져 주셨고"(1:68). 또한 우리는 천사들의 노래에 동참한다. "가장 높은 하늘에서는 하나님께 영광! 땅에서는 하나님의 은총을 받은 사람들에게 평화!"(2:14).

누가복음은 다른 복음서보다 하나님의 은혜로우신 역사하심이 어떻게 우리로 하여금 하나님을 찬양하게 하는지 더 잘 보여준다. 우리는 마치 아기 예수님을 본 목자들처럼 "듣고 본 모든 일이 천사들에게 들은 것과 같았으므로 하나님께 영광을 돌리고 찬송하면서 돌아가는" 자들이다(2:20). 우리는 예수님의 말씀을 통해 고침 받은 중풍병 환자에 대해 공감하며, "하나님을 찬양하면서" 집으로 돌아가는 자들이다(5:25). 우리는 백부장과 함께 예수님의 죽으심을 목격하면서 경외심 가운데 "하나님께 영광을 돌리는" 자들이다(23:47).

누가는 예수님께서 하나님의 아들이시며, 그러므로 예배 받으시기 합당하신 분이심을 알고 있었지만 예수님에 대한 예배는 한 구절만 기록한다(24:52, 예수님의 승천 이후). 오히려 누가는 우리가 성부 하나님에 대한 예배에 주의를 기울이는 데에 집중한다. 심지어 예수님께서도 이를 몸소 보여주셨다: "그때 예수님은 성령님으로 기쁨이 충만하여 이렇게 말씀하셨다. '하늘과 땅의 주인이신 아버지를 찬양합니다. 아버지께서는 이 모든 것을 지혜롭고 영리한 사람들에게는 숨기시고 어린 아이들에게는 나타내셨습니다. 그렇습니다. 이것은 아버지의 기뻐하시는 뜻이었습니다'"(10:21).

예수님께서 보여주신 이 예배는 누가복음에 나타나는 다른 두 가지 중요한 요소를 강조한다. 예수님께서는 "성령을 통해 기쁨으로 충만하실 때" 그 분의 아버지를 찬양하셨다. 누가는 예배를 기쁨으로 묘사한다. 예수님과 더불어, 마리아는 하나님, 그녀의 구세주를 "기뻐했다"(1:47). 그리고 예수님께서 종려 주일에 예루살렘에 들어오실 때 군중들은 "큰 소리로 하나님을 찬양"(19:37) 하기 시작했다. 또한 제자들은 예수님의 승천을 "큰 기쁨으로"(24:52) 기념했다. 그리스도인들은 예수님을 통해 하나님의 구원을 받았기 때문에 예배 가운데 기뻐한다. 기쁨은 천사가 전해주는 기쁜 소식에 대한 적절한 반응이다: "내가 너희에게 모든 백성들이 크게 기뻐할 좋은 소식을 알린다"(2:10). 누가는 우리로 하여금 넘치는 기쁨으로 예배드리도록 이끌어준다.

예수님께서 보여주신 예배는 또한 예배를 성령님과 연결시켜 준다. 예수님은 누가복음에서 성령의 감동을 받아 하나님을 찬양하는 이들에 동참하신다(1:67-68; 2:27-28). 예배는 하나님께 대한 우리의 반응이지만, 이것은 단순한 인간의 행위가 아니다. 하나님의 성령이 우리에게 힘을 주셔서 예배하게 하시고, 우리로 하여금 하나님의 구원의 역사를 기억하게 하시고, 우리에게 하나님의 놀라우신 은혜를 부어 주시고, 찬양과 경배를 우리 마음에 채워 주신다.

"주를 찬양하는 것이 선하니이다. 그분의 위엄을 바라보는 것이 선하니이다. 아침마다 그분의 사랑을, 밤마다 그분의 신실하심을 선포하는 것이 선하니이다. 오, 주를 예배하고 찬양하는 것이 선하니이다."
"주를 찬양하는 것이 선하니이다(It is good to praise the lord)"
레니 르블랑(Lenny LeBlanc, c. 1989)

| 누가복음

하나님께 드리는 예배는 종교 집단의 형식적이고 조직화된 행위인가? 아니면 하나님의 은혜를 경험한 개인이 드리는 자유롭고 즉흥적인 반응인가? 누가복음은 예배가 이 두 가지 모두에 해당한다고 말한다. 누가가 전하는 이야기는 나이든 제사장 사가랴가 제단 앞에서 맡은 직무를 행하고 있을 때 주님의 천사가 그의 앞에 나타나 그가 아들 요한, 메시아에 앞서 올 이를 낳을 것임을 알려준다. 복음서의 말미에 우리는 예수님의 제자들이 성전에 다시 모여 주께서 죽음에서 다시 사심으로 인해 하나님을 찬양하는 모습을 볼 수 있다. 이 복음서에는 사람들이 예수님의 발 앞에 엎드려 그분의 도우심을 구하고 또 예수님께서 그들을 치유해 주심으로 인해 하나님께 영광 돌리는 예배의 즉흥적인 행위가 본문 전반에 걸쳐 등장한다.

누가복음은 예수님께서 회당에서 말씀을 읽으시고 가르침과 비유를 통해 하나님께서 어떻게 그분의 나라를 이끌어 가시고 계신 지 설명하시는 장면을 그린다. 그분은 종종 아버지께 기도하셨는데, 이는 우리에게 어떻게 기도해야 하는지 가르쳐주는 것이다. 예수님께서는 회개하라고, 그리고 죄에 대해 분명하게 용서해주라고 가르치신다. 그분은 성부 하나님의 택함 받은 자로서 영광 가운데 나타나셨다. 그분은 그분의 몸으로 떡을, 그분의 보혈로 세우신 새로운 언약으로 포도주를 주신다. 십자가에서 희생 제물이 되시는 일을 이루신 뒤 그분은 다시 살아나셔서 그분을 따르는 자들에게 나타나셨고 그들이 말씀을 이해할 수 있도록 그들의 마음을 열어 주셨다.

또한 누가는 사람들이 그리스도께 어떻게 반응하는지에 대해서도 이야기한다. 사람들은 그분께 절하고, 그분의 자비를 구한다. 자유케 된 자들은 예수님께서 무엇을 이뤄 주셨는지 증언하며 이로 인해 하나님께 찬양을 드렸다. 예수님을 따르는 자들은 그분이 하나님의 메시아라고 그들의 신앙을 고백했고 (9:18-20) 그분의 이름으로 하나님의 기쁜 소식을 전하기 위해 나아갔다. 그들은 기쁨으로 예수님을 그분의 왕이라 선포했고 그분의 평강과 그분의 능력을 노래했다 (19:38).

기독교의 역사적 예배에는 네 가지 기본 요소가 포함된다: 찬양을 통해 하나님의 인재 안으로 들어가는 것, 그분의 말씀을 듣는 것, 성찬에 참여하는 것, 그리고 그리스도의 제자로서 섬기기 위해 나아가는 것. 이 모든 것들은 누가가 전하는 이야기 속에 담겨 있다. 누가복음은 예배란 하나님과 그리스도로 인해 자유케 된 자들 사이의 대화임을 나타내 준다.

| 누가복음으로부터 얻는 예배적 통찰

· 주님의 사역은 찬양 받고 기념될 가치가 있다 (1:46-55).

· 주님은 그분께 신실한 사람들에게 상 주신다 (2:28-31, 36-38).

· 예배는 하나님의 위대하심에 걸맞는 반응이다 (5:8-9).

· 주님은 겸손과 믿음에 대해 상 주신다 (7:6-10).

· 예배 가운데 우리는 하나님의 용서에 대한 우리의 감사를 표현한다 (7:44-48).

· 하나님은 예수님이 그분의 아들이며 그분의 택함을 받은 자임을 드러내셨다 (9:35-36).

· 하나님은 악의 모든 세력에 대항할 권세를 우리에게 주셨다 (10:18-20).

· 우리가 하나님을 사랑하는 마음이 그 무엇보다 우선되어야 한다 (14:26).

· 우리는 순종적인 종으로서 하나님을 섬겨야 한다 (17:10).

· 우리는 겸손으로 하나님의 보좌 앞에 나아가야 한다 (18:10-14).

· 성찬의 떡과 포도주로 하여금 우리는 하나님의 새로운 언약을 기억하고 하늘의 잔치를 기대한다 (22:20, 29-30).

· 예배는 우리에게 기쁨을 채워주는 것이어야 한다 (24:52).

| 누가복음을 읽으며 찬양해야 할 것들

· 예수 그리스도를 목격한 신실한 자들의 증언을 우리에게 주심 (1:2);

· 사람들이 그분을 바라보게 만드는 놀라운 일들을 행하심 (1:65);

· 그분의 은혜와 구원을 보여주심을 통해 우리를 축복하심 (2:25-38);

· 그분의 아들을 지명하시고 그분을 통해 우리에게 기쁜 소식을 전해 주심

(4:18-19);
· 그분을 믿는 자들에게 상 주심 (7:9-10);
· 복수가 아닌 사랑으로 우리를 대적하는 자들에게 반응함 (9:53-55);
· 그분의 자녀들에게 성령을 주심 (11:13);
· 우리에게 놀라운 가치를 두심 (12:7);
· 우리의 회개를 기뻐하심 (15:32);
· 회개하는 모든 자들에게 자비를 베푸심 (23:40-43); 그리고
· 우리가 다른 믿는 자들과 함께 예배 드릴 때 우리에게 기쁨을 주심 (24:52).

| 자세히 보기: 예수님의 탄생을 노래하는 곡들

　누가가 예수님의 탄생에 대해 나타내는 글에는 몇 가지 아름다운 예배의 노래들이 있다. 이 찬송들은 초대 그리스도인들에 의해 불렸고 이것들은 오늘날에도 사용되고 있다. 각 노래들은 하나님의 구원과 자비로 인해 그분을 찬양하는 것들이다.

　첫 번째 찬양은 전통적으로 "마리아 송가(the Magnificat)"이라고 불리는 것이다. 이는 마리아가 그녀를 통해 하나님께서 그분의 메시아를 세상에 보내실 것으로 인해 하나님을 찬양하는 마리아의 노래이다. 이 노래는 마리아의 친척 엘리사벳이 그녀를 복되다고 말한 뒤 마리아가 부른 것이다 (1:46-55). 마리아는 하나님께서 그분의 백성들과 그들에게 자비를 베풀어 주시겠다는 약속을 잊지 않으셨음으로 인해 기뻐한다. 마리아 송가는 이스라엘을 구원으로 이끈 위대한 사무엘 선지자를 낳은 한나의 노래와 닮았다

(사무엘상 2:1-10).

또 다른 찬양은 사가랴 제사장에 의해 불린 것으로, 그는 세례 요한의 아버지이다. 사가랴는 천사 가브리엘이 그의 나이 든 아내가 임신할 것이라고 말하는 바를 믿지 못했기 때문에 말을 할 수 없게 되었다. 엘리사벳이 아들 요한을 낳은 뒤 사가랴에게는 성령이 충만히 임해 주님께 노래하는데 이는 전통적으로 "사가랴의 노래 (또는 베네딕투스, the Benedictus)"라고 불린다(1:67-79).

의로운 시므온 또한 주님을 찬양하기 위한 노래를 불렀다. 시므온은 주께서 이스라엘을 구원해주시는 것을 보기를 간절히 원했고, 성령님은 그에게 그가 주의 메시아를 볼 때까지 그가 죽지 않을 것이라고 약속해 주셨다. 그래서 마리아와 요셉이 아기 예수를 성전에 데리고 왔을 때, 시므온은 하나님을 찬양했고 이를 "시므온의 노래(Nunc Dimittis)"라고 부른다.

그러나 가장 잘 알려진 찬양은 이 땅이 아닌 하늘에서 불린 것이다. 주님의 천사가 베들레헴 근처 목자들에게 메시아의 탄생에 대한 소식을 전할 때, 수많은 하늘의 군대가 함께 이렇게 외쳤다, "지극히 높은 곳에서는 하나님께 영광이요 땅에서는 하나님이 기뻐하신 사람들 중에 평화로다" (2:14). 이 구절은 "대영광송(Gloria in Excelsis Deo)"라고 알려진 찬양의 도입부가 되었다. 전통적인 기독교 예배에서 이 찬양은 성탄절 기간뿐만 아니라 1년 내내 성찬을 기념할 때 사용되었다.

01

[누가복음 1:1-19]

01 우리 중에 이루어진 사실에 대하여

Many have undertaken to draw up an account of the things that have been fulfilled among us,

02 처음부터 목격자와 말씀의 일꾼 된 자들이 전하여 준 그대로 내력을 저술하려고 붓을 든 사람이 많은지라

just as they were handed down to us by those who from the first were eyewitnesses and servants of the word.

03 그 모든 일을 근원부터 자세히 미루어 살핀 나도 데오빌로 각하에게 차례대로 써 보내는 것이 좋은 줄 알았노니

Therefore, since I myself have carefully investigated everything from the beginning, it seemed good also to me to write an orderly account for you, most excellent Theophilus,

04 이는 각하가 알고 있는 바를 더 확실하게 하려 함이로라

so that you may know the certainty of the things you have been taught.

05 유대 왕 헤롯 때에 아비야 반열에 제사장 한 사람이 있었으니 이름은 사가랴요 그의 아내는 아론의 자손이니 이름은 엘리사벳이라

In the time of Herod king of Judea there was a priest named Zechariah, who belonged to the priestly division of Abijah; his wife Elizabeth was also a descendant of Aaron.

06 이 두 사람이 하나님 앞에 의인이니 주의 모든 계명과 규례대로 흠이 없이 행하더라

Both of them were upright in the sight of God, observing all the Lord's commandments and regulations blamelessly.

07 엘리사벳이 잉태를 못하므로 그들에게 자식이 없고 두 사람의 나이가 많더라

But they had no children, because Elizabeth was barren; and they were both well along in years.

08 마침 사가랴가 그 반열의 차례대로 하나님 앞에서 제사장의 직무를 행할새

Once when Zechariah's division was on duty and he was serving as priest before God,

09 제사장의 전례를 따라 제비를 뽑아 주의 성전에 들어가 분향하고

he was chosen by lot, according to the custom of the priesthood, to go into the temple of the Lord and burn incense.

10 모든 백성은 그 분향하는 시간에 밖에서 기도하더니

And when the time for the burning of incense came, all the assembled worshipers were praying outside.

11 주의 사자가 그에게 나타나 향단 우편에 선지라
Then an angel of the Lord appeared to him, standing at the right side of the altar of incense.

12 사가랴가 보고 놀라며 무서워하니
When Zechariah saw him, he was startled and was gripped with fear.

13 천사가 그에게 이르되 사가랴여 무서워하지 말라 너의 간구함이 들린지라 네 아내 엘리사벳이 네게 아들을 낳아 주리니 그 이름을 요한이라 하라
But the angel said to him: "Do not be afraid, Zechariah; your prayer has been heard. Your wife Elizabeth will bear you a son, and you are to give him the name John.

14 너도 기뻐하고 즐거워할 것이요 많은 사람도 그의 태어남을 기뻐하리니
He will be a joy and delight to you, and many will rejoice because of his birth,

15 이는 그가 주 앞에 큰 자가 되며 포도주나 독한 술을 마시지 아니하며 모태로부터 성령의 충만함을 받아
for he will be great in the sight of the Lord. He is never to take wine or other fermented drink, and he will be filled with the Holy Spirit even from birth.

16 이스라엘 자손을 주 곧 그들의 하나님께로 많이 돌아오게 하겠음이라
Many of the people of Israel will he bring back to the Lord their God.

17 그가 또 엘리야의 심령과 능력으로 주 앞에 먼저 와서 아버지의 마음을 자식에게, 거스르는 자를 의인의 슬기에 돌아오게 하고 주를 위하여 세운 백성을 준비하리라
And he will go on before the Lord, in the spirit and power of Elijah, to turn the hearts of the fathers to their children and the disobedient to the wisdom of the righteous--to make ready a people prepared for the Lord."

18 사가랴가 천사에게 이르되 내가 이것을 어떻게 알리요 내가 늙고 아내도 나이가 많으니이다
Zechariah asked the angel, "How can I be sure of this? I am an old man and my wife is well along in years."

19 천사가 대답하여 이르되 나는 하나님 앞에 서 있는 가브리엘이라 이 좋은 소식을 전하여 네게 말하라고 보내심을 받았노라
The angel answered, "I am Gabriel. I stand in the presence of God, and I have been sent to speak to you and to tell you this good news.

교회 사역을 위한 기도(누가복음 1:1)

 전능하신 하나님, 당신은 의사였던 누가의 마음을 움직이셔서 당신의 아들의 사랑과 치유의 능력을 복음서 안에 나타내도록 하셨습니다. 계속해서 동일한 능력을 당신의 교회에 행하셔서 사랑하고 치유하고, 당신의 이름을 찬양하고 영광 돌리게 하소서. 지금 또 영원히 성령과 하나 되어 성부와 함께 살아 계시며 다스리시는 성자, 우리 주 예수 그리스도를 통해 기도합니다. 아멘.

성공회 기도서(Book of Common Prayer)에서 발췌.

(1:11-13) 아버지, 감사합니다. 나의 기도를 들으시고 응답하시는 당신의 신실하심으로 인하여 감사합니다. 내 삶에 열매가 없고, 내 상황에 희망이 없어 보일 때에도 당신은 내 울음소리에 귀 기울이십니다. 주권자이신 주여, 당신은 당신의 시간에 당신의 선하심을 따라 일하실 것입니다. 내가 기다리고, 신뢰하고, 믿음과 감사로 당신의 말씀을 받게 하소서: "네 기도를 들었다."

02

[누가복음 1:20-41]

20 보라 이 일이 되는 날까지 네가 말 못하는 자가 되어 능히 말 못하리니 이는 네가 내 말을 믿지 아니함이거니와 때가 이르면 내 말이 이루어지리라 하더라

And now you will be silent and not able to speak until the day this happens, because you did not believe my words, which will come true at their proper time."

21 백성들이 사가랴를 기다리며 그가 성전 안에서 지체함을 이상히 여기더라

Meanwhile, the people were waiting for Zechariah and wondering why he stayed so long in the temple.

22 그가 나와서 그들에게 말을 못하니 백성들이 그가 성전 안에서 환상을 본 줄 알았더라 그가 몸짓으로 뜻을 표시하며 그냥 말 못하는 대로 있더니

When he came out, he could not speak to them. They realized he had seen a vision in the temple, for he kept making signs to them but remained unable to speak.

23 그 직무의 날이 다 되매 집으로 돌아가니라

When his time of service was completed, he returned home.

24 이 후에 그의 아내 엘리사벳이 잉태하고 다섯 달 동안 숨어 있으며 이르되

After this his wife Elizabeth became pregnant and for five months remained in seclusion.

25 주께서 나를 돌보시는 날에 사람들 앞에서 내 부끄러움을 없게 하시려고 이렇게 행하심이라 하더라

"The Lord has done this for me," she said. "In these days he has shown his favor and taken away my disgrace among the people."

26 여섯째 달에 천사 가브리엘이 하나님의 보내심을 받아 갈릴리 나사렛이란 동네에 가서

In the sixth month, God sent the angel Gabriel to Nazareth, a town in Galilee,

27 다윗의 자손 요셉이라 하는 사람과 약혼한 처녀에게 이르니 그 처녀의 이름은 마리아라

to a virgin pledged to be married to a man named Joseph, a descendant of David. The virgin's name was Mary.

28 그에게 들어가 이르되 은혜를 받은 자여 평안할지어다 주께서 너와 함께 하시도다 하니

The angel went to her and said, "Greetings, you who are highly favored! The Lord is with you."

29 처녀가 그 말을 듣고 놀라 이런 인사가 어찌함인가 생각하매

Mary was greatly troubled at his words and wondered what kind of greeting this might be.

30 천사가 이르되 마리아여 무서워하지 말라 네가 하나님께 은혜를 입었느니라

But the angel said to her, "Do not be afraid, Mary, you have found favor with God.

31 보라 네가 잉태하여 아들을 낳으리니 그 이름을 예수라 하라

You will be with child and give birth to a son, and you are to give him the name Jesus.

32 그가 큰 자가 되고 지극히 높으신 이의 아들이라 일컬어질 것이요 주 하나님께서 그 조상 다윗의 왕위를 그에게 주시리니

He will be great and will be called the Son of the Most High. The Lord God will give him the throne of his father David,

33 영원히 야곱의 집을 왕으로 다스리실 것이며 그 나라가 무궁하리라

and he will reign over the house of Jacob forever; his kingdom will never end."

34 마리아가 천사에게 말하되 나는 남자를 알지 못하니 어찌 이 일이 있으리이까

"How will this be," Mary asked the angel, "since I am a virgin?"

35 천사가 대답하여 이르되 성령이 네게 임하시고 지극히 높으신 이의 능력이 너를 덮으시리니 이러므로 나실 바 거룩한 이는 하나님의 아들이라 일컬어지리라

The angel answered, "The Holy Spirit will come upon you, and the power of the Most High will overshadow you. So the holy one to be born will be called the Son of God.

36 보라 네 친족 엘리사벳도 늙어서 아들을 배었느니라 본래 임신하지 못한다고 알려진 이가 이미 여섯 달이 되었나니

Even Elizabeth your relative is going to have a child in her old age, and she who was said to be barren is in her sixth month.

37 대저 하나님의 모든 말씀은 능하지 못하심이 없느니라

For nothing is impossible with God."

38 마리아가 이르되 주의 여종이오니 말씀대로 내게 이루어지이다 하매 천사가 떠나가니라

"I am the Lord's servant," Mary answered. "May it be to me as you have said." Then the angel left her.

39 이 때에 마리아가 일어나 빨리 산골로 가서 유대 한 동네에 이르러

At that time Mary got ready and hurried to a town in the hill country of Judea,

40 사가랴의 집에 들어가 엘리사벳에게 문안하니

where she entered Zechariah's home and greeted Elizabeth.

41 엘리사벳이 마리아가 문안함을 들으매 아이가 복중에서 뛰노는지라 엘리사벳이 성령의 충만함을 받아

When Elizabeth heard Mary's greeting, the baby leaped in her womb, and Elizabeth was filled with the Holy Spirit.

(1:38) 단지 한 명의 시골 소녀가 당신께 "예" 하고 대답했을 때 당신의 구원의 계획은 이루어졌습니다. 이 "예" 는 세상을 바꾸는 것입니다. 여기에는 그 어떤 복잡한 의식도, 고급진 신학적 훈련도 포함되어 있지 않습니다. 단지 믿음의 말이 필요합니다 "주의 여종이오니 말씀대로 내게 이루어지이다". 주여, 내 삶도 동일하게 되길 원합니다. 당신께 "예" 라고 대답해 세상을 위해 당신의 계획에 동참할 수 있도록 나를 도와 주소서. 지금도 성령님, 내가 당신께 "예" 라고 대답합니다. 내게 오셔서 나를 통해 그리스도의 생명이 내 주변에 이를 필요로 하는 세상에 전해지게 하소서.

03

[누가복음 1:42-66]

42 큰 소리로 불러 이르되 여자 중에 네가 복이 있으며 네 태중의 아이도 복이 있도다

In a loud voice she exclaimed: "Blessed are you among women, and blessed is the child you will bear!

43 내 주의 어머니가 내게 나아오니 이 어찌 된 일인가

But why am I so favored, that the mother of my Lord should come to me?

44 보라 네 문안하는 소리가 내 귀에 들릴 때에 아이가 내 복중에서 기쁨으로 뛰놀았도다

As soon as the sound of your greeting reached my ears, the baby in my womb leaped for joy.

45 주께서 하신 말씀이 반드시 이루어지리라고 믿은 그 여자에게 복이 있도다

Blessed is she who has believed that what the Lord has said to her will be accomplished!"

46 마리아가 이르되 내 영혼이 주를 찬양하며

And Mary said: "My soul glorifies the Lord

47 내 마음이 하나님 내 구주를 기뻐하였음은

and my spirit rejoices in God my Savior,

48 그의 여종의 비천함을 돌보셨음이라 보라 이제 후로는 만세에 나를 복이 있다 일컬으리로다

for he has been mindful of the humble state of his servant. From now on all generations will call me blessed,

49 능하신 이가 큰 일을 내게 행하셨으니 그 이름이 거룩하시며

for the Mighty One has done great things for me-- holy is his name.

50 긍휼하심이 두려워하는 자에게 대대로 이르는도다

His mercy extends to those who fear him, from generation to generation.

51 그의 팔로 힘을 보이사 마음의 생각이 교만한 자들을 흩으셨고

He has performed mighty deeds with his arm; he has scattered those who are proud in their inmost thoughts.

52 권세 있는 자를 그 위에서 내리치셨으며 비천한 자를 높이셨고

He has brought down rulers from their thrones but has lifted up the humble.

53 주리는 자를 좋은 것으로 배불리셨으며 부자는 빈 손으로 보내셨도다
He has filled the hungry with good things but has sent the rich away empty.

54 그 종 이스라엘을 도우사 긍휼히 여기시고 기억하시되
He has helped his servant Israel, remembering to be merciful

55 우리 조상에게 말씀하신 것과 같이 아브라함과 그 자손에게 영원히 하시리로다 하니라
to Abraham and his descendants forever, even as he said to our fathers."

56 마리아가 석 달쯤 함께 있다가 집으로 돌아가니라
Mary stayed with Elizabeth for about three months and then returned home.

57 엘리사벳이 해산할 기한이 차서 아들을 낳으니
When it was time for Elizabeth to have her baby, she gave birth to a son.

58 이웃과 친족이 주께서 그를 크게 긍휼히 여기심을 듣고 함께 즐거워하더라
Her neighbors and relatives heard that the Lord had shown her great mercy, and they shared her joy.

59 팔 일이 되매 아이를 할례하러 와서 그 아버지의 이름을 따라 사가랴라 하고자 하더니
On the eighth day they came to circumcise the child, and they were going to name him after his father Zechariah,

60 그 어머니가 대답하여 이르되 아니라 요한이라 할 것이라 하매
but his mother spoke up and said, "No! He is to be called John."

61 그들이 이르되 네 친족 중에 이 이름으로 이름한 이가 없다 하고
They said to her, "There is no one among your relatives who has that name."

62 그의 아버지께 몸짓하여 무엇으로 이름을 지으려 하는가 물으니
Then they made signs to his father, to find out what he would like to name the child.

63 그가 서판을 달라 하여 그 이름을 요한이라 쓰매 다 놀랍게 여기더라
He asked for a writing tablet, and to everyone's astonishment he wrote, "His name is John."

64 이에 그 입이 곧 열리고 혀가 풀리며 말을 하여 하나님을 찬송하니
Immediately his mouth was opened and his tongue was loosed, and he began to speak, praising God.

65 그 근처에 사는 자가 다 두려워하고 이 모든 말이 온 유대 산골에 두루 퍼지매

The neighbors were all filled with awe, and throughout the hill country of Judea people were talking about all these things.

66 듣는 사람이 다 이 말을 마음에 두며 이르되 이 아이가 장차 어찌 될까 하니 이는 주의 손이 그와 함께 하심이러라

Everyone who heard this wondered about it, asking, "What then is this child going to be?" For the Lord's hand was with him.

가장 높은 하늘로부터 찬양 받으시는 그리스도, 영원하신 주 그리스도! 때가 이르러 그분이 오심을 보라, 동정녀의 태에서 나신 분을. 육신을 입으신 하나님을 보라; 성육신 하신 하나님을 맞이하라, 기꺼이 사람으로 오셔서 사람과 거하신 그분을, 예수, 우리의 임마누엘. 들어라! 천사 찬송하네,

"새로 나신 왕께 영광을!" "들어라! 천사 찬송하네 (Hark! The Herald angels sing)"

찰스 웨슬리(Charles Wesley, 1739)

[이 곡은 현재 찬송가 126장 "천사 찬송하기를"로 번역/의역되어 사용되고 있습니다. 해당 찬양의 가사는 다음과 같습니다: (1절) 천사 찬송하기를 거룩하신 구주께 영광 돌려보내세 구주 오늘 나셨네 크고 작은 나라들 기뻐 화답하여라 영광 받을 왕의 왕 베들레헴 나신 주 영광 받을 왕의 왕 베들레헴 나신 주 (2절) 오늘 나신 예수는 하늘에서 내려와 처녀 몸에 나셔서 사람 몸을 입었네 세상 모든 사람들 영원하신 주님께 영광 돌려보내며 높이 찬양 하여라 영광 돌려보내며 높이 찬양 하여라 (3절) 의로우신 예수는 평화의 왕이시고 세상 빛이 되시며 우리 생명 되시네 죄인들을 불러서 거듭나게 하시고 영생하게 하시니 왕께 찬양하여라 영생하게 하시니 왕께 찬양 하여라, 아멘. /역주]

낮은 자를 높이시는 주님

(1:46-55) 마리아 송가 (the Magnificat), 하나님의 축복을 찬양하는 마리아의 아름다운 노래는 주께서 어떻게 낮은 자, 억눌린 자들을 대변해 주시는지 완벽하게 표현한다. 한나의 기도와 같이(사무엘상 2:1-10), 마리아의

찬양은 하나님께서 그분의 백성들에게 베푸시는 자비를 나타내는 것이다. 하나님은 우리를 깊은 죄에서 건져내 주시고 그리스도 안에서 새로운 생명을 주셨기 때문에 우리 또한 그분의 자비를 경험한 것이다. 우리도 주께서 아브라함에게 주신 언약과 이를 그리스도를 통해 이루신 그분의 신실하심으로 인해 그분을 높여드리자(1:55).

자비의 주님, 당신의 겸손한 종 마리아와 같이 우리도 당신의 구원으로 인해 당신께 영광을 돌리며 기뻐합니다. 당신은 낮은 자를 높이시며 좋은 것들로 그들에게 복 주십니다. 당신이 우리에게 주시는 놀라운 자비로 인해 우리의 마음에 감사가 가득하게 하소서. 아멘.

| 마리아

천사가 당신 앞에 나타나 당신이 주님을 위해 특별한 일을 행하는데 택함 받았다는 소식을 전한다고 한번 상상해보라! 당신은 마리아가 했던 것과 같은 반응을 할 것이다: 누구요, 저요? 전 자격이 안되는 걸요!" 천사가 하나님의 아들을 낳는 데 마리아가 택함 받았다고 하자 그녀는 겸손의 영을 드러냈다. 그렇지만 그녀는 자신의 겸손으로 인해 그녀에 대한 주님의 뜻을 받아들이지 않은 것은 아니었다. 예라고 대답하는 일은 많은 사람들에게, 그리고 약혼자인 요셉에게 오해를 부를 일이었음에도 불구하고 말이다. 이와 같이, 마리아는 우리의 삶에 하나님께서 부르실 때 취해야할 올바른 반응을 보여준다.

· 예배자 마리아

　마리아는 하나님의 뜻이 자신에게 선한 것이라고 믿었다. 그녀는 그분이 낮은 자를 높이시며 그분을 믿는 자들에게 자비를 베풀어 주시는 하나님임을 알았다. 의심할 여지 없이 그녀가 당면하게 될 문제들에도 불구하고 그녀는 그녀의 신실함이 결국 다른 이들, 즉 약속의 사람들, 그리고 분명 온 세상을 축복해주는 일임을 알았다.

· 마리아에게 배울 점

　하나님은 그분이 특별한 일을 이루실 사람들을 정하신다. 그리고 우리는 그분이 그분의 뜻을 이루실 수 있도록 그분을 의지하는 법을 배워야만 한다. 마리아가 메시아를 잉태하도록 선택하신 분은 주님이셨다. 그리고 마리아가 해야 할 일은 단지 순종하기를 원하는 것이었다.

　마리아는 주님이 그녀를 부르셔서 그분을 섬기라 하셨을 때 물러서지 않았다. 하나님께 순종함으로 마리아는 그녀의 평판이나 그녀의 미래에 대한 위험을 무릅쓰고 그분을 따르기로 선택했다. 우리도 마리아처럼 우리의 모든 계획과 소망을 주님께 내려놓고 우리에 대한 그분의 섭리를 신뢰해야 할 것이다.

· 본보기를 따라서

　우리가 힘든 상황을 겪고 있을 때, 우리는 이것이 결국 축복이 될 것임이라 생각하기 어렵다. 그러나 마리아는 하나님의 뜻을 받아들임으로 인해서 사람들에게 수치를 당하고 심지어 벌을 받을 수도 있는 상황임에도 하나님께서 그녀의 삶에 주실 축복으로 인해 그분을 찬양할 수 있었다. 당신이 너무 힘들다고 여기며 헤쳐 나갔던 문제들에 대해 생각해보라. 하나님은 그 문제들을 통해서 당신이 다른 이들을 축복할 수 있도록 당신을 어떻게 사용하셨는가? 당신이 하나님의 뜻을 받아들이기 어렵다고 여겨질 때, 멈추고 주님은 실수가 없으시다는 점을 기억하라. 당신이 겪고 있는 상황을 통해 당신에게 하나님께서 행하실 일로 인해 그분께 감사하라. 마리아처럼 자신을 가지고 기쁨으로 당신에게 맡겨진 일을 행하라.

"그가 이 천한 종을 돌아보셨음이라. 지금부터는 모든 세대가 나를 행복하다 하겠네. 능력 있는 분이 나를 위해 큰 일을 하셨으니 그의 이름 거룩하여라!" 누가복음 1:48-49 (현대인의 성경)

| 시므온

우리는 성경을 통해 시므온에 대해 거의 알 수 없다. 그러나 성경은 그가 의롭고, 경건하고, 성령이 충만한 사람이었다고 말한다. 그는 특별한 무언가를 기다리는 나이 든 사람이었다. 성령님은 그가 메시아를 볼 때까지 죽지 않을 것이라고 하셨다. 시므온이 성전에서 아기 예수님을 보았을 때, 그는 구원의 역사에 있어서 참으로 기념이 될 만한 사건을 목격한다: 하나님께서 육신을 입고 오신 것이다. 구원이 그에게 나타났다. 그리고 모든 사람들에게도.

· 예배자 시므온

시므온은 헌신의 삶을 통해 그가 간절히 원하던 순간을 위해 준비되었다. 성령님의 음성을 듣고 인도하심을 따라 성전에 갔을 때 시므온은 오랫동안 기다려왔던 메시아를 보았다. 시므온은 하나님께서 그분의 약속을 이루심으로 인하여, 그리고 그가 주님의 구원을 볼 수 있도록 허락해 주심으로 인하여 하나님을 찬양한다. 시므온은 그 후 요셉과 마리아, 아기 예수에게 그동안 하나님께서 그에게 주셨던 복을 돌려주며 축복한다.

· 시므온에게 배울 점

시므온은 주 앞에 아주 경건한 사람이었다. 성령님의 계시를 통해 이 경건함은 축복 받았다.

시므온은 인내하며 기다렸다. 성령님은 시므온에게 무엇을 볼 것인지 알려주셨지만 그게 언제인지는 알려주지 않으셨다. 시므온은 주께서 알맞은 시기에 메시아를 보여주실 것을 기다려야 했다.

시므온은 우리에게 하나님의 전능하신 행위에 대한 올바른 반응이 무엇인지 보여준다: 찬양이다. 우리의 예배 중심에는 하나님께서 베풀어 주신 일로 인해 찬양하고 감사하는 마음이 있다.

· 본보기를 따라서

시므온이 주께 찬양을 드렸던 것처럼 우리도 주님을 찬양해야 한다. 시므온처럼 우리도 주님의 구원을 보았으니 그리스도의 죽음과 부활, 그리고 우리 삶 속에 성령님께서 행하시는 일들로 인해 하나님을 찬양해야 한다. 고린도후서 3:7-18을 읽고 은혜와 영적 변화를 위한 그분의 새로운 언약으로 인해 하나님께 찬양을 드리자.

시므온이 아기를 안고 하나님을 찬송하여 이르되, "주재여, 이제는 말씀하신 대로 종을 평안히 놓아 주시는도다! 내 눈이 주의 구원을 보았사오니 이는 만민 앞에 예비하신 것이요." 누가복음 2:28-31 (개역개정)

| 영광 나라 천사들아(Angels, from the Realms of Glory)

　이 곡은 영국 전폐론자 (abolitionist) 신문 편집장이었던 제임스 몽고메리 (James Montgomery)가 가사를 쓴 성탄절 찬송으로, 사람들을 불러 와서 그리스도를 경배하라고 한다. 먼저 이 곡은 천사들에게 그리스도를 세상에 선포하라고, 그리고 목자들에게 성탄의 이야기를 전하라고, 그리고 동방박사들에게, 그리고 마지막으로 오늘날 "제단 앞에 엎드린 성인들인" 우리들에게 이 소식을 전하라고 명한다. 이 찬양은 하나님께서 그리스도를 통해 우리와 함께 계시며 그분이 마지막 날에 "그분의 성전에 나타나실 것"임을 선포한다. 우리도 "와서 경배하라"는 이 부르심에 응답하도록 하자.

영광 나라 천사들아, 온 땅 위를 날며 창조의 이야기를 노래하는 너희들아, 이제 메시아의 나심을 선포하라. (후렴)
밤까지 양떼들을 돌보는 들판의 목자들아, 우리와 함께 계신 하나님께서 이제 오셨다, 저기 아기의 빛이 비춘다. (후렴)
박사들아, 생각을 멈추라, 저 멀리 더 밝은 빛이 비춘다; 너 온 땅의 위대한 열망을 찾고 그분의 탄생의 별을 보았네. (후렴)
소망과 두려움으로 오랫동안 기다려왔던 제단 앞에 엎드린 성인들아, 주께서 불현듯 내려오셔서 그분의 성전에 나타나시리라. (후렴)
후렴: 와서 경배하라, 와서 경배하라, 새로 나신 왕, 그리스도께 경배하라.
[이 곡은 현재 찬송가 118장 "영광 나라 천사들아"로 번역/의역되어 사용되고 있습니다. 해당 가사는 다음과 같습니다. /역주]

영광 나라 천사들아 땅 끝까지 날면서 하나님을 찬양하고 구주 나심 전하라 (후렴) / 들에 있던 목자들이 밤에 양떼 지킬 때 천사들이 나타나서 주의 나심 전했네 (후렴) / 박사들도 기뻐하며 밝은 별을 따라가 구주 예수 나신 것을 널리 증거하였네 (후렴) / 성도들이 간절하게 주를 사모하다가 영광 중에 나타나신 주의 얼굴 뵈었네 (후렴) / 성도들아 찬양하라 성부 성자 성령께 우리 모두 소리 높여 삼위일체 찬양해 (후렴)
후렴: 경배하세 경배하세 나신 왕께 절하세

| 안나

성전에서 마리아, 요셉, 그리고 아기 예수를 맞이했던 여든 네 살 여인 안나에게 기다림은 일생 동안의 부르심과도 같아 보인다. 그녀에 대해 우리가 아는 바는 몇 단어로 요약할 수 있다: 그녀는 과부였고, 성전에서 선지자고 살고 있었다. 누가가 우리에게 말해주는 바와 같이 성전은 그녀에게 집이 되었고, 그녀는 밤낮으로 그곳에 거했으며 메시아를 기다리며 계속해서 하나님을 예배했다. 안나가 보여주는 인내의 예배는 모든 것이 빠르고 시간이 재물로 여겨지는 오늘날의 사회에 사는 우리들에게 많은 가르침을 준다.

· 예배자 안나

안나는 기다림이 하나님의 인도하심을 위해 준비되는 것이라고 여겼다. 그녀는 스스로를 단련시키며 모든 것을 제쳐 두고 그분의 음성을 듣는데 힘썼다.

안나에게 기다림은 단지 시간을 보내는 것이 아니었다. 이 기간은 그녀가 하나님의 약속이 성취되는 것을 보리라는 즐거운 기대를 가지는 시간이었다.

· 안나에게 배울 점

기다림을 게으른 것, 활동하지 않는 것, 혹은 목적이 없는 것과 혼동해서는 안된다. 기다림은 하나님을 신뢰하고 우리의 삶을 그분께 내려놓는 것을 포함한다. 우리가 기다리는 법을 배울 때 우리는 우리 자신의 능력이 아닌 하나님의 신실하심에 의지하는 법 또한 배우게 된다.

우리는 인내를 구하며 기도하고 다른 이들에게도 있는 이 조용한 선물을 인지하고 또 이를 존중하는 법을 배워야 한다. 안나는 사람들을 위한 구세주를 신실하게 기다렸고, 하나님께서는 그녀의 인내에 대한 보상으로 그녀가 그녀의 두 눈으로 메시아를 볼 수 있도록 허락해 주셨다.

· 본보기를 따라서

성경은 50차례가 넘게 우리에게 충고하며 주님을 기다리라고 말한다. 이를 행하는 방법 중 하나는 정기적으로 조용히 혼자 있는 장소에서, 일상의 정신없이 바쁜 염려거리들을 내려놓고 하나님의 말씀을 읽고 기도하는 것이다. 이 묵상의 시간은 우리의 생각이 하나님께 집중할 수 있도록, 그리고 우리가 그분 안에서 안전함을 찾을 수 있도록 도와준다. 매일 혼자서 하나님의 임재 가운데 거하는 시간을 구별하는 연습을 하라. 이 단순한 연습은 오래전 안나가 했던 것처럼 당신이 주님을 기다릴 수 있도록 도와줄 것이다.

과부가 되었다. 그로부터 그녀는 여든 네 살이 되기까지 성전을 떠나지 않고 밤낮 금식하고 기도하며 하나님을 섬겼다. 누가복음 2:37 (현대인의 성경)

04

[누가복음 1:67-2:14]

67 그 부친 사가랴가 성령의 충만함을 받아 예언하여 이르되

His father Zechariah was filled with the Holy Spirit and prophesied:

68 찬송하리로다 주 이스라엘의 하나님이여 그 백성을 돌보사 속량하시며

"Praise be to the Lord, the God of Israel, because he has come and has redeemed his people.

69 우리를 위하여 구원의 뿔을 그 종 다윗의 집에 일으키셨으니

He has raised up a horn of salvation for us in the house of his servant David

70 이것은 주께서 예로부터 거룩한 선지자의 입으로 말씀하신 바와 같이

(as he said through his holy prophets of long ago),

71 우리 원수에게서와 우리를 미워하는 모든 자의 손에서 구원하시는 일이라

salvation from our enemies and from the hand of all who hate us--

72 우리 조상을 긍휼히 여기시며 그 거룩한 언약을 기억하셨으니

to show mercy to our fathers and to remember his holy covenant,

73 곧 우리 조상 아브라함에게 하신 맹세라

the oath he swore to our father Abraham:

74 우리가 원수의 손에서 건지심을 받고

to rescue us from the hand of our enemies, and to enable us to serve him without fear

75 종신토록 주의 앞에서 성결과 의로 두려움이 없이 섬기게 하리라 하셨도다

in holiness and righteousness before him all our days.

76 이 아이여 네가 지극히 높으신 이의 선지자라 일컬음을 받고 주 앞에 앞서 가서 그 길을 준비하여

And you, my child, will be called a prophet of the Most High; for you will go on before the Lord to prepare the way for him,

77 주의 백성에게 그 죄 사함으로 말미암는 구원을 알게 하리니

to give his people the knowledge of salvation through the forgiveness of their sins,

78 이는 우리 하나님의 긍휼로 인함이라 이로써 돋는 해가 위로부터 우리에게 임하여

because of the tender mercy of our God, by which the rising sun will come to us from heaven

79 어둠과 죽음의 그늘에 앉은 자에게 비치고 우리 발을 평강의 길로 인도하시리로다 하니라

to shine on those living in darkness and in the shadow of death, to guide our feet into the path of peace."

80 아이가 자라며 심령이 강하여지며 이스라엘에게 나타나는 날까지 빈 들에 있으니라

And the child grew and became strong in spirit; and he lived in the desert until he appeared publicly to Israel.

[누가복음 2장]

01 그 때에 가이사 아구스도가 영을 내려 천하로 다 호적하라 하였으니

In those days Caesar Augustus issued a decree that a census should be taken of the entire Roman world.

02 이 호적은 구레뇨가 수리아 총독이 되었을 때에 처음 한 것이라

(This was the first census that took place while Quirinius was governor of Syria.)

03 모든 사람이 호적하러 각각 고향으로 돌아가매

And everyone went to his own town to register.

04 요셉도 다윗의 집 족속이므로 갈릴리 나사렛 동네에서 유대를 향하여 베들레헴이라 하는 다윗의 동네로

So Joseph also went up from the town of Nazareth in Galilee to Judea, to Bethlehem the town of David, because he belonged to the house and line of David.

05 그 약혼한 마리아와 함께 호적하러 올라가니 마리아가 이미 잉태하였더라

He went there to register with Mary, who was pledged to be married to him and was expecting a child.

06 거기 있을 그 때에 해산할 날이 차서

While they were there, the time came for the baby to be born,

07 첫아들을 낳아 강보로 싸서 구유에 뉘었으니 이는 여관에 있을 곳이 없음이러라

and she gave birth to her firstborn, a son. She wrapped him in cloths and placed him in a manger, because there was no room for them in the inn.

08 그 지역에 목자들이 밤에 밖에서 자기 양 떼를 지키더니

And there were shepherds living out in the fields nearby, keeping watch over their flocks at night.

09 주의 사자가 곁에 서고 주의 영광이 그들을 두루 비추매 크게 무서워하는지라

An angel of the Lord appeared to them, and the glory of the Lord shone around them, and they were terrified.

10 천사가 이르되 무서워하지 말라 보라 내가 온 백성에게 미칠 큰 기쁨의 좋은 소식을 너희에게 전하노라

But the angel said to them, "Do not be afraid. I bring you good news of great joy that will be for all the people.

11 오늘 다윗의 동네에 너희를 위하여 구주가 나셨으니 곧 그리스도 주시니라

Today in the town of David a Savior has been born to you; he is Christ the Lord.

12 너희가 가서 강보에 싸여 구유에 뉘어 있는 아기를 보리니 이것이 너희에게 표적이니라 하더니

This will be a sign to you: You will find a baby wrapped in cloths and lying in a manger."

13 홀연히 수많은 천군이 그 천사들과 함께 하나님을 찬송하여 이르되

Suddenly a great company of the heavenly host appeared with the angel, praising God and saying,

14 지극히 높은 곳에서는 하나님께 영광이요 땅에서는 하나님이 기뻐하신 사람들 중에 평화로다 하니라

"Glory to God in the highest, and on earth peace to men on whom his favor rests."

(1:68-79) 오 하나님, 우리가 당신을 찬양합니다. 당신은 우리를 구원하시기 위해 당신의 아들 예수님을 보내셨습니다. 당신은 우리가 죄 지을 때 우리를 적의 손에 넘기지 않으십니다; 오히려 당신은 우리가 당신과 관계를 회복할 수 있는 길을 만드십니다. 우리가 당신을 떠나 방황할 때에도 당신은 우리를 버리지 않으십니다; 오히려 당신은 우리를 구하시고, 우리를 구원하시고, 우리를 용서하시고, 우리의 발걸음을 평화의 길로 인도하십니다. (사무엘하 14:14; 누가복음 15:20; 요한복음 3:17)

"모든 사람과 천사들이 아는 지혜와 사랑과 능력의 모든 영광스러운 이름, 모든 사람과 천사들이 그분의 존귀하심을 말하기 너무 비천하네."

"모든 영광스러운 이름 (Join all the glorious names)"

아이작 왓츠(Isaac Watts, 1707)

05

[누가복음 2:15-35]

15 천사들이 떠나 하늘로 올라가니 목자가 서로 말하되 이제 베들레헴으로 가서 주께서 우리에게 알리신 바 이 이루어진 일을 보자 하고

When the angels had left them and gone into heaven, the shepherds said to one another, "Let's go to Bethlehem and see this thing that has happened, which the Lord has told us about."

16 빨리 가서 마리아와 요셉과 구유에 누인 아기를 찾아서

So they hurried off and found Mary and Joseph, and the baby, who was lying in the manger.

17 보고 천사가 자기들에게 이 아기에 대하여 말한 것을 전하니

When they had seen him, they spread the word concerning what had been told them about this child,

18 듣는 자가 다 목자들이 그들에게 말한 것들을 놀랍게 여기되

and all who heard it were amazed at what the shepherds said to them.

19 마리아는 이 모든 말을 마음에 새기어 생각하니라

But Mary treasured up all these things and pondered them in her heart.

20 목자들은 자기들에게 이르던 바와 같이 듣고 본 그 모든 것으로 인하여 하나님께 영광을 돌리고 찬송하며 돌아가니라

The shepherds returned, glorifying and praising God for all the things they had heard and seen, which were just as they had been told.

21 할례할 팔 일이 되매 그 이름을 예수라 하니 곧 잉태하기 전에 천사가 일컬은 바러라

On the eighth day, when it was time to circumcise him, he was named Jesus, the name the angel had given him before he had been conceived.

22 모세의 법대로 정결예식의 날이 차매 아기를 데리고 예루살렘에 올라가니

When the time of their purification according to the Law of Moses had been completed, Joseph and Mary took him to Jerusalem to present him to the Lord

23 이는 주의 율법에 쓴 바 첫 태에 처음 난 남자마다 주의 거룩한 자라 하리라 한 대로 아기를 주께 드리고

(as it is written in the Law of the Lord, "Every firstborn male is to be consecrated to the Lord"),

24 또 주의 율법에 말씀하신 대로 산비둘기 한 쌍이나 혹은 어린 집비둘기 둘로 제사하려 함이더라

and to offer a sacrifice in keeping with what is said in the Law of the Lord: "a pair of doves or two young pigeons."

25 예루살렘에 시므온이라 하는 사람이 있으니 이 사람은 의롭고 경건하여 이스라엘의 위로를 기다리는 자라 성령이 그 위에 계시더라
Now there was a man in Jerusalem called Simeon, who was righteous and devout. He was waiting for the consolation of Israel, and the Holy Spirit was upon him.

26 그가 주의 그리스도를 보기 전에는 죽지 아니하리라 하는 성령의 지시를 받았더니
It had been revealed to him by the Holy Spirit that he would not die before he had seen the Lord's Christ.

27 성령의 감동으로 성전에 들어가매 마침 부모가 율법의 관례대로 행하고자 하여 그 아기 예수를 데리고 오는지라
Moved by the Spirit, he went into the temple courts. When the parents brought in the child Jesus to do for him what the custom of the Law required,

28 시므온이 아기를 안고 하나님을 찬송하여 이르되
Simeon took him in his arms and praised God, saying:

29 주재여 이제는 말씀하신 대로 종을 평안히 놓아 주시는도다
"Sovereign Lord, as you have promised, you now dismiss your servant in peace.

30 내 눈이 주의 구원을 보았사오니
For my eyes have seen your salvation,

31 이는 만민 앞에 예비하신 것이요
which you have prepared in the sight of all people,

32 이방을 비추는 빛이요 주의 백성 이스라엘의 영광이니이다 하니
a light for revelation to the Gentiles and for glory to your people Israel."

33 그의 부모가 그에 대한 말들을 놀랍게 여기더라
The child's father and mother marveled at what was said about him.

34 시므온이 그들에게 축복하고 그의 어머니 마리아에게 말하여 이르되 보라 이는 이스라엘 중 많은 사람을 패하거나 흥하게 하며 비방을 받는 표적이 되기 위하여 세움을 받았고
Then Simeon blessed them and said to Mary, his mother: "This child is destined to cause the falling and rising of many in Israel, and to be a sign that will be spoken against,

35 또 칼이 네 마음을 찌르듯 하리니 이는 여러 사람의 마음의 생각을 드러내려 함이니라 하더라
so that the thoughts of many hearts will be revealed. And a sword will pierce your own soul too."

(2:6-20) 주여, 나는 온 우주를 만드신 창조주이신 당신이 육신을 입고 농민 처녀로부터 태어나셨다는 걸 믿을 수 없습니다. 은하계를 말씀으로 지으신 당신이 말 못 하는 갓난 아기가 되셨습니다. 별들에 빛을 주신 당신이 자신의 영광을 감추시고 눈에 띄지 않게 사람으로 내려오셨습니다. 모든 자연을 끝 없는 아름다움과 질서로 옷 입히신 당신이 헝겊에 싸여 구유에 누우셨습니다. 당신의 성육신의 기적은 모두 내가 이해하기엔 너무 예상하지 못한 것이며, 너무 신비로운 것이며, 너무 거룩한 것입니다. 나는 단지 목자들을 따라 구유 앞에 가 크게 놀라며 감사함으로 절하며 내가 듣고 본 모든 것들로 인하여 당신께 영광을 돌리고 당신을 찬양합니다(요한복음 1:14).

모든 사람들이 조용히 두려워 떨며 서 있네; 그분 손에 축복으로 인해 세상 것들을 생각하지 않네, 우리 하나님 그리스도께서 이 땅에 내려오시니, 우리가 크게 경외하네. 왕의 왕, 그러나 마리아로부터 나신 분, 옛날부터 이 세상에 계시던 분, 육신과 피를 가지신 사람의 옷을 입으신 주의 주, 모든 믿는 자들에게 그분이 하늘의 양식으로 그분 자신을 주시리.

"모든 사람들이 조용히 (Let all mortal flesh keep silence)"
성 야고보의 전례 (Liturgy of St. James) (4세기)
제라드 몰트리 (Gerard (Moultri, 1829-1885) 역

[이 곡은 현재 찬송가 99장 "주님 앞에 떨며 서서"로 번역/의역되어 사용되고 있습니다. 해당 가사는 다음과 같습니다: (1절) 주님 앞에 떨며 서서, 세상 생각 버리고 고요하게 머리 숙여 주의 은총 빌어라, 하늘 보좌 버리시고 우리 위해 오신 주. (2절) 왕의 왕이 되신 주님, 이 세상에 오셔서 사람

몸에 나시어서 우리 주가 되셨네, 하늘 양식 넘치도록 우리에게 주시네. (3절) 하늘 천사 무리 지어 행진하며 나가니 영광스런 하늘나라 참된 빛이 퍼지네, 마귀 권세 물러 가고 밝은 세상 되리라. (4절) 하늘 천사 주님 앞에 엎드려서 절하고 소리 높여 찬송하며 주의 이름 기리네, 알렐루야 알렐루야 주께 찬양합니다. /역주]

(2:25-32) 시므온의 마음 속 갈망을 채워 주시니 감사합니다. 그는 당신을 보았을 뿐만 아니라 당신을 그의 팔에 안았습니다. 그리고 주여, 시므온이 일생동안 보기를 원하던 것이 눈을 뜨는 모든 이들에게 드러났음에 감사드립니다. 당신은 세상의 빛이십니다. 당신은 모든 믿는 자들을 위한 구원의 소망이십니다. (요한복음 8:12; 사도행전 13:47)

06

[누가복음 2:36-52]

36 또 아셀 지파 바누엘의 딸 안나라 하는 선지자가 있어 나이가 매우 많았더라 그가 결혼한 후 일곱 해 동안 남편과 함께 살다가

There was also a prophetess, Anna, the daughter of Phanuel, of the tribe of Asher. She was very old; she had lived with her husband seven years after her marriage,

37 과부가 되고 팔십사 세가 되었더라 이 사람이 성전을 떠나지 아니하고 주야로 금식하며 기도함으로 섬기더니

and then was a widow until she was eighty-four. She never left the temple but worshiped night and day, fasting and praying.

38 마침 이 때에 나아와서 하나님께 감사하고 예루살렘의 속량을 바라는 모든 사람에게 그에 대하여 말하니라

Coming up to them at that very moment, she gave thanks to God and spoke about the child to all who were looking forward to the redemption of Jerusalem.

39 주의 율법을 따라 모든 일을 마치고 갈릴리로 돌아가 본 동네 나사렛에 이르니라

When Joseph and Mary had done everything required by the Law of the Lord, they returned to Galilee to their own town of Nazareth.

40 아기가 자라며 강하여지고 지혜가 충만하며 하나님의 은혜가 그의 위에 있더라

And the child grew and became strong; he was filled with wisdom, and the grace of God was upon him

41 그의 부모가 해마다 유월절이 되면 예루살렘으로 가더니

Every year his parents went to Jerusalem for the Feast of the Passover.

42 예수께서 열두 살 되었을 때에 그들이 이 절기의 관례를 따라 올라갔다가

When he was twelve years old, they went up to the Feast, according to the custom.

43 그 날들을 마치고 돌아갈 때에 아이 예수는 예루살렘에 머무셨더라 그 부모는 이를 알지 못하고

After the Feast was over, while his parents were returning home, the boy Jesus stayed behind in Jerusalem, but they were unaware of it.

44 동행 중에 있는 줄로 생각하고 하룻길을 간 후 친족과 아는 자 중에서 찾되

Thinking he was in their company, they traveled on for a day. Then they began looking for him among their relatives and friends.

45 만나지 못하매 찾으면서 예루살렘에 돌아갔더니

When they did not find him, they went back to Jerusalem to look for him.

46 사흘 후에 성전에서 만난즉 그가 선생들 중에 앉으사 그들에게 듣기도 하시며 묻기도 하시니

After three days they found him in the temple courts, sitting among the teachers, listening to them and asking them questions.

47 듣는 자가 다 그 지혜와 대답을 놀랍게 여기더라

Everyone who heard him was amazed at his understanding and his answers.

48 그의 부모가 보고 놀라며 그의 어머니는 이르되 아이야 어찌하여 우리에게 이렇게 하였느냐 보라 네 아버지와 내가 근심하여 너를 찾았노라

When his parents saw him, they were astonished. His mother said to him, "Son, why have you treated us like this? Your father and I have been anxiously searching for you."

49 예수께서 이르시되 어찌하여 나를 찾으셨나이까 내가 내 아버지 집에 있어야 될 줄을 알지 못하셨나이까 하시니

"Why were you searching for me?" he asked. "Didn't you know I had to be in my Father's house?"

50 그 부모가 그가 하신 말씀을 깨닫지 못하더라

But they did not understand what he was saying to them.

51 예수께서 함께 내려가사 나사렛에 이르러 순종하여 받드시더라 그 어머니는 이 모든 말을 마음에 두니라

Then he went down to Nazareth with them and was obedient to them. But his mother treasured all these things in her heart.

52 예수는 지혜와 키가 자라가며 하나님과 사람에게 더욱 사랑스러워 가시더라

And Jesus grew in wisdom and stature, and in favor with God and men.

우리는 우리 아버지께서 비인격적인 그림에서 나와 우리를 인격적으로 만나주시길 원한다. 사람의 마음은 인격적이며 인격적인 반응을 원한다… 혹자는 묻는다, "왜 우리에게 인격적인 하나님이 필요한가?" 엄마를 찾아 울고 있는 어린 아이에게 가서 당신이 "어린 아이야, 울지 말아라. 내가 너에게 모성의 원리를 알려주마."라고 말한다고 가정해보자. 그 아이가 울음을 그치고 얼굴이 밝아지겠는가? 결코 그렇지 않다. 그 아이는 당신이 말하는 모성의 원리를 제쳐 두고 엄마를 찾아 계속 울 것이다. 우리 모두는 원리도 그림도 아닌 사람을 원한다. 아버지께서 그림에서 나오셨다. 말씀이 육신이 되셨다. 이것이 성탄절의 의미이다. 예수님은 임마누엘이시다, 하나님이 우리와 함께 하신다.

E. 스탠리 존스(E. Stanley Jones, 1884-1973)

보이지 않는 사랑이 이 땅에 내려왔을 때, 사람들은 한 아기의 탄생을 간과했다; 그리고 이후, 하늘에서 찾으며 일꾼의 모습을 한 사람을 지나쳤다. 성육신 하나님이 의자를 만드실 때 오직 어린 아이들만 멈춰서 바라보았다.

메리 태틀로우(Mary Tatlow)

오소서, 오랫동안 기다리던 예수여, 당신의 백성들을 자유케 하시기 위해 오소서; 우리의 두려움과 죄악에서 구하소서; 당신 안에서 우리의 안식을 찾게 하소서. 이스라엘의 힘과 위로여, 당신은 이 모든 땅의 소망입니다; 모든 민족이 열망하며, 모든 고대하는 심령에 기쁨입니다.

"오셔서, 오랫동안 기다리던 예수여(Come, Thou long expected Jesus)"
찰스 웨슬리(Charles Wesley, 1744)

[이 곡은 현재 찬송가 105장 "오랫동안 기다리던"으로 번역/의역되어 사용되고 있습니다. 해당 가사는 다음과 같습니다: (1절) 오랫동안 기다리던 주님 강림하셔서 죄에 매인 백성들을 자유 얻게 하시네, 주는 우리 소망이요 힘과 위로 되시니 오래 기다리던 백성 많은 복을 받겠네. (2절) 모든 백성 구하려고 임금으로 오시니 영원토록 우리들을 친히 다스리시네, 죄로 상한 우리 마음 은혜로써 고치고 주의 빛난 보좌 앞에 이르도록 하소서. /역주]

07

[누가복음 3:1-17]

01 디베료 황제가 통치한 지 열다섯 해 곧 본디오 빌라도가 유대의 총독으로, 헤롯이 갈릴리의 분봉 왕으로, 그 동생 빌립이 이두래와 드라고닛 지방의 분봉 왕으로, 루사니아가 아빌레네의 분봉 왕으로,

In the fifteenth year of the reign of Tiberius Caesar--when Pontius Pilate was governor of Judea, Herod tetrarch of Galilee, his brother Philip tetrarch of Iturea and Traconitis, and Lysanias tetrarch of Abilene--

02 안나스와 가야바가 대제사장으로 있을 때에 하나님의 말씀이 빈 들에서 사가랴의 아들 요한에게 임한지라

during the high priesthood of Annas and Caiaphas, the word of God came to John son of Zechariah in the desert.

03 요한이 요단 강 부근 각처에 와서 죄 사함을 받게 하는 회개의 세례를 전파하니

He went into all the country around the Jordan, preaching a baptism of repentance for the forgiveness of sins.

04 선지자 이사야의 책에 쓴 바 광야에서 외치는 자의 소리가 있어 이르되 너희는 주의 길을 준비하라 그의 오실 길을 곧게 하라

As is written in the book of the words of Isaiah the prophet: "A voice of one calling in the desert, 'Prepare the way for the Lord, make straight paths for him.

05 모든 골짜기가 메워지고 모든 산과 작은 산이 낮아지고 굽은 것이 곧아지고 험한 길이 평탄하여질 것이요

Every valley shall be filled in, every mountain and hill made low. The crooked roads shall become straight, the rough ways smooth.

06 모든 육체가 하나님의 구원하심을 보리라 함과 같으니라

And all mankind will see God's salvation.' "

07 요한이 세례 받으러 나아오는 무리에게 이르되 독사의 자식들아 누가 너희에게 일러 장차 올 진노를 피하라 하더냐

John said to the crowds coming out to be baptized by him, "You brood of vipers! Who warned you to flee from the coming wrath?

08 그러므로 회개에 합당한 열매를 맺고 속으로 아브라함이 우리 조상이라 말하지 말라 내가 너희에게 이르노니 하나님이 능히 이 돌들로도 아브라함의 자손이 되게 하시리라

Produce fruit in keeping with repentance. And do not begin to say to yourselves, 'We have Abraham as our father.' For I tell you that out of these stones God can raise up children for Abraham.

09 이미 도끼가 나무 뿌리에 놓였으니 좋은 열매 맺지 아니하는 나무마다 찍혀 불에 던져지리라

The axe is already at the root of the trees, and every tree that does not produce good fruit will be cut down and thrown into the fire."

10 무리가 물어 이르되 그러면 우리가 무엇을 하리이까

"What should we do then?" the crowd asked.

11 대답하여 이르되 옷 두 벌 있는 자는 옷 없는 자에게 나눠 줄 것이요 먹을 것이 있는 자도 그렇게 할 것이니라 하고

John answered, "The man with two tunics should share with him who has none, and the one who has food should do the same."

12 세리들도 세례를 받고자 하여 와서 이르되 선생이여 우리는 무엇을 하리이까 하매

Tax collectors also came to be baptized. "Teacher," they asked, "what should we do?"

13 이르되 부과된 것 외에는 거두지 말라 하고

"Don't collect any more than you are required to," he told them.

14 군인들도 물어 이르되 우리는 무엇을 하리이까 하매 이르되 사람에게서 강탈하지 말며 거짓으로 고발하지 말고 받는 급료를 족한 줄로 알라 하니라

Then some soldiers asked him, "And what should we do?" He replied, "Don't extort money and don't accuse people falsely--be content with your pay."

15 백성들이 바라고 기다리므로 모든 사람들이 요한을 혹 그리스도신가 심중에 생각하니

The people were waiting expectantly and were all wondering in their hearts if John might possibly be the Christ.

16 요한이 모든 사람에게 대답하여 이르되 나는 물로 너희에게 세례를 베풀거니와 나보다 능력이 많으신 이가 오시나니 나는 그의 신발끈을 풀기도 감당하지 못하겠노라 그는 성령과 불로 너희에게 세례를 베푸실 것이요

John answered them all, "I baptize you with water. But one more powerful than I will come, the thongs of whose sandals I am not worthy to untie. He will baptize you with the Holy Spirit and with fire.

17 손에 키를 들고 자기의 타작 마당을 정하게 하사 알곡은 모아 곳간에 들이고 쭉정이는 꺼지지 않는 불에 태우시리라

His winnowing fork is in his hand to clear his threshing floor and to gather the wheat into his barn, but he will burn up the chaff with unquenchable fire."

(3:3-18) 주여, 사도 요한의 사역으로 인하여 감사합니다. 그가 전한 말은 여전히 낮은 자를 세우며 교만한 자들을 겸손케 하며, 죄 짓는 자들을 꾸짖습니다. 오늘 내가 다시 그의 말을 들을 때, 내 삶에 당신의 임재를 위한 길을 예비하게 하소서. 주 예수여 오소서. 내 마음 가운데 거하소서. 내가 영적으로 온전케 하셔서 내 입술의 말이 나의 삶의 열매와 일치하게 하소서. 나를 도우셔서 당신을 사랑하는 자들을 위해 당신이 예비해두신 길을 내가 따르게 하소서. 그리고 주여, 내가 기도하오니 당신이 요한을 사용하셨던 것처럼 나를 사용하셔서 다른 이들의 심령에 당신의 길을 예비하게 하소서. (시편 25:21; 잠언 11:3; 예레미야 32:39; 고린도전서 2:9; 디도서 2:7)

너 주의 길을 예비하라, 우리 하나님을 위해 길을 곧게 하라. 너 주의 길을 예비하라, 모든 골짜기가 올라오고 산들이 낮아지리, 모두 주님 오실 길을 만드세. 또한 그분의 영광이 비취리라, 모든 사람들이 이를 보리라, 그리고 우리는 우리 구세주가 상급을 가지고 오실 것을 기다리리. 너 길을 예비하라, 주를 위한 길을 만들라.

"너 길을 예비하라 (Prepare ye the way)"
타미 워커 (Tommy Walker) (c. 1997)

[이 곡은 현재 "주님의 길을 예비하라"로 번역/의역되어 사용되고 있습니다. 해당 가사는 다음과 같습니다: 주님의 길을 예비하라, 주님 오실 길 곧게 하라, 주님의 길을 예비하라, 모든 산과 골짝 평탄케 되리, 우리 마음의 길 예비해. 주님의 길을 예비하라, 주님 오실 길 곧게 하라, 주님의 길을 예비하라, 어둠에서 빛으로 나와, 다 주님의 길 예비해. 주의 빛난 영광 모든

육체가 보리라, 주 앞에 설 때 내게 큰 상급 주시리, 주님의 길을 주의 길 예비해. 지친 무릎을 일으켜 거룩한 길로 행할 때 강하고 담대하라, 주님 곧 오실 때 머리에 영원한 기쁨의 말씀이. /역주]

회개할 수 있도록 마음을 움직이시는 주님

(3:4-6) 세례 요한의 회개를 향한 부름은 주께서 그분의 일을 행하실 수 있도록 길을 예비하는 것이었다. 요한은 하늘나라가 가까이 왔다고 선포하며 사람들에게 이를 위해 그들의 마음이 준비될 것을 경고했다 (마태복음 3:2). 요한의 사역은 마치 왕의 입장 이전 행진과도 같다. 오늘날에도 요한은 우리를 불러 주님을 만나기 위해 우리의 마음을 준비하라 한다. 우리가 다른 믿는 자들과 함께 만나 예배드릴 때, 우리는 우리 스스로를 돌아보고 우리가 아는 모든 죄에 대해 회개해야 한다. 그러면 우리의 생각을 온전히 주님께 집중할 수 있고 온 마음을 다해 그분을 예배할 수 있다.

구원의 하나님, 당신은 완전히 거룩하시며, 우리가 당신 앞에 겸손히 나아갑니다. 우리가 당신께 경배할 수 있게 우리 마음을 준비시켜 주소서. 죄악된 생각과 열망을 제하시고 우리가 당신께 집중할 수 있도록 도와주소서. 아멘.

08

[누가복음 3:18-38]

18 또 그밖에 여러 가지로 권하여 백성에게 좋은 소식을 전하였으나
And with many other words John exhorted the people and preached the good news to them.

19 분봉 왕 헤롯은 그의 동생의 아내 헤로디아의 일과 또 자기가 행한 모든 악한 일로 말미암아 요한에게 책망을 받고
But when John rebuked Herod the tetrarch because of Herodias, his brother's wife, and all the other evil things he had done,

20 그 위에 한 가지 악을 더하여 요한을 옥에 가두니라
Herod added this to them all: He locked John up in prison.

21 백성이 다 세례를 받을새 예수도 세례를 받으시고 기도하실 때에 하늘이 열리며
When all the people were being baptized, Jesus was baptized too. And as he was praying, heaven was opened

22 성령이 비둘기 같은 형체로 그의 위에 강림하시더니 하늘로부터 소리가 나기를 너는 내 사랑하는 아들이라 내가 너를 기뻐하노라 하시니라
and the Holy Spirit descended on him in bodily form like a dove. And a voice came from heaven: "You are my Son, whom I love; with you I am well pleased."

23 예수께서 가르치심을 시작하실 때에 삼십 세쯤 되시니라 사람들이 아는 대로는 요셉의 아들이니 요셉의 위는 헬리요
Now Jesus himself was about thirty years old when he began his ministry. He was the son, so it was thought, of Joseph, the son of Heli,

24 그 위는 맛닷이요 그 위는 레위요 그 위는 멜기요 그 위는 얀나요 그 위는 요셉이요
the son of Matthat, the son of Levi, the son of Melki, the son of Jannai, the son of Joseph,

25 그 위는 맛다디아요 그 위는 아모스요 그 위는 나훔이요 그 위는 에슬리요 그 위는 낙개요
the son of Mattathias, the son of Amos, the son of Nahum, the son of Esli, the son of Naggai,

26 그 위는 마앗이요 그 위는 맛다디아요 그 위는 서머인이요 그 위는 요섹이요 그 위는 요다요
the son of Maath, the son of Mattathias, the son of Semein, the son of Josech, the son of Joda,

27 그 위는 요아난이요 그 위는 레사요 그 위는 스룹바벨이요 그 위는 스알디엘이요 그 위는 네리요

the son of Joanan, the son of Rhesa, the son of Zerubbabel, the son of Shealtiel, the son of Neri,

28 그 위는 멜기요 그 위는 앗디요 그 위는 고삼이요 그 위는 엘마담이요 그 위는 에르요

the son of Melki, the son of Addi, the son of Cosam, the son of Elmadam, the son of Er,

29 그 위는 예수요 그 위는 엘리에서요 그 위는 요림이요 그 위는 맛닷이요 그 위는 레위요

the son of Joshua, the son of Eliezer, the son of Jorim, the son of Matthat, the son of Levi,

30 그 위는 시므온이요 그 위는 유다요 그 위는 요셉이요 그 위는 요남이요 그 위는 엘리아김이요

the son of Simeon, the son of Judah, the son of Joseph, the son of Jonam, the son of Eliakim,

31 그 위는 멜레아요 그 위는 멘나요 그 위는 맛다다요 그 위는 나단이요 그 위는 다윗이요

the son of Melea, the son of Menna, the son of Mattatha, the son of Nathan, the son of David,

32 그 위는 이새요 그 위는 오벳이요 그 위는 보아스요 그 위는 살몬이요 그 위는 나손이요

the son of Jesse, the son of Obed, the son of Boaz, the son of Salmon, the son of Nahshon,

33 그 위는 아미나답이요 그 위는 아니요 그 위는 헤스론이요 그 위는 베레스요 그 위는 유다요

the son of Amminadab, the son of Ram, the son of Hezron, the son of Perez, the son of Judah,

34 그 위는 야곱이요 그 위는 이삭이요 그 위는 아브라함이요 그 위는 데라요 그 위는 나홀이요

the son of Jacob, the son of Isaac, the son of Abraham, the son of Terah, the son of Nahor,

35 그 위는 스룩이요 그 위는 르우요 그 위는 벨렉이요 그 위는 헤버요 그 위는 살라요

the son of Serug, the son of Reu, the son of Peleg, the son of Eber, the son of Shelah,

36 그 위는 가이난이요 그 위는 아박삿이요 그 위는 셈이요 그 위는 노아요 그 위는 레멕이요

the son of Cainan, the son of Arphaxad, the son of Shem, the son of Noah, the son of Lamech,

37 그 위는 므두셀라요 그 위는 에녹이요 그 위는 야렛이요 그 위는 마할랄렐이요 그 위는 가이난이요

the son of Methuselah, the son of Enoch, the son of Jared, the son of Mahalalel, the son of Kenan,

38 그 위는 에노스요 그 위는 셋이요 그 위는 아담이요 그 위는 하나님이시니라

the son of Enosh, the son of Seth, the son of Adam, the son of God.

(3:21-22) 하늘의 아버지, 예수님을 당신의 종이 아닌 당신의 아들이라 먼저 칭하심에 감사합니다. 그분의 삶에는 아직 큰 업적이 없었고 오직 순종하고 계실 뿐이었습니다. 나와 당신의 관계는 나의 정체성의 본질입니다. 이 관계의 토대가 내가 당신의 자녀 되게 하소서. 내가 세례를 통해 예수님을 따라 물 가운데로 들어갈 때, 당신이 내게 이와 같이 말씀하시는 것을 듣게 하소서: "너는 나의 자녀다, 내가 너를 사랑하고, 나는 너를 자랑스럽게 여긴다." 그리고 내가 나의 아버지인 당신을 사랑하는 마음으로 나의 주인 되신 당신을 섬기는 삶을 살게 하소서.

(3:23-37) 주여, 우리는 우리보다 앞서 살았던 많은 세대들의 후손입니다. 당신은 믿음의 사람들의 자손들을 축복하신다고 약속하셨습니다. 나 또한 이와 같이 살아서 아직 태어나지 않은 나의 후손들이 나의 믿음으로 복 받게 하소서. (신명기 5:10)

사탄이 얼마나 많은 기쁨을 제공해준다 해도, 그의 궁극적인 의도는 당신을 망가뜨리고자 함이다. 그가 제일 우선시하는 일은 당신의 파괴이다.
어윈 W. 루처(Erwin W. Lutzer, 1941-)

| 광야에서 만나는 하나님

광야에서 예수님께서 당하신 유혹은 십자가에서 그분이 악을 이기실 놀라운 승리를 암시하는 것이었다. 그러나 이 때가 하나님께서 황량한 광야에서 그분의 구원 사역을 이루신 유일한 시간은 아니었다. 이스라엘을 둘러싸

고 있는 어마어마한 사막은 영적 회복의 장소처럼 보이지 않는다. 지독하게 더운 낮과, 몹시 추운 밤, 그리고 모두 말려버리는 타는 듯한 바람은 모두 모든 생명을 고통스럽게 했다. 그러나 이 황량한 장소 가운데에서 하나님은 이스라엘과 온 세상을 변화시키시는 인생을 바꾸는 일들을 시작하셨다.

인물	성경 구절	상황	예배를 위한 시사점
아브라함	창세기 12:4-6, 9-10	아브라함은 가나안으로 가기 위해 거대한 사막을 통과하고 있었다. 이후 아브라함은 이집트로 가는 길 네게브 사막을 통과한다. 이 고된 여정들을 통해 아브라함은 하나님의 약속을 신뢰하게 됐다.	구원은 하나님의 명령과 함께 시작된다; 축복은 이에 순종하는 이들에게 내려진다. 우리의 순례길 또한 때때로 어려울 수 있지만 하나님께서는 신실하시며 우리와 함께 하실 것임을 알면 우리는 나아갈 수 있다.
모세	출애굽기 3:1-6, 12-14	하나님은 모세에게 불타는 떨기나무 가운데에서 말씀하셨다. 하나님은 구원의 계획 뿐 아니라 그분의 이름도 나타내셨다: 나는 스스로 있는 자이니라.	사막의 고독함은 모세로 하여금 하나님께서 그에게 전하시는 인생을 바꾸는 소식을 듣고 또 이를 받아들이게끔 해주었다. 가끔 하나님은 고독과 고요 가운데에서 우리에게 말씀하시고 그분이 누구이신지 보여주신다.
이스라엘 백성	출애굽기 16:10; 19:16-25	주님은 그분의 위엄을 나타내시고 백성들과의 언약을 새롭게 하셨다.	주님은 의도적으로 그분의 백성들이 광야에 살도록 해 그들이 온전히 그 분만을 의지하는 법을 배우게 하신다. 우리 또한 하나님을 의지하고 그 분만을 예배하는 법을 배워야 한다.
다윗	사무엘상 23:14, 24; 26:2; 사무엘하 15:23; 시편 63	다윗은 적들을 피해 광야에 머물렀다. 이 괴로움의 시기에 그는 시편 63편을 적었다. 이는 그가 하나님을 갈망하는 것과 광야에서 물을 갈망하는 상태를 비교하는 내용이다.	이 세상의 풍족함과 안락함과는 별개로 우리는 주님이 우리를 살게 해주는 분임을 배운다. 하나님 한분만이 우리의 바싹 말라버린 영혼을 새롭게 해 주실 수 있는 분이시기 때문에 우리가 그분을 예배한다.

엘리야	열왕기상 19:3-8	엘리야는 이세벨이 그의 목숨을 뺏으려고 할 때 사막에 피신했다. 그 곳에서 하나님은 엘리야를 육체적으로 그리고 영적으로 회복시켜 주셨다.	주님이 우리를 고독한 장소로 따로 부르실 수 있다. 이는 그분이 우리를 더 강하게 하시고 우리를 회복시키고자 하시는 것이다.
세례 요한	누가복음 1:80	사막의 궁핍함은 요한에게 하나님을 의지하는 법을 가르쳐주었다. 바위 투성이의 환경 또한 그가 회개에 대해 외치는 바를 더 강조해 주었다.	회개는 희생, 훈련, 그리고 지속적인 경계를 필요로 한다. 그러나 하나님은 우리가 짐을 내려놓도록, 그리고 우리의 맘을 변화시켜 주신다고 약속하셨다.
예수	마태복음 4:1; 마가복음 1:12; 누가복음 4:1	사막에서 예수님은 굶주림, 피로, 그리고 영적 유혹과 싸우셨다. 그분은 하나님과 그분의 말씀에 온전히 의지하심으로써 이 어려움을 이겨 내셨다.	예수님의 승리는 하나님 말씀의 능력 안에서 안전히 거하며 성령의 도우심에 의지하도록 모든 믿는 자들을 독려한다.
빌립	사도행전 8:26-28	빌립은 주님의 인도하심을 따라 사막으로 들어가 에티오피아의 재정 관리 내시를 만나게 된다.	우리는 예상 밖의 장소, 심지어 적대적인 곳에 부르심을 받아 하나님의 말씀을 전할 수 있다.
바울	사도행전 9:3-6; 갈라디아서 1:17	바울이 다마스커스(다메섹)로 향하며 사막을 지날 때 그는 살아 계신 그리스도를 만나고 그에게 경배한다. 그의 변화 이후 그는 아라비아 사막에서 시간을 보내며 그의 삶에 대한 하나님의 뜻을 구한다.	모세와 같이 바울도 사막에서 그의 인생의 부르심을 받았다. 그리고 다른 믿음의 사람들과 같이 바울도 하나님의 음성에 귀 기울이기 위해 광야에서 거했다.

09

[누가복음 4:1-21]

01 예수께서 성령의 충만함을 입어 요단 강에서 돌아오사 광야에서 사십 일 동안 성령에게 이끌리시며

Jesus, full of the Holy Spirit, returned from the Jordan and was led by the Spirit in the desert,

02 마귀에게 시험을 받으시더라 이 모든 날에 아무 것도 잡수시지 아니하시니 날 수가 다하매 주리신지라

where for forty days he was tempted by the devil. He ate nothing during those days, and at the end of them he was hungry.,

03 마귀가 이르되 네가 만일 하나님의 아들이어든 이 돌들에게 명하여 떡이 되게 하라

The devil said to him, "If you are the Son of God, tell this stone to become bread.",

04 예수께서 대답하시되 기록된 바 사람이 떡으로만 살 것이 아니라 하였느니라

Jesus answered, "It is written: 'Man does not live on bread alone.'",

05 마귀가 또 예수를 이끌고 올라가서 순식간에 천하 만국을 보이며

The devil led him up to a high place and showed him in an instant all the kingdoms of the world.,

06 이르되 이 모든 권위와 그 영광을 내가 네게 주리라 이것은 내게 넘겨 준 것이므로 내가 원하는 자에게 주노라

And he said to him, "I will give you all their authority and splendor, for it has been given to me, and I can give it to anyone I want to.,

07 그러므로 네가 만일 내게 절하면 다 네 것이 되리라

So if you worship me, it will all be yours.",,

08 예수께서 대답하여 이르시되 기록된 바 주 너의 하나님께 경배하고 다만 그를 섬기라 하였느니라

Jesus answered, "It is written: 'Worship the Lord your God and serve him only.'"

09 또 이끌고 예루살렘으로 가서 성전 꼭대기에 세우고 이르되 네가 만일 하나님의 아들이어든 여기서 뛰어내리라
The devil led him to Jerusalem and had him stand on the highest point of the temple. "If you are the Son of God," he said, "throw yourself down from here.",

10 기록되었으되 하나님이 너를 위하여 그 사자들을 명하사 너를 지키게 하시리라 하였고
For it is written: " 'He will command his angels concerning you to guard you carefully;,

11 또한 그들이 손으로 너를 받들어 네 발이 돌에 부딪치지 않게 하시리라 하였느니라
they will lift you up in their hands, so that you will not strike your foot against a stone.'",

12 예수께서 대답하여 이르시되 주 너의 하나님을 시험하지 말라 하였느니라
Jesus answered, "It says: 'Do not put the Lord your God to the test.'",

13 마귀가 모든 시험을 다 한 후에 얼마 동안 떠나니라
When the devil had finished all this tempting, he left him until an opportune time.,

14 예수께서 성령의 능력으로 갈릴리에 돌아가시니 그 소문이 사방에 퍼졌고
Jesus returned to Galilee in the power of the Spirit, and news about him spread through the whole countryside.,

15 친히 그 여러 회당에서 가르치시매 뭇 사람에게 칭송을 받으시더라
He taught in their synagogues, and everyone praised him.,

16 예수께서 그 자라나신 곳 나사렛에 이르사 안식일에 늘 하시던 대로 회당에 들어가사 성경을 읽으려고 서시매
He went to Nazareth, where he had been brought up, and on the Sabbath day he went into the synagogue, as was his custom. And he stood up to read.,

17 선지자 이사야의 글을 드리거늘 책을 펴서 이렇게 기록된 데를 찾으시니 곧
   The scroll of the prophet Isaiah was handed to him. Unrolling it, he found the place where it is written:,

18 주의 성령이 내게 임하셨으니 이는 가난한 자에게 복음을 전하게 하시려고 내게 기름을 부으시고 나를 보내사 포로 된 자에게 자유를, 눈 먼 자에게 다시 보게 함을 전파하며 눌린 자를 자유롭게 하고
   "The Spirit of the Lord is on me, because he has anointed me to preach good news to the poor. He has sent me to proclaim freedom for the prisoners and recovery of sight for the blind, to release the oppressed,,

19 주의 은혜의 해를 전파하게 하려 하심이라 하였더라
   to proclaim the year of the Lord's favor.",

20 책을 덮어 그 맡은 자에게 주시고 앉으시니 회당에 있는 자들이 다 주목하여 보더라
   Then he rolled up the scroll, gave it back to the attendant and sat down. The eyes of everyone in the synagogue were fastened on him,,

21 이에 예수께서 그들에게 말씀하시되 이 글이 오늘 너희 귀에 응하였느니라 하시니
   and he began by saying to them, "Today this scripture is fulfilled in your hearing."

(4:1-13) 오 나의 주여, 나는 이 이야기를 얼마나 자주 듣는지 모릅니다. "당신 자신을 생각하라; 당신을 판매하라; 당신을 증명하라." 내가 얼마나 자주 동일한 이 유혹을 경험하는지요. 육체의 욕망, 눈의 욕망, 세상 자랑. 나의 믿음과 신앙은 계속해서 포위당합니다. 그래서 내가 당신의 능력의 이름을 부릅니다, 주 예수 그리스도여. 나에게 성령을 채워 주소서. 내가 육신의 욕망을 만족시키고자 하는 유혹, 권력에 대한 갈망, 자부심을 충족시키고자 하는 끝없는 갈증을 이겨낼 수 있는 힘을 주소서(요한일서 2:16).

우리를 위해 이 40일간 금식하며 기도하셨던 주여, 우리 죄악으로 인해 당신과 함께 울며 당신 가까이 거할 수 있도록 우리를 가르쳐 주소서. 당신이 사탄과 겨루셨듯이, 그리고 이를 이기셨듯이, 우리에게도 힘을 주셔서 당신 안에서 겨루며 당신 안에서 죄악을 이기게 하소서. 당신이 굶주리고 목말라 하셨듯이, 은혜로우신 주여, 우리를 가르치셔서 자신에 대해 죽음으로써 당신의 가장 거룩하신 말씀을 통해 살게 하소서.

"금식하며 기도하셨던 주여(Lord, who throughout)"
클라우디아 F. 헤르나만(Claudia F. Hernaman, 1873)

10

[누가복음 4:22-39]

22 그들이 다 그를 증언하고 그 입으로 나오는 바 은혜로운 말을 놀랍게 여겨 이르되 이 사람이 요셉의 아들이 아니냐

All spoke well of him and were amazed at the gracious words that came from his lips. "Isn't this Joseph's son?" they asked.

23 예수께서 그들에게 이르시되 너희가 반드시 의사야 너 자신을 고치라 하는 속담을 인용하여 내게 말하기를 우리가 들은 바 가버나움에서 행한 일을 네 고향 여기서도 행하라 하리라

Jesus said to them, "Surely you will quote this proverb to me: 'Physician, heal yourself! Do here in your hometown what we have heard that you did in Capernaum.' "

24 또 이르시되 내가 진실로 너희에게 이르노니 선지자가 고향에서는 환영을 받는 자가 없느니라

"I tell you the truth," he continued, "no prophet is accepted in his hometown."

25 내가 참으로 너희에게 이르노니 엘리야 시대에 하늘이 삼 년 육 개월간 닫히어 온 땅에 큰 흉년이 들었을 때에 이스라엘에 많은 과부가 있었으되

I assure you that there were many widows in Israel in Elijah's time, when the sky was shut for three and a half years and there was a severe famine throughout the land.

26 엘리야가 그 중 한 사람에게도 보내심을 받지 않고 오직 시돈 땅에 있는 사렙다의 한 과부에게 뿐이었으며

Yet Elijah was not sent to any of them, but to a widow in Zarephath in the region of Sidon.

27 또 선지자 엘리사 때에 이스라엘에 많은 나병환자가 있었으되 그 중의 한 사람도 깨끗함을 얻지 못하고 오직 수리아 사람 나아만뿐이었느니라

And there were many in Israel with leprosy in the time of Elisha the prophet, yet not one of them was cleansed--only Naaman the Syrian."

28 회당에 있는 자들이 이것을 듣고 다 크게 화가 나서

All the people in the synagogue were furious when they heard this.

29 일어나 동네 밖으로 쫓아내어 그 동네가 건설된 산 낭떠러지까지 끌고 가서 밀쳐 떨어뜨리고자 하되

They got up, drove him out of the town, and took him to the brow of the hill on which the town was built, in order to throw him down the cliff.

30 예수께서 그들 가운데로 지나서 가시니라

But he walked right through the crowd and went on his way.

31 갈릴리의 가버나움 동네에 내려오사 안식일에 가르치시매

Then he went down to Capernaum, a town in Galilee, and on the Sabbath began to teach the people.

32 그들이 그 가르치심에 놀라니 이는 그 말씀이 권위가 있음이러라

They were amazed at his teaching, because his message had authority.

33 회당에 더러운 귀신 들린 사람이 있어 크게 소리 질러 이르되

In the synagogue there was a man possessed by a demon, an evilspirit. He cried out at the top of his voice,

34 아 나사렛 예수여 우리가 당신과 무슨 상관이 있나이까 우리를 멸하러 왔나이까 나는 당신이 누구인 줄 아노니 하나님의 거룩한 자니이다

"Ha! What do you want with us, Jesus of Nazareth? Have you come to destroy us? I know who you are--the Holy One of God!"

35 예수께서 꾸짖어 이르시되 잠잠하고 그 사람에게서 나오라 하시니 귀신이 그 사람을 무리 중에 넘어뜨리고 나오되 그 사람은 상하지 아니한지라

"Be quiet!" Jesus said sternly. "Come out of him!" Then the demon threw the man down before them all and came out without injuring him.

36 다 놀라 서로 말하여 이르되 이 어떠한 말씀인고 권위와 능력으로 더러운 귀신을 명하매 나가는도다 하더라

All the people were amazed and said to each other, "What is this teaching? With authority and power he gives orders to evil spirits and they come out!"

37 이에 예수의 소문이 그 근처 사방에 퍼지니라

And the news about him spread throughout the surrounding area.

38 예수께서 일어나 회당에서 나가사 시몬의 집에 들어가시니 시몬의 장모가 중한 열병을 앓고 있는지라 사람들이 그를 위하여 예수께 구하니

Jesus left the synagogue and went to the home of Simon. Now Simon's mother-in-law was suffering from a high fever, and they asked Jesus to help her.

39 예수께서 가까이 서서 열병을 꾸짖으신대 병이 떠나고 여자가 곧 일어나 그들에게 수종드니라

So he bent over her and rebuked the fever, and it left her. She got up at once and began to wait on them.

11

[누가복음 4:40-5:11]

40 해 질 무렵에 사람들이 온갖 병자들을 데리고 나아오매 예수께서 일일이 그 위에 손을 얹으사 고치시니

When the sun was setting, the people brought to Jesus all who had various kinds of sickness, and laying his hands on each one, he healed them.

41 여러 사람에게서 귀신들이 나가며 소리 질러 이르되 당신은 하나님의 아들이니이다 예수께서 꾸짖으사 그들이 말함을 허락하지 아니하시니 이는 자기를 그리스도인 줄 앎이러라

Moreover, demons came out of many people, shouting, "You are the Son of God!" But he rebuked them and would not allow them to speak, because they knew he was the Christ.

42 날이 밝으매 예수께서 나오사 한적한 곳에 가시니 무리가 찾다가 만나서 자기들에게서 떠나시지 못하게 만류하려 하매

At daybreak Jesus went out to a solitary place. The people were looking for him and when they came to where he was, they tried to keep him from leaving them.

43 예수께서 이르시되 내가 다른 동네들에서도 하나님의 나라 복음을 전하여야 하리니 나는 이 일을 위해 보내심을 받았노라 하시고

But he said, "I must preach the good news of the kingdom of God to the other towns also, because that is why I was sent."

44 갈릴리 여러 회당에서 전도하시더라

And he kept on preaching in the synagogues of Judea.

[누가복음 5장]

01 무리가 몰려와서 하나님의 말씀을 들을새 예수는 게네사렛 호숫가에 서서

One day as Jesus was standing by the Lake of Gennesaret, with the people crowding around him and listening to the word of God,

02 호숫가에 배 두 척이 있는 것을 보시니 어부들은 배에서 나와서 그물을 씻는지라

he saw at the water's edge two boats, left there by the fishermen, who were washing their nets.

03 예수께서 한 배에 오르시니 그 배는 시몬의 배라 육지에서 조금 떼기를 청하시고 앉으사 배에서 무리를 가르치시더니

He got into one of the boats, the one belonging to Simon, and asked him to put out a little from shore. Then he sat down and taught the people from the boat.

04 말씀을 마치시고 시몬에게 이르시되 깊은 데로 가서 그물을 내려 고기를 잡으라

When he had finished speaking, he said to Simon, "Put out into deep water, and let down the nets for a catch."

05 시몬이 대답하여 이르되 선생님 우리들이 밤이 새도록 수고하였으되 잡은 것이 없지마는 말씀에 의지하여 내가 그물을 내리리이다 하고

Simon answered, "Master, we've worked hard all night and haven't caught anything. But because you say so, I will let down the nets."

06 그렇게 하니 고기를 잡은 것이 심히 많아 그물이 찢어지는지라

When they had done so, they caught such a large number of fish that their nets began to break.

07 이에 다른 배에 있는 동무들에게 손짓하여 와서 도와 달라 하니 그들이 와서 두 배에 채우매 잠기게 되었더라

So they signaled their partners in the other boat to come and help them, and they came and filled both boats so full that they began to sink.

08 시몬 베드로가 이를 보고 예수의 무릎 아래에 엎드려 이르되 주여 나를 떠나소서 나는 죄인이로소이다 하니

When Simon Peter saw this, he fell at Jesus' knees and said, "Go away from me, Lord; I am a sinful man!"

09 이는 자기 및 자기와 함께 있는 모든 사람이 고기 잡힌 것으로 말미암아 놀라고

For he and all his companions were astonished at the catch of fish they had taken,

10 세베대의 아들로서 시몬의 동업자인 야고보와 요한도 놀랐음이라 예수께서 시몬에게 이르시되 무서워하지 말라 이제 후로는 네가 사람을 취하리라 하시니

and so were James and John, the sons of Zebedee, Simon's partners. Then Jesus said to Simon, "Don't be afraid; from now on you will catch men."

11 그들이 배들을 육지에 대고 모든 것을 버려 두고 예수를 따르니라

So they pulled their boats up on shore, left everything and followed him.

(4:36-37) 예수님, 당신을 향한 나의 섬김이 당신의 성령의 권위로 인한 것이게 하소서. 내 안에 계신, 그리고 나를 통한 당신의 능력이 다른 이들을 치유하고, 도와주고, 자유케 하게 하소서.

말씀이 성육신 하신 하나님께 감사하네, 생명의 높이와 깊이를 나누시고; 행하시고 말씀하시며, 죽으시고, 다시 사신 분, 인간의 형상으로 은혜를 선포하시네. 하나님께서 말씀하시네: 하나님의 말씀으로 인하여 그분을 찬양하네.

"말씀하신 하나님께 감사하네
(Thanks to God whose word was spoken)"
R. T. 브룩스 (R. T. Brooks) (c. 1954, 1982)

(5:1-11) 주여, 내가 당신의 부르심을 놓치지 않게 하소서. 인생에는 매일 해야 할 일보다 훨씬 더 많은 것들이 있음을 내가 알고 있습니다. 내가 당신을 위해 할 수 있는 일이 있습니까? 아직 당신의 구원의 그물에 모여야 하는 인생들이 반드시 있을 것입니다. 주여, 나를 깊은 물가로 인도하시고 영혼을 낚는 법을 가르쳐 주소서.

12

[누가복음 5:12-28]

12 예수께서 한 동네에 계실 때에 온 몸에 나병 들린 사람이 있어 예수를 보고 엎드려 구하여 이르되 주여 원하시면 나를 깨끗하게 하실 수 있나이다 하니

While Jesus was in one of the towns, a man came along who was covered with leprosy. When he saw Jesus, he fell with his face to the ground and begged him, "Lord, if you are willing, you can make me clean."

13 예수께서 손을 내밀어 그에게 대시며 이르시되 내가 원하노니 깨끗함을 받으라 하신대 나병이 곧 떠나니라

Jesus reached out his hand and touched the man. "I am willing," he said. "Be clean!" And immediately the leprosy left

14 예수께서 그를 경고하시되 아무에게도 이르지 말고 가서 제사장에게 네 몸을 보이고 또 네가 깨끗하게 됨으로 인하여 모세가 명한 대로 예물을 드려 그들에게 입증하라 하셨더니

Then Jesus ordered him, "Don't tell anyone, but go, show yourself to the priest and offer the sacrifices that Moses commanded for your cleansing, as a testimony to them."

15 예수의 소문이 더욱 퍼지매 수많은 무리가 말씀도 듣고 자기 병도 고침을 받고자 하여 모여 오되

Yet the news about him spread all the more, so that crowds of people came to hear him and to be healed of their sicknesses.

16 예수는 물러가사 한적한 곳에서 기도하시니라

But Jesus often withdrew to lonely places and prayed.

17 하루는 가르치실 때에 갈릴리의 각 마을과 유대와 예루살렘에서 온 바리새인과 율법교사들이 앉았는데 병을 고치는 주의 능력이 예수와 함께 하더라

One day as he was teaching, Pharisees and teachers of the law, who had come from every village of Galilee and from Judea and Jerusalem, were sitting there. And the power of the Lord was present for him to heal the sick.

18 한 중풍병자를 사람들이 침상에 메고 와서 예수 앞에 들여놓고자 하였으나

Some men came carrying a paralytic on a mat and tried to take him into the house to lay him before Jesus.

19 무리 때문에 메고 들어갈 길을 얻지 못한지라 지붕에 올라가 기와를 벗기고 병자를 침상째 무리 가운데로 예수 앞에 달아 내리니

When they could not find a way to do this because of the crowd, they went up on the roof and lowered him on his mat through the tiles into the middle of the crowd, right in front of Jesus.

20 예수께서 그들의 믿음을 보시고 이르시되 이 사람아 네 죄 사함을 받았느니라 하시니

When Jesus saw their faith, he said, "Friend, your sins are forgiven."

21 서기관과 바리새인들이 생각하여 이르되 이 신성 모독 하는 자가 누구냐 오직 하나님 외에 누가 능히 죄를 사하겠느냐

The Pharisees and the teachers of the law began thinking to themselves, "Who is this fellow who speaks blasphemy? Who can forgive sins but God alone?"

22 예수께서 그 생각을 아시고 대답하여 이르시되 너희 마음에 무슨 생각을 하느냐

Jesus knew what they were thinking and asked, "Why are you thinking these things in your hearts?

23 네 죄 사함을 받았느니라 하는 말과 일어나 걸어가라 하는 말이 어느 것이 쉽겠느냐

Which is easier: to say, 'Your sins are forgiven,' or to say, 'Get up and walk'?

24 그러나 인자가 땅에서 죄를 사하는 권세가 있는 줄을 너희로 알게 하리라 하시고 중풍병자에게 말씀하시되 내가 네게 이르노니 일어나 네 침상을 가지고 집으로 가라 하시매

But that you may know that the Son of Man has authority on earth to forgive sins...." He said to the paralyzed man, "I tell you, get up, take your mat and go home."

25 그 사람이 그들 앞에서 곧 일어나 그 누웠던 것을 가지고 하나님께 영광을 돌리며 자기 집으로 돌아가니

Immediately he stood up in front of them, took what he had been lying on and went home praising God.

26 모든 사람이 놀라 하나님께 영광을 돌리며 심히 두려워하여 이르되 오늘 우리가 놀라운 일을 보았다 하니라

Everyone was amazed and gave praise to God. They were filled with awe and said, "We have seen remarkable things today."

27 그 후에 예수께서 나가사 레위라 하는 세리가 세관에 앉아 있는 것을 보시고 나를 따르라 하시니

After this, Jesus went out and saw a tax collector by the name of Levi sitting at his tax booth. "Follow me," Jesus said to him,

28 그가 모든 것을 버리고 일어나 따르니라

and Levi got up, left everything and followed him.

하나님의 초대에 대한 감사의 기도 (누가복음 5:8-11)

　주여, 내 영혼의 지붕 아래에 당신이 오실만큼 나는 가치 있는 자가 아닙니다. 그러나 당신의 모든 이들을 향한 사랑으로 인해 내 안에 거하길 원하시니, 내가 담대하게 나아옵니다. 당신께서 만드신 문을 여소서; 그리고 당신은 당신의 본성이신 모든 이들을 향한 사랑으로 들어오실 것입니다; 당신은 들어오셔서 나의 어두워진 마음을 밝혀 주실 것입니다. 당신이 이를 이뤄 주실 것을 내가 믿습니다. 당신은 당신께 눈물로 나아온 창녀를 돌려보내지 않으셨습니다. 당신은 회개하는 세리를 몰아내지 않으셨습니다. 또 당신은 당신의 나라를 인정하는 도둑을 거절하지 않으셨습니다. 그리고 당신은 회개하는 박해자를 버리지 않으셨습니다. 당신께 회개하며 나아오는 사람은 누구든지 당신의 친구가 되어 지금부터 끝날까지 영원히 복을 누립니다.

　　　　　성 요한 크리소스톰(Saint John Chrysostom, 347-407)

(5:15-16) 하나님, 복음을 통해 나는 당신의 사랑하시는 아들이 당신과 소통하기 위해 혼자만의 시간이 필요하셨음을 봅니다. 그분은 놀라운 일을 행하라는 군중들의 요구와 압력에 저항하시며 당신의 얼굴을 구하시기를 택하셨습니다. 내가 얼마나 더 당신과 함께해야 하는지요! 내가 당신의 주권에 내 매일의 시간을 들여 당신의 임재 안에서만 받을 수 있는 힘과 지혜를 구하게 하소서.

"당신의 통치자가 누구인지 기억하라. 매일 그의 말하는 바를 잊지 말라."

칼 F. H. 헨리(Carl F. H. Henry, 1913-)

(5:20) 예수님, 당신은 이 사람의 신앙이 아닌 이 사람의 친구들의 신앙으로 인해 그를 고쳐 주셨습니다. 나의 신앙이 강해서 나의 친구들, 그리고 내가 관심을 가지고 있는 이들이 나의 기도를 통해 복 받게 하소서. (창세기 19:29)

나사렛 예수의 임재 가운데 내가 놀라 서서 그분이 어떻게 나를, 이 죄인을, 정죄 받고 더러운 나를 사랑하실 수 있는지 놀라네. 얼마나 놀라운지, 얼마나 위대한지! 내가 항상 노래하길 원하네. 나를 위한 내 구세주의 사랑이 얼마나 놀라운지! 얼마나 위대한지!

"내 구세주의 사랑 (My savior's love)"

찰스 H. 가브리엘(Charles H. Gabriel, 1905)

13

[누가복음 5:29-6:8]

29 레위가 예수를 위하여 자기 집에서 큰 잔치를 하니 세리와 다른 사람이 많이 함께 앉아 있는지라

Then Levi held a great banquet for Jesus at his house, and a large crowd of tax collectors and others were eating with them.

30 바리새인과 그들의 서기관들이 그 제자들을 비방하여 이르되 너희가 어찌하여 세리와 죄인과 함께 먹고 마시느냐

But the Pharisees and the teachers of the law who belonged to their sect complained to his disciples, "Why do you eat and drink with tax collectors and 'sinners'?"

31 예수께서 대답하여 이르시되 건강한 자에게는 의사가 쓸 데 없고 병든 자에게라야 쓸 데 있나니

Jesus answered them, "It is not the healthy who need a doctor, but the sick.

32 내가 의인을 부르러 온 것이 아니요 죄인을 불러 회개시키러 왔노라

I have not come to call the righteous, but sinners to repentance."

33 그들이 예수께 말하되 요한의 제자는 자주 금식하며 기도하고 바리새인의 제자들도 또한 그리하되 당신의 제자들은 먹고 마시나이다

They said to him, "John's disciples often fast and pray, and so do the disciples of the Pharisees, but yours go on eating and drinking."

34 예수께서 그들에게 이르시되 혼인 집 손님들이 신랑과 함께 있을 때에 너희가 그 손님으로 금식하게 할 수 있느냐

Jesus answered, "Can you make the guests of the bridegroom fast while he is with them?

35 그러나 그 날에 이르러 그들이 신랑을 빼앗기리니 그 날에는 금식할 것이니라

But the time will come when the bridegroom will be taken from them; in those days they will fast."

36 또 비유하여 이르시되 새 옷에서 한 조각을 찢어 낡은 옷에 붙이는 자가 없나니 만일 그렇게 하면 새 옷을 찢을 뿐이요 또 새 옷에서 찢은 조각이 낡은 것에 어울리지 아니하리라

He told them this parable: "No one tears a patch from a new garment and sews it on an old one. If he does, he will have torn the new garment, and the patch from the new will not match the old.

37 새 포도주를 낡은 가죽 부대에 넣는 자가 없나니 만일 그렇게 하면 새 포도주가 부대를 터뜨려 포도주가 쏟아지고 부대도 못쓰게 되리라

And no one pours new wine into old wineskins. If he does, the new wine will burst the skins, the wine will run out and the wineskins will be ruined.

38 새 포도주는 새 부대에 넣어야 할 것이니라
   No, new wine must be poured into new wineskins.

39 묵은 포도주를 마시고 새 것을 원하는 자가 없나니 이는 묵은 것이 좋다 함이니라
   And no one after drinking old wine wants the new, for he says, 'The old is better.' "

[누가복음 6장]

01 안식일에 예수께서 밀밭 사이로 지나가실새 제자들이 이삭을 잘라 손으로 비비어 먹으니
   One Sabbath Jesus was going through the grainfields, and his disciples began to pick some heads of grain, rub them in their hands and eat the kernels.

02 어떤 바리새인들이 말하되 어찌하여 안식일에 하지 못할 일을 하느냐
   Some of the Pharisees asked, "Why are you doing what is unlawful on the Sabbath?"

03 예수께서 대답하여 이르시되 다윗이 자기 및 자기와 함께 한 자들이 시장할 때에 한 일을 읽지 못하였느냐
   Jesus answered them, "Have you never read what David did when he and his companions were hungry?

04 그가 하나님의 전에 들어가서 다만 제사장 외에는 먹어서는 안 되는 진설병을 먹고 함께 한 자들에게도 주지 아니하였느냐
   He entered the house of God, and taking the consecrated bread, he ate what is lawful only for priests to eat. And he also gave some to his companions."

05 또 이르시되 인자는 안식일의 주인이니라 하시더라
   Then Jesus said to them, "The Son of Man is Lord of the Sabbath."

06 또 다른 안식일에 예수께서 회당에 들어가사 가르치실새 거기 오른손 마른 사람이 있는지라
   On another Sabbath he went into the synagogue and was teaching, and a man was there whose right hand was shriveled.

07 서기관과 바리새인들이 예수를 고발할 증거를 찾으려 하여 안식일에 병을 고치시는가 엿보니
   The Pharisees and the teachers of the law were looking for a reason to accuse Jesus, so they watched him closely to see if he would heal on the Sabbath.

08 예수께서 그들의 생각을 아시고 손 마른 사람에게 이르시되 일어나 한가운데 서라 하시니 그가 일어나 서거늘
   But Jesus knew what they were thinking and said to the man with the shriveled hand, "Get up and stand in front of everyone." So he got up and stood there.

(5:30) 오 주여, 당신은 잘못된 사람들과 어울린다고 너무나도 자주 비판 받으셨습니다. "잘못된" 사람들이란 없다는 것을 이해할 수 있도록 나를 도와 주소서. 내가 만나는 모든 사람들이 당신에게 중요한 사람들입니다. 그래서 사랑과 존중으로 대해야 합니다. 이것이 당신의 은혜의 놀라운 점입니다: 당신은 가장 나쁜 평판을 가진 사람들에게 다가가십니다. 그들은 당신을 가장 필요로 합니다. 그리고 그들을 부르셔서 당신을 따르라 하십니다. 내가 가는 길에서 만나는 모든 사람들에 대한 당신의 긍휼의 마음을 내 마음에 주소서. 그래서 내가 당신의 눈으로 그들을 바라보도록, 그리고 내가 그들에게 당신의 은혜의 말을 전하게 하소서.

우리에게 기뻐하라 하시는 주님

(5:34) 왜 제자들이 금식하지 않냐는 질문에 예수님은 그분 자신을 신랑으로, 그리고 제자들을 결혼식에 참석한 하객들로 비유하신다. 유대인 문화에서 신랑의 기쁨은 상상할 수도 없을 만큼 커 하객들에게 흘러간다. 일반적으로 신랑은 하객들에게 선물을 후하게 주고 그들을 수일간 지속되는 풍성한 잔치에 초대해 자신의 기쁨을 공유한다. 신랑이 하객들과 함께 할 때는 그들이 슬퍼하거나 금식하는 것은 적절하지 않다. 이는 예수님을 따르던 이들에게도 마찬가지이다. 예수님의 존재는 기뻐할 이유가 된다. 그러므로 우리의 예배도 우리의 신랑의 임재를 기념하는 것이어야 한다.

주 예수님, 우리가 교회로서 우리의 신랑 되신 당신을 기념하고 예배합니다. 우리 가운데 계신 당신의 임재가 우리에게 큰 기쁨을 채워 주시며 우리는 당신을 찬양합니다. 당신이 우리에게 주신 좋은 선물들로 인하여 감사드립니다. 당신이 우리에게 주신 기쁨이 다른 이들도 당신께로 인도할 수 있게 하소서. 아멘.

14

[누가복음 6:9-26]

09 예수께서 그들에게 이르시되 내가 너희에게 묻노니 안식일에 선을 행하는 것과 악을 행하는 것, 생명을 구하는 것과 죽이는 것, 어느 것이 옳으냐 하시며

Then Jesus said to them, "I ask you, which is lawful on the Sabbath: to do good or to do evil, to save life or to destroy it?"

10 무리를 둘러보시고 그 사람에게 이르시되 네 손을 내밀라 하시니 그가 그리하매 그 손이 회복된지라

He looked around at them all, and then said to the man, "Stretch out your hand." He did so, and his hand was completely restored.

11 그들은 노기가 가득하여 예수를 어떻게 할까 하고 서로 의논하니라

But they were furious and began to discuss with one another what they might do to Jesus.

12 이 때에 예수께서 기도하시러 산으로 가사 밤이 새도록 하나님께 기도하시고

One of those days Jesus went out to a mountainside to pray, and spent the night praying to God.

13 밝으매 그 제자들을 부르사 그 중에서 열둘을 택하여 사도라 칭하셨으니

When morning came, he called his disciples to him and chose twelve of them, whom he also designated apostles:

14 곧 베드로라고도 이름을 주신 시몬과 그의 동생 안드레와 야고보와 요한과 빌립과 바돌로매와

Simon (whom he named Peter), his brother Andrew, James, John, Philip, Bartholomew,

15 마태와 도마와 알패오의 아들 야고보와 셀롯이라는 시몬과

Matthew, Thomas, James son of Alphaeus, Simon who was called the Zealot,

16 야고보의 아들 유다와 예수를 파는 자 될 가룟 유다라

Judas son of James, and Judas Iscariot, who became a traitor.

17 예수께서 그들과 함께 내려오사 평지에 서시니 그 제자의 많은 무리와 예수의 말씀도 듣고 병 고침을 받으려고 유대 사방과 예루살렘과 두로와 시돈의 해안으로부터 온 많은 백성도 있더라

He went down with them and stood on a level place. A large crowd of his disciples was there and a great number of people from all over Judea, from Jerusalem, and from the coast of Tyre and Sidon,

18 더러운 귀신에게 고난 받는 자들도 고침을 받은지라

who had come to hear him and to be healed of their diseases. Those troubled by evil spirits were cured,

19 온 무리가 예수를 만지려고 힘쓰니 이는 능력이 예수께로부터 나와서 모든 사람을 낫게 함이러라
and the people all tried to touch him, because power was coming from him and healing them all.

20 예수께서 눈을 들어 제자들을 보시고 이르시되 너희 가난한 자는 복이 있나니 하나님의 나라가 너희 것임이요
Looking at his disciples, he said: "Blessed are you who are poor, for yours is the kingdom of God.

21 지금 주린 자는 복이 있나니 너희가 배부름을 얻을 것임이요 지금 우는 자는 복이 있나니 너희가 웃을 것임이요
Blessed are you who hunger now, for you will be satisfied. Blessed are you who weep now, for you will laugh.

22 인자로 말미암아 사람들이 너희를 미워하며 멀리하고 욕하고 너희 이름을 악하다 하여 버릴 때에는 너희에게 복이 있도다
Blessed are you when men hate you, when they exclude you and insult you and reject your name as evil, because of the Son of Man.

23 그 날에 기뻐하고 뛰놀라 하늘에서 너희 상이 큼이라 그들의 조상들이 선지자들에게 이와 같이 하였느니라
"Rejoice in that day and leap for joy, because great is your reward in heaven. For that is how their fathers treated the prophets.

24 그러나 화 있을진저 너희 부요한 자여 너희는 너희의 위로를 이미 받았도다
"But woe to you who are rich, for you have already received your comfort.

25 화 있을진저 너희 지금 배부른 자여 너희는 주리리로다 화 있을진저 너희 지금 웃는 자여 너희가 애통하며 울리로다
Woe to you who are well fed now, for you will go hungry. Woe to you who laugh now, for you will mourn and weep.

26 모든 사람이 너희를 칭찬하면 화가 있도다 그들의 조상들이 거짓 선지자들에게 이와 같이 하였느니라
Woe to you when all men speak well of you, for that is how their fathers treated the false prophets.

(6:20-26) 주 예수님, 우리가 가난하고 굶주릴 때, 우리가 눈물 흘리며 다른 이들에게 미움 받을 때, 우리를 도우셔서 우리가 당신에게 버림받은 것이 아님을 볼 수 있게 하소서: 오히려, 당신은 우리가 영원한 축복을 받을 수 있도록 준비시키십니다. 우리가 육신의 것에 압도될 때에, 우리를 도우셔서 영적인 것을 간과하지 않게 하소서. 우리를 가르치셔서 당신의 발자취, 아버지께로 인도하는 발자취를 따르게 하소서. 우리가 당신의 길을 따라 걸을 때에 아버지께서 우리의 믿음을 온전케 하시고, 지키시고, 양육하심을, 그리고 그분의 선하신 목적을 위해 모든 일들을 합력해 이루심을 알게 하소서(로마서 8:28; 히브리서 12:7-12).

무거운 짐 자여 내게로 오라. 내 멍에는 쉽고 내 짐은 가벼움이라. 나를 따르면 내가 너를 버리지 아니하리라. 내가 결코 밤중에 너를 혼자 두고 떠나지 아니하리라. 심령이 가난한 자에게는 복이 있다, 여기 나의 나라가 있다. 온유한 자에게는 복이 있다, 그들이 온 땅을 지배할 것이기 때문이다. 또한 긍휼히 여기는 자에게는 복이 있다, 그들이 나의 긍휼을 알 것이기 때문이다. 마음이 청결한 자에게는 복이 있다, 그들이 주를 볼 것이기 때문이다.

"그들에게 복이 있나니 (Blessed are they)"

레니 르블랑 (Lenny LeBlanc, c. 1990)

"심령이 가난한 자에게는 천국이 선물로 주어진다, 천국은 그들의 것이기 때문이다."

알폰소 리구오리(Alphonsus Liguori, 1696-1787)

15

[누가복음 6:27-44]

27 그러나 너희 듣는 자에게 내가 이르노니 너희 원수를 사랑하며 너희를 미워하는 자를 선대하며
"But I tell you who hear me: Love your enemies, do good to those who hate you,

28 너희를 저주하는 자를 위하여 축복하며 너희를 모욕하는 자를 위하여 기도하라
bless those who curse you, pray for those who mistreat you.

29 너의 이 뺨을 치는 자에게 저 뺨도 돌려대며 네 겉옷을 빼앗는 자에게 속옷도 거절하지 말라
If someone strikes you on one cheek, turn to him the other also. If someone takes your cloak, do not stop him from taking your tunic.

30 네게 구하는 자에게 주며 네 것을 가져가는 자에게 다시 달라 하지 말며
Give to everyone who asks you, and if anyone takes what belongs to you, do not demand it back.

31 남에게 대접을 받고자 하는 대로 너희도 남을 대접하라
Do to others as you would have them do to you.

32 너희가 만일 너희를 사랑하는 자만을 사랑하면 칭찬 받을 것이 무엇이냐 죄인들도 사랑하는 자는 사랑하느니라
"If you love those who love you, what credit is that to you? Even 'sinners' love those who love them.

33 너희가 만일 선대하는 자만을 선대하면 칭찬 받을 것이 무엇이냐 죄인들도 이렇게 하느니라
And if you do good to those who are good to you, what credit is that to you? Even 'sinners' do that.

34 너희가 받기를 바라고 사람들에게 꾸어 주면 칭찬 받을 것이 무엇이냐 죄인들도 그만큼 받고자 하여 죄인에게 꾸어 주느니라
And if you lend to those from whom you expect repayment, what credit is that to you? Even 'sinners' lend to 'sinners,' expecting to be repaid in full.

35 오직 너희는 원수를 사랑하고 선대하며 아무 것도 바라지 말고 꾸어 주라 그리하면 너희 상이 클 것이요 또 지극히 높으신 이의 아들이 되리니 그는 은혜를 모르는 자와 악한 자에게도 인자하시니라
But love your enemies, do good to them, and lend to them without expecting to get anything back. Then your reward will be great, and you will be sons of the Most High, because he is kind to the ungrateful and wicked.

36 너희 아버지의 자비로우심 같이 너희도 자비로운 자가 되라

Be merciful, just as your Father is merciful.

37 비판하지 말라 그리하면 너희가 비판을 받지 않을 것이요 정죄하지 말라 그리하면 너희가 정죄를 받지 않을 것이요 용서하라 그리하면 너희가 용서를 받을 것이요

"Do not judge, and you will not be judged. Do not condemn, and you will not be condemned. Forgive, and you will be forgiven.

38 주라 그리하면 너희에게 줄 것이니 곧 후히 되어 누르고 흔들어 넘치도록 하여 너희에게 안겨 주리라 너희가 헤아리는 그 헤아림으로 너희도 헤아림을 도로 받을 것이니라

Give, and it will be given to you. A good measure, pressed down, shaken together and running over, will be poured into your lap. For with the measure you use, it will be measured to you."

39 또 비유로 말씀하시되 맹인이 맹인을 인도할 수 있느냐 둘이 다 구덩이에 빠지지 아니하겠느냐

He also told them this parable: "Can a blind man lead a blind man? Will they not both fall into a pit?

40 제자가 그 선생보다 높지 못하나 무릇 온전하게 된 자는 그 선생과 같으리라

A student is not above his teacher, but everyone who is fully trained will be like his teacher.

41 어찌하여 형제의 눈 속에 있는 티는 보고 네 눈 속에 있는 들보는 깨닫지 못하느냐

"Why do you look at the speck of sawdust in your brother's eye and pay no attention to the plank in your own eye?

42 너는 네 눈 속에 있는 들보를 보지 못하면서 어찌하여 형제에게 말하기를 형제여 나로 네 눈 속에 있는 티를 빼게 하라 할 수 있느냐 외식하는 자여 먼저 네 눈 속에서 들보를 빼라 그 후에야 네가 밝히 보고 형제의 눈 속에 있는 티를 빼리라

How can you say to your brother, 'Brother, let me take the speck out of your eye,' when you yourself fail to see the plank in your own eye? You hypocrite, first take the plank out of your eye, and then you will see clearly to remove the speck from your brother's eye.

43 못된 열매 맺는 좋은 나무가 없고 또 좋은 열매 맺는 못된 나무가 없느니라

"No good tree bears bad fruit, nor does a bad tree bear good fruit.

44 나무는 각각 그 열매로 아나니 가시나무에서 무화과를, 또는 찔레에서 포도를 따지 못하느니라

Each tree is recognized by its own fruit. People do not pick figs from thornbushes, or grapes from briers.

긍휼하신 우리 아버지

(6:32-36) 예수님의 설교는 지극히 높으신 하나님의 진정한 자녀들이 취하는 행동을 묘사한다. 하지만 원수를 진실로 사랑하고 아무것도 바라지 말고 빌려주라는 말씀은 여전히 이상적인 것처럼 보인다. 이를 실천하기 위해서는 은혜를 모르고 악하게 살았던 우리에게 자비를 보여주신 아버지께 힘을 달라고 할 수밖에 없다. 성령의 능력으로, 하나님은 우리를 변화시키고 하나님의 자비를 묵상할 수 있도록 인도하신다. 갚을 능력이 없는 자들에게 자비를 보이신 예수님의 사역에 우리도 동참할 수 있도록 하나님의 마음을 달라고 간구하자.

은혜로우신 아버지, 우리는 당신을 경배하고 당신의 자녀로 불리는 큰 영광 가운데 있습니다. 우리가 당신께 아무것도 드릴 수 없을 때에도 당신은 사랑으로 우리에게 다가오셨습니다. 다른 이들을 위한 당신의 은혜로운 사랑을 허락해 주사 우리로 하여금 하나님을 드러낼 수 있도록 인도해 주옵소서. 아멘.

나의 사랑하는 자여

나는 기쁜 마음으로 베푸는 이들을 사랑한다. 그러니 궁핍한 네 형제들에게 넉넉히 베풀어주며, 이를 아까워하는 마음을 품지 말라. 이로 인해 내가 너의 하는 모든 일과 네 손이 닿는 모든 일에 네게 풍족히 복을 줄 것이다.

네가 다른 이들에게 후히 베풀 때, 이는 그들에게 나의 마음을 보여주는 것이다. 네가 다른 이들에게 후히 베풀 때, 이는 내가 너에게 베풀어주고자 하는 모든 것들을 네가 더 잘 다룰 수 있음을 의미한다. 그러니 네가 베푸는 모든 것들을 내가 보고 있음을 알라.

네가 기쁜 마음으로 베푸는 사람인지 아닌지 내가 왜 이렇게 관심을 가지는지 아느냐? 이것이 네가 가장 사랑하는 것이 무엇인지 보여주는 것이기 때문이다. 너는 베푸는 법을 모르지만 모든 것을 쥐고 있으려고 하는 사람들을 본 적 있을 것이다. 그들은 늘 원한다. 그들이 베푸는 법을 배운다면 그들은 삶의 풍족함을 발견할 수 있을 것이다. 이는 관대한 자는 번창할 것이기 때문이다; 다른 이들을 윤택하게 하는 자를 내가 윤택하게 해줄 것이다.

그러나 네가 베풀 때에, 무언가 돌려받을 것을 기대하거나 다른 사람들에게 보이려고 하지 말라. 오히려 기쁜 마음으로 베풀어주며, 가능하다면 이를 은밀하게 하라. 네가 관대해질 수 있도록 만드는 자는 나라는 점을 기억하라; 그러니 네가 베풀 때에 이는 너의 관대함으로 말미암아 다른 사람들이 나에게 감사하도록 하는 것이라야 옳은 것이다. 나는 베푸는 자요; 너 또한 베푸는 자이니라.

(신명기 15:7-11; 시편 37:21; 잠언 11:24-25; 마태복음 6:2-4; 누가복음 6:38; 12:33-34; 고린도후서 9:6-8, 10-11)

"사랑은 늘 베풀고, 용서하고, 오래 참는다. 그리고 늘 열린 손으로 견딘다. 그리고 사랑은 살아있는 동안에 베푼다. 이것이 사랑의 특권이다. 오 베풀고, 베풀고, 베풀라."

존 옥센함(John Oxenham, 1861-1941)

(6:35-36) 오 하나님, 이것이 당신의 사랑입니다. 당신은 모든 사람들에게 자비로우시며 친절하십니다. 당신은 감사하지 않는 자들에게도 베풀어 주십니다. 또한 당신은 나로 하여금 이러한 사랑을 하라고 부르십니다. 그렇지만 나는 당신의 도움 없이는 이런 사랑을 할 수가 없습니다. 나는 당신께 자비와 용서를 받았기 때문에 할 수 있는 것입니다. 당신의 성령의 능력으로 나를 통해 당신의 은혜를 전하소서. 그래서 내가 다른 이들에게 당신의 자비와 용서를 전하게 하소서.

(6:41-42) 하나님 아버지, 내가 나의 형제들의 잘못을 아는 데는 빠르고 나 자신의 연약함을 인식하고 인정하는 데는 느리다는 것을 고백합니다. 나는 다른 사람들의 가장 나쁜 행동을 가지고 그들을 판단하면서 나를 판단할 때는 나의 가장 좋은 의도를 가지고 판단합니다. 나를 도우셔서 내가 당신이 나를 보는 것과 같이 나를 보게 하소서. 그리고 나를 도우셔서 당신의 눈을 통해 다른 이들을 바라보게 하소서.

16

[누가복음 6:45-7:11]

45 선한 사람은 마음에 쌓은 선에서 선을 내고 악한 자는 그 쌓은 악에서 악을 내나니 이는 마음에 가득한 것을 입으로 말함이니라

The good man brings good things out of the good stored up in his heart, and the evil man brings evil things out of the evil stored up in his heart. For out of the overflow of his heart his mouth speaks.

46 너희는 나를 불러 주여 주여 하면서도 어찌하여 내가 말하는 것을 행하지 아니하느냐

"Why do you call me, 'Lord, Lord,' and do not do what I say?

47 내게 나아와 내 말을 듣고 행하는 자마다 누구와 같은 것을 너희에게 보이리라

I will show you what he is like who comes to me and hears my words and puts them into practice.

48 집을 짓되 깊이 파고 주추를 반석 위에 놓은 사람과 같으니 큰 물이 나서 탁류가 그 집에 부딪치되 잘 지었기 때문에 능히 요동하지 못하게 하였거니와

He is like a man building a house, who dug down deep and laid the foundation on rock. When a flood came, the torrent struck that house but could not shake it, because it was well built.

49 듣고 행하지 아니하는 자는 주추 없이 흙 위에 집 지은 사람과 같으니 탁류가 부딪치매 집이 곧 무너져 파괴됨이 심하니라 하시니라

But the one who hears my words and does not put them into practice is like a man who built a house on the ground without a foundation. The moment the torrent struck that house, it collapsed and its destruction was complete."

[누가복음 7장]

01 예수께서 모든 말씀을 백성에게 들려 주시기를 마치신 후에 가버나움으로 들어가시니라

When Jesus had finished saying all this in the hearing of the people, he entered Capernaum.

02 어떤 백부장의 사랑하는 종이 병들어 죽게 되었더니

There a centurion's servant, whom his master valued highly, was sick and about to die.

03 예수의 소문을 듣고 유대인의 장로 몇 사람을 예수께 보내어 오셔서 그 종을 구해 주시기를 청한지라

The centurion heard of Jesus and sent some elders of the Jews to him, asking him to come and heal his servant.

04 이에 그들이 예수께 나아와 간절히 구하여 이르되 이 일을 하시는 것이 이 사람에게는 합당하니이다
When they came to Jesus, they pleaded earnestly with him, "This man deserves to have you do this,

05 그가 우리 민족을 사랑하고 또한 우리를 위하여 회당을 지었나이다 하니
because he loves our nation and has built our synagogue."

06 예수께서 함께 가실새 이에 그 집이 멀지 아니하여 백부장이 벗들을 보내어 이르되 주여 수고하시지 마옵소서 내 집에 들어오심을 나는 감당하지 못하겠나이다
So Jesus went with them. He was not far from the house when the centurion sent friends to say to him: "Lord, don't trouble yourself, for I do not deserve to have you come under my roof.

07 그러므로 내가 주께 나아가기도 감당하지 못할 줄을 알았나이다 말씀만 하사 내 하인을 낫게 하소서
That is why I did not even consider myself worthy to come to you. But say the word, and my servant will be healed.

08 나도 남의 수하에 든 사람이요 내 아래에도 병사가 있으니 이더러 가라 하면 가고 저더러 오라 하면 오고 내 종더러 이것을 하라 하면 하나이다
For I myself am a man under authority, with soldiers under me. I tell this one, 'Go,' and he goes; and that one, 'Come,' and he comes. I say to my servant, 'Do this,' and he does it."

09 예수께서 들으시고 그를 놀랍게 여겨 돌이키사 따르는 무리에게 이르시되 내가 너희에게 이르노니 이스라엘 중에서도 이만한 믿음은 만나보지 못하였노라 하시더라
When Jesus heard this, he was amazed at him, and turning to the crowd following him, he said, "I tell you, I have not found such great faith even in Israel."

10 보내었던 사람들이 집으로 돌아가 보매 종이 이미 나아 있었더라
Then the men who had been sent returned to the house and found the servant well.

11 그 후에 예수께서 나인이란 성으로 가실새 제자와 많은 무리가 동행하더니
Soon afterward, Jesus went to a town called Nain, and his disciples and a large crowd went along with him.

17

[누가복음 7:12-30]

12 성문에 가까이 이르실 때에 사람들이 한 죽은 자를 메고 나오니 이는 한 어머니의 독자요 그의 어머니는 과부라 그 성의 많은 사람도 그와 함께 나오거늘

As he approached the town gate, a dead person was being carried out--the only son of his mother, and she was a widow. And a large crowd from the town was with her.

13 주께서 과부를 보시고 불쌍히 여기사 울지 말라 하시고

When the Lord saw her, his heart went out to her and he said, "Don't cry."

14 가까이 가서 그 관에 손을 대시니 멘 자들이 서는지라 예수께서 이르시되 청년아 내가 네게 말하노니 일어나라 하시매

Then he went up and touched the coffin, and those carrying it stood still. He said, "Young man, I say to you, get up!"

15 죽었던 자가 일어나 앉고 말도 하거늘 예수께서 그를 어머니에게 주시니

The dead man sat up and began to talk, and Jesus gave him back to his mother.

16 모든 사람이 두려워하며 하나님께 영광을 돌려 이르되 큰 선지자가 우리 가운데 일어나셨다 하고 또 하나님께서 자기 백성을 돌보셨다 하더라

They were all filled with awe and praised God. "A great prophet has appeared among us," they said. "God has come to help his people."

17 예수께 대한 이 소문이 온 유대와 사방에 두루 퍼지니라

This news about Jesus spread throughout Judea and the surrounding country.

18 요한의 제자들이 이 모든 일을 그에게 알리니

John's disciples told him about all these things. Calling two of them,

19 요한이 그 제자 중 둘을 불러 주께 보내어 이르되 오실 그이가 당신이오니이까 우리가 다른 이를 기다리오리이까 하라 하매

he sent them to the Lord to ask, "Are you the one who was to come, or should we expect someone else?"

20 그들이 예수께 나아가 이르되 세례 요한이 우리를 보내어 당신께 여쭈어 보라고 하기를 오실 그이가 당신이오니이까 우리가 다른 이를 기다리오리이까 하더이다 하니

When the men came to Jesus, they said, "John the Baptist sent us to you to ask, 'Are you the one who was to come, or should we expect someone else?' "

21 마침 그 때에 예수께서 질병과 고통과 및 악귀 들린 자를 많이 고치시며 또 많은 맹인을 보게 하신지라

At that very time Jesus cured many who had diseases, sicknesses and evil spirits, and gave sight to many who were blind.

22 예수께서 대답하여 이르시되 너희가 가서 보고 들은 것을 요한에게 알리되 맹인이 보며 못 걷는 사람이 걸으며 나병환자가 깨끗함을 받으며 귀먹은 사람이 들으며 죽은 자가 살아나며 가난한 자에게 복음이 전파된다 하라

So he replied to the messengers, "Go back and report to John what you have seen and heard: The blind receive sight, the lame walk, those who have leprosy are cured, the deaf hear, the dead are raised, and the good news is preached to the poor.

23 누구든지 나로 말미암아 실족하지 아니하는 자는 복이 있도다 하시니라

Blessed is the man who does not fall away on account of me."

24 요한이 보낸 자가 떠난 후에 예수께서 무리에게 요한에 대하여 말씀하시되 너희가 무엇을 보려고 광야에 나갔더냐 바람에 흔들리는 갈대냐

After John's messengers left, Jesus began to speak to the crowd about John: "What did you go out into the desert to see? A reed swayed by the wind?

25 그러면 너희가 무엇을 보려고 나갔더냐 부드러운 옷 입은 사람이냐 보라 화려한 옷을 입고 사치하게 지내는 자는 왕궁에 있느니라

If not, what did you go out to see? A man dressed in fine clothes? No, those who wear expensive clothes and indulge in luxury are in palaces.

26 그러면 너희가 무엇을 보려고 나갔더냐 선지자냐 옳다 내가 너희에게 이르노니 선지자보다도 훌륭한 자니라

But what did you go out to see? A prophet? Yes, I tell you, and more than a prophet.

27 기록된 바 보라 내가 내 사자를 네 앞에 보내노니 그가 네 앞에서 네 길을 준비하리라 한 것이 이 사람에 대한 말씀이라

This is the one about whom it is written: " 'I will send my messenger ahead of you, who will prepare your way before you.'

28 내가 너희에게 말하노니 여자가 낳은 자 중에 요한보다 큰 자가 없도다 그러나 하나님의 나라에서는 극히 작은 자라도 그보다 크니라 하시니

I tell you, among those born of women there is no one greater than John; yet the one who is least in the kingdom of God is greater than he."

29 모든 백성과 세리들은 이미 요한의 세례를 받은지라 이 말씀을 듣고 하나님을 의롭다 하되

(All the people, even the tax collectors, when they heard Jesus' words, acknowledged that God's way was right, because they had been baptized by John.

30 바리새인과 율법교사들은 그의 세례를 받지 아니함으로 그들 자신을 위한 하나님의 뜻을 저버리니라

But the Pharisees and experts in the law rejected God's purpose for themselves, because they had not been baptized by John.)

(7:13-15) 은혜로우신 주님, 가장 소망이 없는 상황 가운데 당신은 소망과 치유를 가져다 주십니다. 당신은 진정 생명의 하나님이십니다. 당신은 나의 절망을 보시고, 내게 안식과 도움을 주러 오십니다. 당신은 나의 슬픔을 기쁨으로 바꿔 주시며, 나의 눈물을 춤으로 바꿔 주십니다. 그러나 주여, 아이들이 죽을 때, 기도가 응답 받지 못하는 것 같을 때, 고통으로 인해 소망이 끊어질 때 어찌합니까? 가끔 나는 어떻게, 그리고 왜 이런 일이 일어나는지 이해할 수 없을 때가 있습니다. 주여, 내가 오직 구할 수 있는 것은 당신의 보살피심에 대한 확신입니다. 내가 힘을 주셔서 당신을 의지하게 하소서. 내게 믿음을 주셔서 당신이 나를 사랑하신다는 것을 믿게 하소서. 내게 은혜를 주셔서 나의 인생의 가장 어두울 때에도 당신이 일하고 계심을 계속해서 믿을 수 있게 하소서. (시편 30:11)

내가 짐에 눌리고 염려하며, 지치고 긴 길을 걸을 때, 내 심령이 고통 받을 때 예수께서 돌보시는가? 오 그럼, 그분이 돌보시네; 그분이 돌보심을 나는 아네, 나의 슬픔이 그분의 마음을 만지네; 지친 나날들에, 황량한 긴 밤에 나의 구주께서 돌보심을 내가 아네.

"예수께서 돌보시는가?(Does Jesus care?)"
프랭크 E. 그래프(Frank E. Graeff, 1901)

당신이 잠시 평안함의 감각을 잃어버리게 되었다 해도, 너무 빨리 절망하지 말라. 겸손과 인내를 가지고 당신에게 더 큰 안식을 주실 하나님을 기다리라. 하나님의 방법에 친밀한 사람들에게 이보다 더 귀한 일은 없다. 위대한 성인들과 고대의 선지자들은 종종 오르막과 내리막을, 기쁨과 슬픔을 경험했다.

토마스 아 켐피스(Thomas a Kempis, c. 1380-1471)

18

[누가복음 7:31-50]

31 또 이르시되 이 세대의 사람을 무엇으로 비유할까 무엇과 같은가
"To what, then, can I compare the people of this generation? What are they like?

32 비유하건대 아이들이 장터에 앉아 서로 불러 이르되 우리가 너희를 향하여 피리를 불어도 너희가 춤추지 않고 우리가 곡하여도 너희가 울지 아니하였다 함과 같도다
They are like children sitting in the marketplace and calling out to each other: " 'We played the flute for you, and you did not dance; we sang a dirge, and you did not cry.'

33 세례 요한이 와서 떡도 먹지 아니하며 포도주도 마시지 아니하매 너희 말이 귀신이 들렸다 하더니
For John the Baptist came neither eating bread nor drinking wine, and you say, 'He has a demon.'

34 인자는 와서 먹고 마시매 너희 말이 보라 먹기를 탐하고 포도주를 즐기는 사람이요 세리와 죄인의 친구로다 하니
The Son of Man came eating and drinking, and you say, 'Here is a glutton and a drunkard, a friend of tax collectors and "sinners." '

35 지혜는 자기의 모든 자녀로 인하여 옳다 함을 얻느니라
But wisdom is proved right by all her children."

36 한 바리새인이 예수께 자기와 함께 잡수시기를 청하니 이에 바리새인의 집에 들어가 앉으셨을 때에
Now one of the Pharisees invited Jesus to have dinner with him, so he went to the Pharisee's house and reclined at the table.

37 그 동네에 죄를 지은 한 여자가 있어 예수께서 바리새인의 집에 앉아 계심을 알고 향유 담은 옥합을 가지고 와서
When a woman who had lived a sinful life in that town learned that Jesus was eating at the Pharisee's house, she brought an alabaster jar of perfume,

38 예수의 뒤로 그 발 곁에 서서 울며 눈물로 그 발을 적시고 자기 머리털로 닦고 그 발에 입맞추고 향유를 부으니
and as she stood behind him at his feet weeping, she began to wet his feet with her tears. Then she wiped them with her hair, kissed them and poured perfume on them.

39 예수를 청한 바리새인이 그것을 보고 마음에 이르되 이 사람이 만일 선지자라면 자기를 만지는 이 여자가 누구며 어떠한 자 곧 죄인인 줄을 알았으리라 하거늘

When the Pharisee who had invited him saw this, he said to himself, "If this man were a prophet, he would know who is touching him and what kind of woman she is--that she is a sinner."

40 예수께서 대답하여 이르시되 시몬아 내가 네게 이를 말이 있다 하시니 그가 이르되 선생님 말씀하소서

Jesus answered him, "Simon, I have something to tell you." "Tell me, teacher," he said.

41 이르시되 빚 주는 사람에게 빚진 자가 둘이 있어 하나는 오백 데나리온을 졌고 하나는 오십 데나리온을 졌는데

"Two men owed money to a certain moneylender. One owed him five hundred denarii, and the other fifty.

42 갚을 것이 없으므로 둘 다 탕감하여 주었으니 둘 중에 누가 그를 더 사랑하겠느냐

Neither of them had the money to pay him back, so he canceled the debts of both. Now which of them will love him more?"

43 시몬이 대답하여 이르되 내 생각에는 많이 탕감함을 받은 자니이다 이르시되 네 판단이 옳다 하시고

Simon replied, "I suppose the one who had the bigger debt canceled." "You have judged correctly," Jesus said.

44 그 여자를 돌아보시며 시몬에게 이르시되 이 여자를 보느냐 내가 네 집에 들어올 때 너는 내게 발 씻을 물도 주지 아니하였으되 이 여자는 눈물로 내 발을 적시고 그 머리털로 닦았으며

Then he turned toward the woman and said to Simon, "Do you see this woman? I came into your house. You did not give me any water for my feet, but she wet my feet with her tears and wiped them with her hair.

45 너는 내게 입맞추지 아니하였으되 그는 내가 들어올 때로부터 내 발에 입맞추기를 그치지 아니하였으며

You did not give me a kiss, but this woman, from the time I entered, has not stopped kissing my feet.

46 너는 내 머리에 감람유도 붓지 아니하였으되 그는 향유를 내 발에 부었느니라
You did not put oil on my head, but she has poured perfume on my feet.

47 이러므로 내가 네게 말하노니 그의 많은 죄가 사하여졌도다 이는 그의 사랑함이 많음이라 사함을 받은 일이 적은 자는 적게 사랑하느니라
Therefore, I tell you, her many sins have been forgiven--for she loved much. But he who has been forgiven little loves little."

48 이에 여자에게 이르시되 네 죄 사함을 받았느니라 하시니
Then Jesus said to her, "Your sins are forgiven."

49 함께 앉아 있는 자들이 속으로 말하되 이가 누구이기에 죄도 사하는가 하더라
The other guests began to say among themselves, "Who is this who even forgives sins?"

50 예수께서 여자에게 이르시되 네 믿음이 너를 구원하였으니 평안히 가라 하시니라
Jesus said to the woman, "Your faith has saved you; go in peace."

죄인들의 친구 되신 예수님

(7:34) 예수님은 "가장 악한 죄인들의 친구"로 알려져 있다. 바리새인들이 이 별명을 부른 것은 비방하기 위한 것이었다. 그들은 의로운 사람은 "정결하지 않은" 사람들과 어울리지 않는다고 생각했다. 그러나 예수님은 이러한 사람들을 환영해주시면서 동시에 그들이 죄에서 떠나야 함을 분명히 하셨다. 그 결과, 많은 "정결하지 않은" 사람들은 예수님을 따르게 되었고 용서 받고 회복되었다. 오늘날 자신의 죄를 인지하는 사람들에게 "가장 악한 죄인들의 친구"의 존재는 놀라운 소식이다. 그 분은 예수님이다. 죄인 된 우리들은 내면이 깨끗함을 입고 치유 받아야 한다. 예수님의 은혜는 우리 마음에 감사와 예배가 넘치게 해준다.

자비로우신 주님, 죄인 된 우리는 당신의 씻기심이 필요합니다. 당신은 우리의 죄악을 미워하시나 당신은 우리를 측량할 수 없을 정도로 사랑하십니다. 우리의 사랑하는 구세주이자 친구여, 당신을 찬양하고 당신께 감사드립니다. 아멘.

(7:44-47) 주 예수님, 당신은 자신이 선하다고 주장하는 이들을 위해 오신 것이 아니라 그들이 선하지 않음을 아는 이들을 위해 오셨습니다. 나를 독선으로부터 구원해주소서. 회개하기엔 너무 고집스러운 나를, 당신 발 앞에 엎드리기엔 너무 교만한 나를 용서해주소서. 나를 도우셔서 당신이 나를 깊은 곳으로부터 구원해 주셨음을 기억하게 하소서. 나를 도우셔서 나는 당신의 은혜를 받기엔 가치가 없음을 기억하게 하소서. 당신께 다가가고자 하는

그 누구에게도 내가 걸림돌이 되지 않게 하소서. 그리고 하나님, 당신이 구원하고자 하시는 이들을 내가 쫓아내는 일이 없도록 막아 주소서.

가장 더러운 자들께 다가오시는 예수님의 놀라운 은혜, 그 은혜의 변화시키시는 능력으로 나를 하나님의 사랑하시는 자녀 삼으시네, 영원을 위해 평화와 천국을 주시네, 예수님의 놀라운 은혜가 내게 오는도다.

"예수님의 놀라운 은혜(Wonderful grace of Jesus)"
할더 릴리네스(Haldor Lillenas, 1918)

[이 곡은 현재 국내에서 "놀랍다 주님의 큰 은혜" 라는 성가곡으로 번역/의역되어 사용되고 있습니다. 해당 가사는 다음과 같습니다: (1절) 주님의 크신 은혜 측량키 한없다, 내 일생 사는 동안 감사키 어렵다, 죄 짐을 맡으시고 날 구원했으니 능히 말 못한 그의 은혜 크도다. (2절) 주님의 크신 은혜 만민을 위하여 죄에서 몸을 건져 영생을 주셨다, 결박을 받은 몸을 풀어 주셨으니 능히 말 못할 은혜 크도다. (3절) 주님의 크신 은혜 우리를 구하려 마음을 편케 하사 의롭게 하셨다, 천국에 들어가서 주님을 뵈오리, 능히 말 못할 그의 은혜 크도다. (후렴) 한량없는 구세주의 은혜, 바다보다 넓고 깊도다, 산 보다 더 높고 만족한 그의 은혜라. 구세주의 넓고 크신 은혜, 우리 죄를 담당하사 구원하셨다, 그 크신 이름 높여 크게 찬송하여라. /역주]

19

[누가복음 8:1-17]

01 그 후에 예수께서 각 성과 마을에 두루 다니시며 하나님의 나라를 선포하시며 그 복음을 전하실새 열두 제자가 함께 하였고

After this, Jesus traveled about from one town and village to another, proclaiming the good news of the kingdom of God. The Twelve were with him,

02 또한 악귀를 쫓아내심과 병 고침을 받은 어떤 여자들 곧 일곱 귀신이 나간 자 막달라인이라 하는 마리아와

and also some women who had been cured of evil spirits and diseases: Mary (called Magdalene) from whom seven demons had come out;

03 헤롯의 청지기 구사의 아내 요안나와 수산나와 다른 여러 여자가 함께 하여 자기들의 소유로 그들을 섬기더라

Joanna the wife of Cuza, the manager of Herod's household; Susanna; and many others. These women were helping to support them out of their own means.

04 각 동네 사람들이 예수께로 나아와 큰 무리를 이루니 예수께서 비유로 말씀하시되

While a large crowd was gathering and people were coming to Jesus from town after town, he told this parable:

05 씨를 뿌리는 자가 그 씨를 뿌리러 나가서 뿌릴새 더러는 길 가에 떨어지매 밟히며 공중의 새들이 먹어버렸고

"A farmer went out to sow his seed. As he was scattering the seed, some fell along the path; it was trampled on, and the birds of the air ate it up

06 더러는 바위 위에 떨어지매 싹이 났다가 습기가 없으므로 말랐고

Some fell on rock, and when it came up, the plants withered because they had no moisture.

07 더러는 가시떨기 속에 떨어지매 가시가 함께 자라서 기운을 막았고

Other seed fell among thorns, which grew up with it and choked the plants.

08 더러는 좋은 땅에 떨어지매 나서 백 배의 결실을 하였느니라 이 말씀을 하시고 외치시되 들을 귀 있는 자는 들을지어다

Still other seed fell on good soil. It came up and yielded a crop, a hundred times more than was sown." When he said this, he called out, "He who has ears to hear, let him hear."

09 제자들이 이 비유의 뜻을 물으니

His disciples asked him what this parable meant.

10 이르시되 하나님 나라의 비밀을 아는 것이 너희에게는 허락되었으나 다른 사람에게는 비유로 하나니 이는 그들로 보아도 보지 못하고 들어도 깨닫지 못하게 하려 함이라

He said, "The knowledge of the secrets of the kingdom of God has been given to you, but to others I speak in parables, so that, " 'though seeing, they may not see; though hearing, they may not understand.'

11 이 비유는 이러하니라 씨는 하나님의 말씀이요

"This is the meaning of the parable: The seed is the word of God.

12 길 가에 있다는 것은 말씀을 들은 자니 이에 마귀가 가서 그들이 믿어 구원을 얻지 못하게 하려고 말씀을 그 마음에서 빼앗는 것이요

Those along the path are the ones who hear, and then the devil comes and takes away the word from their hearts, so that they may not believe and be saved.

13 바위 위에 있다는 것은 말씀을 들을 때에 기쁨으로 받으나 뿌리가 없어 잠깐 믿다가 시련을 당할 때에 배반하는 자요

Those on the rock are the ones who receive the word with joy when they hear it, but they have no root. They believe for a while, but in the time of testing they fall away.

14 가시떨기에 떨어졌다는 것은 말씀을 들은 자이나 지내는 중 이생의 염려와 재물과 향락에 기운이 막혀 온전히 결실하지 못하는 자요

The seed that fell among thorns stands for those who hear, but as they go on their way they are choked by life's worries, riches and pleasures, and they do not mature.

15 좋은 땅에 있다는 것은 착하고 좋은 마음으로 말씀을 듣고 지키어 인내로 결실하는 자니라

But the seed on good soil stands for those with a noble and good heart, who hear the word, retain it, and by persevering produce a crop.

16 누구든지 등불을 켜서 그릇으로 덮거나 평상 아래에 두지 아니하고 등경 위에 두나니 이는 들어가는 자들로 그 빛을 보게 하려 함이라

"No one lights a lamp and hides it in a jar or puts it under a bed. Instead, he puts it on a stand, so that those who come in can see the light.

17 숨은 것이 장차 드러나지 아니할 것이 없고 감추인 것이 장차 알려지고 나타나지 않을 것이 없느니라

For there is nothing hidden that will not be disclosed, and nothing concealed that will not be known or brought out into the open.

이해할 수 있게 해주시는 예수님

(8:9-11) 정기적으로 예수님은 그분을 따르는 자들을 가르치시기 위해 비유를 사용하셨다. 그러한 비유들을 통해 그분은 "하나님 나라의 비밀"을 보여주셨다. 예수님의 말씀을 받아들이기를 거절하는 이들에게 진리는 드러나지 않았다. 그러나 그분을 믿기로 선택하는 이들은 그 비유들의 의미를 이해할 수 있는 통찰력을 얻었다. 주님은 우리가 그분의 길을 이해하고 그분의 길을 따라가길 원하시기 때문에 여전히 그분을 따르는 이들에게 통찰력을 주신다. 우리에게 진리를 나타내시며 우리에게 이를 이해할 수 있는 능력을 주시는 하나님께 감사를 드리자.

하늘의 아버지, 당신의 길은 우리의 길보다 훨씬 더 위에 있으며, 우리는 우리의 능력으로 당신을 이해할 수 없습니다. 우리에게 진리를 나타내시고 이를 이해할 수 있도록 우리에게 당신의 성령을 주시니 감사합니다. 당신의 길을 우리에게 가르치소서. 그리고 우리에게 당신의 지혜를 채워 주셔서 우리가 당신께 영광을 돌리게 하소서. 아멘.

(8:11-15) 주여, 오늘 내 마음의 상태는 어떠한가요? 속도를 늦추고 충분히 긴 시간 동안 귀 기울이기에는 내가 너무 바쁜가요? 당신에 대한 내 마음이 굳어졌나요? 당신의 생명의 말씀이 있어야할 자리에 근심과 세속의 잡초가 자라고 있나요? 주여, 내 마음의 밭을 일궈 주소서. 낡고 굳어진 곳들을 깨뜨려 주소서. 당신의 말씀의 씨앗에 방해가 되는 잡초를 뽑아 주소서. 내가 당신 나라의 풍성한 열매를 맺는 비옥한 땅이 되게 하소서(에스겔

33:31-32; 야고보서 1:22-25).

　그분은 모든 계절의 하나님, 그분은 모든 시간의 주인. 그리고 그분은 사람이라는 들판에 그분의 씨앗을 심으러 오셨네. 하늘의 영원한 말씀이 이곳에 우리 가운데 있네. 그리고 네게 들을 귀가 있다면, 그분이 네 이름을 부르시는 것을 들을 수 있으리. 그분이 네 이름을 부르시네, 그분이 네 이름을 부르시네. 네게 들을 귀가 있다면, 그분이 네 이름을 부르시네.
"그분이 네 이름을 부르시네(He's calling our your name)"
밥 소마(Bob Somma), 필 크리스티안손 (Phil Kristianson),

빌 밧스턴 (Bill Batstone, c. 1996)

20

[누가복음 8:18-34]

18 그러므로 너희가 어떻게 들을까 스스로 삼가라 누구든지 있는 자는 받겠고 없는 자는 그 있는 줄로 아는 것까지도 빼앗기리라 하시니라

Therefore consider carefully how you listen. Whoever has will be given more; whoever does not have, even what he thinks he has will be taken from him."

19 예수의 어머니와 그 동생들이 왔으나 무리로 인하여 가까이 하지 못하니

Now Jesus' mother and brothers came to see him, but they were not able to get near him because of the crowd.

20 어떤 이가 알리되 당신의 어머니와 동생들이 당신을 보려고 밖에 서 있나이다

Someone told him, "Your mother and brothers are standing outside, wanting to see you."

21 예수께서 대답하여 이르시되 내 어머니와 내 동생들은 곧 하나님의 말씀을 듣고 행하는 이 사람들이라 하시니라

He replied, "My mother and brothers are those who hear God's word and put it into practice."

22 하루는 제자들과 함께 배에 오르사 그들에게 이르시되 호수 저편으로 건너가자 하시매 이에 떠나

One day Jesus said to his disciples, "Let's go over to the other side of the lake." So they got into a boat and set out.

23 행선할 때에 예수께서 잠이 드셨더니 마침 광풍이 호수로 내리치매 배에 물이 가득하게 되어 위태한지라

As they sailed, he fell asleep. A squall came down on the lake, so that the boat was being swamped, and they were in great danger.

24 제자들이 나아와 깨워 이르되 주여 주여 우리가 죽겠나이다 한대 예수께서 잠을 깨사 바람과 물결을 꾸짖으시니 이에 그쳐 잔잔하여지더라

The disciples went and woke him, saying, "Master, Master, we're going to drown!" He got up and rebuked the wind and the raging waters; the storm subsided, and all was calm.

25 제자들에게 이르시되 너희 믿음이 어디 있느냐 하시니 그들이 두려워하고 놀랍게 여겨 서로 말하되 그가 누구이기에 바람과 물을 명하매 순종하는가 하더라

"Where is your faith?" he asked his disciples. In fear and amazement they asked one another, "Who is this? He commands even the winds and the water, and they obey him."

26 그들이 갈릴리 맞은편 거라사인의 땅에 이르러

They sailed to the region of the Gerasenes, which is across the lake from Galilee.

27 예수께서 육지에 내리시매 그 도시 사람으로서 귀신 들린 자 하나가 예수를 만나니 그 사람은 오래 옷을 입지 아니하며 집에 거하지도 아니하고 무덤 사이에 거하는 자라

When Jesus stepped ashore, he was met by a demon-possessed man from the town. For a long time this man had not worn clothes or lived in a house, but had lived in the tombs.

28 예수를 보고 부르짖으며 그 앞에 엎드려 큰 소리로 불러 이르되 지극히 높으신 하나님의 아들 예수여 당신이 나와 무슨 상관이 있나이까 당신께 구하노니 나를 괴롭게 하지 마옵소서 하니

When he saw Jesus, he cried out and fell at his feet, shouting at the top of his voice, "What do you want with me, Jesus, Son of the Most High God? I beg you, don't torture me!"

29 이는 예수께서 이미 더러운 귀신을 명하사 그 사람에게서 나오라 하셨음이라 (귀신이 가끔 그 사람을 붙잡으므로 그를 쇠사슬과 고랑에 매어 지켰으되 그 맨 것을 끊고 귀신에게 몰려 광야로 나갔더라)

For Jesus had commanded the evil spirit to come out of the man. Many times it had seized him, and though he was chained hand and foot and kept under guard, he had broken his chains and had been driven by the demon into solitary places.

30 예수께서 네 이름이 무엇이냐 물으신즉 이르되 군대라 하니 이는 많은 귀신이 들렸음이라

Jesus asked him, "What is your name?" "Legion," he replied, because many demons had gone into him.

31 무저갱으로 들어가라 하지 마시기를 간구하더니

And they begged him repeatedly not to order them to go into the Abyss.

32 마침 그 곳에 많은 돼지 떼가 산에서 먹고 있는지라 귀신들이 그 돼지에게로 들어가게 허락하심을 간구하니 이에 허락하시니

A large herd of pigs was feeding there on the hillside. The demons begged Jesus to let them go into them, and he gave them permission.

33 귀신들이 그 사람에게서 나와 돼지에게로 들어가니 그 떼가 비탈로 내리달아 호수에 들어가 몰사하거늘

When the demons came out of the man, they went into the pigs, and the herd rushed down the steep bank into the lake and was drowned.

34 치던 자들이 그 이루어진 일을 보고 도망하여 성내와 마을에 알리니

When those tending the pigs saw what had happened, they ran off and reported this in the town and countryside,

(8:16-18) 아버지, 눈부신 당신의 아들의 임재로 인해 감사합니다. 그분의 삶은 세상의 빛입니다. 그분이 내 안에 거하실 때에, 그분의 영광이 내 눈을 통해 비취게 하시고, 그분의 사랑이 내 얼굴을 통해, 그분의 은혜가 내 손이 하는 일을 통해 전해지게 하소서. 내 안의 어두움을 물리치시고 잃어버린 자들에게 등불이 되어 그들이 당신께 향하는 길을 비춰주게 하소서. 주여, 그분의 불로 내게 불을 지펴 주소서. 그리고 그분이 다시 오실 때까지 내 등불이 더욱더 빛나게 타오르게 하소서(요한복음 1:4).

(8:22-25) 예수님, 우리는 모두 인생의 바다의 바람과 파도에 시달려왔습니다. 선한 사람들에게도, 사역을 하는 이들에게, 당신께 순종하는 이들에게, 당신이 임재하시는 상황에서도 분명 어려운 일들은 생길 수 있습니다. 당신의 제자들은 인생의 풍파를 겪었고 우리 또한 마찬가지입니다. 그러나 우리는 당신이 우리와 함께 배를 타고 계심을 알기에 감사합니다. 어떤 상황도 소망이 없는 상황은 없으며 당신이 늘 이끌어 주시기 때문입니다.

예수, 구세주여, 나를 이끄소서, 인생의 폭풍이 치는 바다에서, 내 앞에 몰아치는 알 수 없는 파도와 숨겨진 바위와 위험한 함정에서. 당신이 나를 인도해 주십니다. 예수, 구세주여, 나를 이끄소서.

"예수, 구세주여, 나를 이끄소서(Jesus, savior, pilot me)"
에드워드 호퍼(Edward Hopper, 1871)

21

[누가복음 8:35-51]

35 사람들이 그 이루어진 일을 보러 나와서 예수께 이르러 귀신 나간 사람이 옷을 입고 정신이 온전하여 예수의 발치에 앉아 있는 것을 보고 두려워하거늘

and the people went out to see what had happened. When they came to Jesus, they found the man from whom the demons had gone out, sitting at Jesus' feet, dressed and in his right mind; and they were afraid.

36 귀신 들렸던 자가 어떻게 구원 받았는지를 본 자들이 그들에게 이르매

Those who had seen it told the people how the demon-possessed man had been cured.

37 거라사인의 땅 근방 모든 백성이 크게 두려워하여 예수께 떠나가시기를 구하더라 예수께서 배에 올라 돌아가실새

Then all the people of the region of the Gerasenes asked Jesus to leave them, because they were overcome with fear. So he got into the boat and left.

38 귀신 나간 사람이 함께 있기를 구하였으나 예수께서 그를 보내시며 이르시되

The man from whom the demons had gone out begged to go with him, but Jesus sent him away, saying,

39 집으로 돌아가 하나님이 네게 어떻게 큰 일을 행하셨는지를 말하라 하시니 그가 가서 예수께서 자기에게 어떻게 큰 일을 행하셨는지를 온 성내에 전파하니라

"Return home and tell how much God has done for you." So the man went away and told all over town how much Jesus had done for him.

40 예수께서 돌아오시매 무리가 환영하니 이는 다 기다렸음이러라

Now when Jesus returned, a crowd welcomed him, for they were all expecting him.

41 이에 회당장인 야이로라 하는 사람이 와서 예수의 발 아래에 엎드려 자기 집에 오시기를 간구하니

Then a man named Jairus, a ruler of the synagogue, came and fell at Jesus' feet, pleading with him to come to his house

42 이는 자기에게 열두 살 된 외딸이 있어 죽어감이러라 예수께서 가실 때에 무리가 밀려들더라

because his only daughter, a girl of about twelve, was dying. As Jesus was on his way, the crowds almost crushed him.

43 이에 열두 해를 혈루증으로 앓는 중에 아무에게도 고침을 받지 못하던 여자가

And a woman was there who had been subject to bleeding for twelve years, but no one could heal her.

44 예수의 뒤로 와서 그의 옷 가에 손을 대니 혈루증이 즉시 그쳤더라

She came up behind him and touched the edge of his cloak, and immediately her bleeding stopped.

45 예수께서 이르시되 내게 손을 댄 자가 누구냐 하시니 다 아니라 할 때에 베드로가 이르되 주여 무리가 밀려들어 미나이다

"Who touched me?" Jesus asked. When they all denied it, Peter said, "Master, the people are crowding and pressing against you."

46 예수께서 이르시되 내게 손을 댄 자가 있도다 이는 내게서 능력이 나간 줄 앎이로다 하신대

But Jesus said, "Someone touched me; I know that power has gone out from me."

47 여자가 스스로 숨기지 못할 줄 알고 떨며 나아와 엎드리어 그 손 댄 이유와 곧 나은 것을 모든 사람 앞에서 말하니

Then the woman, seeing that she could not go unnoticed, came trembling and fell at his feet. In the presence of all the people, she told why she had touched him and how she had been instantly healed

48 예수께서 이르시되 딸아 네 믿음이 너를 구원하였으니 평안히 가라 하시더라

Then he said to her, "Daughter, your faith has healed you. Go in peace."

49 아직 말씀하실 때에 회당장의 집에서 사람이 와서 말하되 당신의 딸이 죽었나이다 선생님을 더 괴롭게 하지 마소서 하거늘

While Jesus was still speaking, someone came from the house of Jairus, the synagogue ruler. "Your daughter is dead," he said. "Don't bother the teacher any more."

50 예수께서 들으시고 이르시되 두려워하지 말고 믿기만 하라 그리하면 딸이 구원을 얻으리라 하시고

Hearing this, Jesus said to Jairus, "Don't be afraid; just believe, and she will be healed."

51 그 집에 이르러 베드로와 요한과 야고보와 아이의 부모 외에는 함께 들어가기를 허락하지 아니하시니라

When he arrived at the house of Jairus, he did not let anyone go in with him except Peter, John and James, and the child's father and mother.

(8:35-38) 주여, 이 구원과 건강과 온전한 정신을 주신 기적으로 인하여 당신께 감사드립니다. 바다에서 폭풍을 잠잠케 하셨던 그 목소리가 이제는 이 가엾은 자의 영혼의 풍파를 잠잠케 해 주셨습니다. 그는 이제 당신의 주권 아래 있습니다. 그의 영혼은 자유케 되었고 그의 마음은 새롭게 변하였습니다. 우리 각 사람의 삶에 당신이 주시는 구원으로 인하여 당신께 감사드립니다. 이 사람과 같이 나도 당신의 발 앞에 앉아서 치유 받고, 당신의 의로우심으로 옷 입으며, 내게 당신이 얼마나 선하신 분이신지 모든 사람들에게 전하고자 하게 하소서. (이사야 61:10)

자녀를 위한 부모의 기도 (누가복음 8:41)

　오 하나님, 인간을 사랑하시고 가장 자비로우시고 긍휼이 넘치시며 우리 자녀들에게 자비를 베풀어 주시는 우리의 하늘 아버지. 우리가 겸손히 우리 자녀들을 위해 기도하며 그들을 위한 당신의 은혜의 보호하심을 구합니다. 오 하나님, 그들이 노력하는 일 가운데 그들을 인도해주시고 보호해주소서. 그들을 당신의 진리의 길로 인도해주시고 그들이 당신 가까이 나아가게 하셔서 그들이 당신의 사랑과 당신을 두려워함 가운데 경건하고 의로운 인생을 살도록, 그리고 모든 일 가운데 당신의 뜻을 행하도록 인도해주소서. 그들이 침착하고, 부지런하고, 성실하고, 충실하고, 자비로운 사람이 되도록 은혜를 베풀어 주소서. 그들을 적의 공격으로부터 지켜 주시고 그들에게 모든 유혹과 인생의 부패함을 대항할 수 있는 지혜와 힘을 주소서. 그들을 구원의 길로 인도 하소서. 당신의 아들, 우리 구세주 예수 그리스도를 통해 기도합니다. 아멘.

전통 동방 정교회 기도문(a traditional Orthodox prayer)에서 발췌.

(8:43-46) 주여, 나는 이 여인을 알고 있습니다. 나 또한 소망 없는 상황을 맞닥뜨리며 가슴 아파하고 내가 무엇을 했길래 이런 일이 생겼나 의문을 가져본 일이 있습니다. 나도 "내가 만일 어떻게든 당신께 다가가서 당신을 만진다면 모든 것이 나아질 것이다."라고 생각해본 일이 있습니다. 그러나 나의 수치심은 내가 당신을 대면하지 못하도록 가로막았습니다. 그러나 당신은 내가 그곳에 있다는 것을 늘 알고 계십니다. 당신은 내가 필사적으로 믿음에 다다르고자 하는 마음을 아시며, 당신의 선하심이 내게 흘러오십니다. 주여, 이 광란의 세상이 내가 당신을 필요로 하는 마음을 몰아내지 않도록 하심에 감사합니다. 멈추시고, 돌아보시고, 군중 가운데 나를 불러 주시며, 나의 두려움에도 불구하고 나의 믿음을 확인해 주시는 당신의 보살피심으로 인하여 감사드립니다.

22

[누가복음 8:52-9:12]

52 모든 사람이 아이를 위하여 울며 통곡하매 예수께서 이르시되 울지 말라 죽은 것이 아니라 잔다 하시니

Meanwhile, all the people were wailing and mourning for her. "Stop wailing," Jesus said. "She is not dead but asleep."

53 그들이 그 죽은 것을 아는 고로 비웃더라

They laughed at him, knowing that she was dead.

54 예수께서 아이의 손을 잡고 불러 이르시되 아이야 일어나라 하시니

But he took her by the hand and said, "My child, get up!"

55 그 영이 돌아와 아이가 곧 일어나거늘 예수께서 먹을 것을 주라 명하시니

Her spirit returned, and at once she stood up. Then Jesus told them to give her something to eat.

56 그 부모가 놀라는지라 예수께서 경고하사 이 일을 아무에게도 말하지 말라 하시니라

Her parents were astonished, but he ordered them not to tell anyone what had happened.

[누가복음 9장]

01 예수께서 열두 제자를 불러 모으사 모든 귀신을 제어하며 병을 고치는 능력과 권위를 주시고

When Jesus had called the Twelve together, he gave them power and authority to drive out all demons and to cure diseases,

02 하나님의 나라를 전파하며 앓는 자를 고치게 하려고 내보내시며

and he sent them out to preach the kingdom of God and to heal the sick.

03 이르시되 여행을 위하여 아무 것도 가지지 말라 지팡이나 배낭이나 양식이나 돈이나 두 벌 옷을 가지지 말며

He told them: "Take nothing for the journey--no staff, no bag, no bread, no money, no extra tunic.

04 어느 집에 들어가든지 거기서 머물다가 거기서 떠나라

Whatever house you enter, stay there until you leave that town.

05 누구든지 너희를 영접하지 아니하거든 그 성에서 떠날 때에 너희 발에서 먼지를 떨어 버려 그들에게 증거를 삼으라 하시니

If people do not welcome you, shake the dust off your feet when you leave their town, as a testimony against them."

06 제자들이 나가 각 마을에 두루 다니며 곳곳에 복음을 전하며 병을 고치더라

So they set out and went from village to village, preaching the gospel and healing people everywhere.

07 분봉 왕 헤롯이 이 모든 일을 듣고 심히 당황하니 이는 어떤 사람은 요한이 죽은 자 가운데서 살아났다고도 하며

Now Herod the tetrarch heard about all that was going on. And he was perplexed, because some were saying that John had been raised from the dead,

08 어떤 사람은 엘리야가 나타났다고도 하며 어떤 사람은 옛 선지자 한 사람이 다시 살아났다고도 함이라

others that Elijah had appeared, and still others that one of the prophets of long ago had come back to life.

09 헤롯이 이르되 요한은 내가 목을 베었거늘 이제 이런 일이 들리니 이 사람이 누군가 하며 그를 보고자 하더라

But Herod said, "I beheaded John. Who, then, is this I hear such things about?" And he tried to see him.

10 사도들이 돌아와 자기들이 행한 모든 것을 예수께 여쭈니 데리시고 따로 벳새다라는 고을로 떠나 가셨으나

When the apostles returned, they reported to Jesus what they had done. Then he took them with him and they withdrew by themselves to a town called Bethsaida,

11 무리가 알고 따라왔거늘 예수께서 그들을 영접하사 하나님 나라의 일을 이야기하시며 병 고칠 자들은 고치시더라

but the crowds learned about it and followed him. He welcomed them and spoke to them about the kingdom of God, and healed those who needed healing.

12 날이 저물어 가매 열두 사도가 나아와 여짜오되 무리를 보내어 두루 마을과 촌으로 가서 유하며 먹을 것을 얻게 하소서 우리가 있는 여기는 빈 들이니이다

Late in the afternoon the Twelve came to him and said, "Send the crowd away so they can go to the surrounding villages and countryside and find food and lodging, because we are in a remote place here."

(9:1-2) 주여 나를 도우셔서 당신이 당신의 첫 열두 제자들에게 주셨던 거룩한 담대함으로 나도 살게 하소서. 다른 이들을 치유하시고 자유케 하시며, 기쁜 소식을 전할 수 있도록 하는 당신의 능력과 주권이 제자들에게도 있었던 것처럼 내게도 있습니다. 당신이 제자들을 보내심과 같이 이제 당신이 나를 보내 주시길 구합니다. 당신의 성령으로 나를 채워 주셔서 내가 당신의 일을 하며 당신의 나라에 새로운 제자들을 데리고 올 수 있게 하소서.

23

[누가복음 9:13-27]

13 예수께서 이르시되 너희가 먹을 것을 주라 하시니 여짜오되 우리에게 떡 다섯 개와 물고기 두 마리밖에 없으니 이 모든 사람을 위하여 먹을 것을 사지 아니하고서는 할 수 없사옵나이다 하니

He replied, "You give them something to eat." They answered, "We have only five loaves of bread and two fish--unless we go and buy food for all this crowd."

14 이는 남자가 한 오천 명 됨이러라 제자들에게 이르시되 떼를 지어 한 오십 명씩 앉히라 하시니

(About five thousand men were there.) But he said to his disciples, "Have them sit down in groups of about fifty each."

15 제자들이 이렇게 하여 다 앉힌 후

The disciples did so, and everybody sat down.

16 예수께서 떡 다섯 개와 물고기 두 마리를 가지사 하늘을 우러러 축사하시고 떼어 제자들에게 주어 무리에게 나누어 주게 하시니

Taking the five loaves and the two fish and looking up to heaven, he gave thanks and broke them. Then he gave them to the disciples to set before the people.

17 먹고 다 배불렀더라 그 남은 조각을 열두 바구니에 거두니라

They all ate and were satisfied, and the disciples picked up twelve basketfuls of broken pieces that were left over.

18 예수께서 따로 기도하실 때에 제자들이 주와 함께 있더니 물어 이르시되 무리가 나를 누구라고 하느냐

Once when Jesus was praying in private and his disciples were with him, he asked them, "Who do the crowds say I am?"

19 대답하여 이르되 세례 요한이라 하고 더러는 엘리야라, 더러는 옛 선지자 중의 한 사람이 살아났다 하나이다

They replied, "Some say John the Baptist; others say Elijah; and still others, that one of the prophets of long ago has come back to life."

20 예수께서 이르시되 너희는 나를 누구라 하느냐 베드로가 대답하여 이르되 하나님의 그리스도시니이다 하니

"But what about you?" he asked. "Who do you say I am?" Peter answered, "The Christ of God."

21 경고하사 이 말을 아무에게도 이르지 말라 명하시고

Jesus strictly warned them not to tell this to anyone.

22 이르시되 인자가 많은 고난을 받고 장로들과 대제사장들과 서기관들에게 버린 바 되어 죽임을 당하고 제삼일에 살아나야 하리라 하시고
And he said, "The Son of Man must suffer many things and be rejected by the elders, chief priests and teachers of the law, and he must be killed and on the third day be raised to life."

23 또 무리에게 이르시되 아무든지 나를 따라오려거든 자기를 부인하고 날마다 제 십자가를 지고 나를 따를 것이니라
Then he said to them all: "If anyone would come after me, he must deny himself and take up his cross daily and follow me.

24 누구든지 제 목숨을 구원하고자 하면 잃을 것이요 누구든지 나를 위하여 제 목숨을 잃으면 구원하리라
For whoever wants to save his life will lose it, but whoever loses his life for me will save it.

25 사람이 만일 온 천하를 얻고도 자기를 잃든지 빼앗기든지 하면 무엇이 유익하리요
What good is it for a man to gain the whole world, and yet lose or forfeit his very self?

26 누구든지 나와 내 말을 부끄러워하면 인자도 자기와 아버지와 거룩한 천사들의 영광으로 올 때에 그 사람을 부끄러워하리라
If anyone is ashamed of me and my words, the Son of Man will be ashamed of him when he comes in his glory and in the glory of the Father and of the holy angels.

27 내가 참으로 너희에게 이르노니 여기 서 있는 사람 중에 죽기 전에 하나님의 나라를 볼 자들도 있느니라
I tell you the truth, some who are standing here will not taste death before they see the kingdom of God."

(9:12-17) 예수님, 무언가 필요한 사람들이 내게 올 때 나는 다른 방안을 제안하곤 합니다. "당신이 사는 지역 목사님을 만나보세요. 상담사를 만나 이야기를 나눠보세요; 사회 복지 단체에 방문해보세요." 하지만 나는 다시 당신의 말씀하시는 것을 듣습니다. "네가 그들에게 먹을 것을 주라." 주여, 내게 당신의 명령에 순종하며 응답할 수 있는 믿음을 주소서. 내가 베풀 수 있는 모든 것들을 가져가시고, 이를 늘리셔서 당신의 영광을 위해 사용해주소서.

(9:20) 주 예수님, 내가 당신이 그리스도이시며, 메시아이시며, 기름 부음 받은 자이시며, 살아 계신 하나님의 아들이심을 선포합니다. 이 고백은 나의 믿음의 모퉁이 돌이며, 내 존재의 토대입니다. 내가 나의 인생을 이 돌 위에 지을 것이며, 지옥의 문이 나를 이기지 못할 것입니다.

24

[누가복음 9:28-43]

28 이 말씀을 하신 후 팔 일쯤 되어 예수께서 베드로와 요한과 야고보를 데리고 기도하시러 산에 올라가사

About eight days after Jesus said this, he took Peter, John and James with him and went up onto a mountain to pray.

29 기도하실 때에 용모가 변화되고 그 옷이 희어져 광채가 나더라

As he was praying, the appearance of his face changed, and his clothes became as bright as a flash of lightning.

30 문득 두 사람이 예수와 함께 말하니 이는 모세와 엘리야라

Two men, Moses and Elijah,

31 영광중에 나타나서 장차 예수께서 예루살렘에서 별세하실 것을 말할새

appeared in glorious splendor, talking with Jesus. They spoke about his departure, which he was about to bring to fulfillment at Jerusalem.

32 베드로와 및 함께 있는 자들이 깊이 졸다가 온전히 깨어나 예수의 영광과 및 함께 선 두 사람을 보더니

Peter and his companions were very sleepy, but when they became fully awake, they saw his glory and the two men standing with him.

33 두 사람이 떠날 때에 베드로가 예수께 여짜오되 주여 우리가 여기 있는 것이 좋사오니 우리가 초막 셋을 짓되 하나는 주를 위하여, 하나는 모세를 위하여, 하나는 엘리야를 위하여 하사이다 하되 자기가 하는 말을 자기도 알지 못하더라

As the men were leaving Jesus, Peter said to him, "Master, it is good for us to be here. Let us put up three shelters--one for you, one for Moses and one for Elijah." (He did not know what he was saying.)

34 이 말 할 즈음에 구름이 와서 그들을 덮는지라 구름 속으로 들어갈 때에 그들이 무서워하더니

While he was speaking, a cloud appeared and enveloped them, and they were afraid as they entered the cloud.

35 구름 속에서 소리가 나서 이르되 이는 나의 아들 곧 택함을 받은 자니 너희는 그의 말을 들으라 하고

A voice came from the cloud, saying, "This is my Son, whom I have chosen; listen to him."

36 소리가 그치매 오직 예수만 보이더라 제자들이 잠잠하여 그 본 것을 무엇이든지 그 때에는 아무에게도 이르지 아니하니라

When the voice had spoken, they found that Jesus was alone. The disciples kept this to themselves, and told no one at that time what they had seen.

37 이튿날 산에서 내려오시니 큰 무리가 맞을새

The next day, when they came down from the mountain, a large crowd met him.

38 무리 중의 한 사람이 소리 질러 이르되 선생님 청컨대 내 아들을 돌보아 주옵소서 이는 내 외아들이니이다

A man in the crowd called out, "Teacher, I beg you to look at my son, for he is my only child.

39 귀신이 그를 잡아 갑자기 부르짖게 하고 경련을 일으켜 거품을 흘리게 하며 몹시 상하게 하고야 겨우 떠나 가나이다

A spirit seizes him and he suddenly screams; it throws him into convulsions so that he foams at the mouth. It scarcely ever leaves him and is destroying him.

40 당신의 제자들에게 내쫓아 주기를 구하였으나 그들이 능히 못하더이다

I begged your disciples to drive it out, but they could not."

41 예수께서 대답하여 이르시되 믿음이 없고 패역한 세대여 내가 얼마나 너희와 함께 있으며 너희에게 참으리요 네 아들을 이리로 데리고 오라 하시니

"O unbelieving and perverse generation," Jesus replied, "how long shall I stay with you and put up with you? Bring your son here."

42 올 때에 귀신이 그를 거꾸러뜨리고 심한 경련을 일으키게 하는지라 예수께서 더러운 귀신을 꾸짖으시고 아이를 낫게 하사 그 아버지에게 도로 주시니

Even while the boy was coming, the demon threw him to the ground in a convulsion. But Jesus rebuked the evil spirit, healed the boy and gave him back to his father.

43 사람들이 다 하나님의 위엄에 놀라니라 그들이 다 그 행하시는 모든 일을 놀랍게 여길새 예수께서 제자들에게 이르시되

And they were all amazed at the greatness of God. While everyone was marveling at all that Jesus did, he said to his disciples,

25

[누가복음 9:44-62]

44 이 말을 너희 귀에 담아 두라 인자가 장차 사람들의 손에 넘겨지리라 하시되

"Listen carefully to what I am about to tell you: The Son of Man is going to be betrayed into the hands of men."

45 그들이 이 말씀을 알지 못하니 이는 그들로 깨닫지 못하게 숨긴 바 되었음이라 또 그들은 이 말씀을 묻기도 두려워하더라

But they did not understand what this meant. It was hidden from them, so that they did not grasp it, and they were afraid to ask him about it.

46 제자 중에서 누가 크냐 하는 변론이 일어나니

An argument started among the disciples as to which of them would be the greatest.

47 예수께서 그 마음에 변론하는 것을 아시고 어린 아이 하나를 데려다가 자기 곁에 세우시고

Jesus, knowing their thoughts, took a little child and had him stand beside him.

48 그들에게 이르시되 누구든지 내 이름으로 이런 어린 아이를 영접하면 곧 나를 영접함이요 또 누구든지 나를 영접하면 곧 나를 보내신 이를 영접함이라 너희 모든 사람 중에 가장 작은 그가 큰 자니라

Then he said to them, "Whoever welcomes this little child in my name welcomes me; and whoever welcomes me welcomes the one who sent me. For he who is least among you all-- he is the greatest."

49 요한이 여짜오되 주여 어떤 사람이 주의 이름으로 귀신을 내쫓는 것을 우리가 보고 우리와 함께 따르지 아니하므로 금하였나이다

"Master," said John, "we saw a man driving out demons in your name and we tried to stop him, because he is not one of us."

50 예수께서 이르시되 금하지 말라 너희를 반대하지 않는 자는 너희를 위하는 자니라 하시니라

"Do not stop him," Jesus said, "for whoever is not against you is for you."

51 예수께서 승천하실 기약이 차가매 예루살렘을 향하여 올라가기로 굳게 결심하시고

As the time approached for him to be taken up to heaven, Jesus resolutely set out for Jerusalem.

52 사자들을 앞서 보내시매 그들이 가서 예수를 위하여 준비하려고 사마리아인의 한 마을에 들어갔더니

And he sent messengers on ahead, who went into a Samaritan village to get things ready for him;

53 예수께서 예루살렘을 향하여 가시기 때문에 그들이 받아들이지 아니 하는지라
but the people there did not welcome him, because he was heading for Jerusalem.

54 제자 야고보와 요한이 이를 보고 이르되 주여 우리가 불을 명하여 하늘로부터 내려 저들을 멸하라 하기를 원하시나이까
When the disciples James and John saw this, they asked, "Lord, do you want us to call fire down from heaven to destroy them?"

55 예수께서 돌아보시며 꾸짖으시고
But Jesus turned and rebuked them,

56 함께 다른 마을로 가시니라
and they went to another village.

57 길 가실 때에 어떤 사람이 여짜오되 어디로 가시든지 나는 따르리이다
As they were walking along the road, a man said to him, "I will follow you wherever you go."

58 예수께서 이르시되 여우도 굴이 있고 공중의 새도 집이 있으되 인자는 머리 둘 곳이 없도다 하시고
Jesus replied, "Foxes have holes and birds of the air have nests, but the Son of Man has no place to lay his head."

59 또 다른 사람에게 나를 따르라 하시니 그가 이르되 나로 먼저 가서 내 아버지를 장사하게 허락하옵소서
He said to another man, "Follow me." But the man replied, "Lord, first let me go and bury my father."

60 이르시되 죽은 자들로 자기의 죽은 자들을 장사하게 하고 너는 가서 하나님의 나라를 전파하라 하시고
Jesus said to him, "Let the dead bury their own dead, but you go and proclaim the kingdom of God."

61 또 다른 사람이 이르되 주여 내가 주를 따르겠나이다마는 나로 먼저 내 가족을 작별하게 허락하소서
Still another said, "I will follow you, Lord; but first let me go back and say good-by to my family."

62 예수께서 이르시되 손에 쟁기를 잡고 뒤를 돌아보는 자는 하나님의 나라에 합당하지 아니하니라 하시니라
Jesus replied, "No one who puts his hand to the plow and looks back is fit for service in the kingdom of God."

(9:46-48) 주여, 당신의 방법은 우리의 방법보다 훨씬 더 위대하시며, 당신의 생각은 우리의 생각보다 훨씬 더 지혜로우십니다. 진정한 영적 성장은 내려가는 것이지 올라가는 것이 아닙니다. 당신의 나라에서 교만한 자는 낮아지며, 인간의 지혜는 어리석은 것이 되며, 당신의 능력이 우리의 약함 가운데 완전해집니다. 우리의 신앙이 성장해감에 따라 우리의 삶을 위해 우리가 더욱 더 어린아이와 같이 의존적으로 되게 하시고, 당신의 끝없는 능력에 대한 놀람과 경외, 감사가 넘치게 하소서(이사야 55:8; 고린도전서 1:27-29; 고린도후서 12:9-10).

(9:57-58) 예수님, 얼마나 우리가 쉬운 제자도를 원하는지 모릅니다. 우리는 편안하고 안전할 때에만 기쁘게 당신을 섬깁니다. 그러나 당신이 이 땅에서 사역하셨을 때는 전혀 편안하지도 안전하지도 않았습니다. 주여 우리가 안락의자에서, 침대에서, 편안한 교회 의자에서 일어나게 하소서. 그리고 우리가 그 어떤 것과도 비교할 수 없는 영적 순례의 모험을 떠나게 하소서. 우리를 가르치셔서 우리의 여정이 오직 우리가 모든 것을 버리고 전심으로 당신을 따르고자 할 때에만 시작될 수 있다는 것을 알게 하소서(시편 84).

내가 하나님 앞에 나아갔다. 그리고 나 자신을 드렸다, 하나님께 나의 전부, 내가 가진 모든 것을 드렸다. 그래서 나 스스로를 존중할 수 없게 되었다. 나 스스로에게 내세울 것이 없었고, 내 안에 있던 이해와 의지, 애정에 대한 권리가 사라졌다; 나의 몸 전체에 대한 권리도 없었다. 혀에 대한 권리, 손과 발에 대한 권리가 사라졌다. 모든 감각들에 대한 권리, 내 양쪽 귀와 후각, 미각에 대한 권리도 사라졌다. 나 자신을 모두 버렸다 … 난 이렇게 했다. 그리고 그리스도를 통해 하나님께 기도했다. 이 모든 것을 나를 드리는 행위로 봐주시도록, 나를 온전히 그분의 것으로 받아주시도록, 그리고 모든 상황 가운데 나를 그분의 것으로 대해주시도록 나에게 고통을 주시건 번영케 하시건, 그분이 나를 통해 무슨 일을 하시건, 그분의 것으로 사용하시도록.

조나단 에드워즈(Jonathan Edwards, 1703-1758)

26

[누가복음 10:1-26]

01 그 후에 주께서 따로 칠십 인을 세우사 친히 가시려는 각 동네와 각 지역으로 둘씩 앞서 보내시며

After this the Lord appointed seventy-two others and sent them two by two ahead of him to every town and place where he was about to go.

02 이르시되 추수할 것은 많되 일꾼이 적으니 그러므로 추수하는 주인에게 청하여 추수할 일꾼들을 보내 주소서 하라

He told them, "The harvest is plentiful, but the workers are few. Ask the Lord of the harvest, therefore, to send out workers into his harvest field.

03 갈지어다 내가 너희를 보냄이 어린 양을 이리 가운데로 보냄과 같도다

Go! I am sending you out like lambs among wolves.

04 전대나 배낭이나 신발을 가지지 말며 길에서 아무에게도 문안하지 말며

Do not take a purse or bag or sandals; and do not greet anyone on the road.

05 어느 집에 들어가든지 먼저 말하되 이 집이 평안할지어다 하라

"When you enter a house, first say, 'Peace to this house.'

06 만일 평안을 받을 사람이 거기 있으면 너희의 평안이 그에게 머물 것이요 그렇지 않으면 너희에게로 돌아오리라

If a man of peace is there, your peace will rest on him; if not, it will return to you.

07 그 집에 유하며 주는 것을 먹고 마시라 일꾼이 그 삯을 받는 것이 마땅하니라 이 집에서 저 집으로 옮기지 말라

Stay in that house, eating and drinking whatever they give you, for the worker deserves his wages. Do not move around from house to house.

08 어느 동네에 들어가든지 너희를 영접하거든 너희 앞에 차려놓는 것을 먹고

"When you enter a town and are welcomed, eat what is set before you.

09 거기 있는 병자들을 고치고 또 말하기를 하나님의 나라가 너희에게 가까이 왔다 하라

Heal the sick who are there and tell them, 'The kingdom of God is near you.'

10 어느 동네에 들어가든지 너희를 영접하지 아니하거든 그 거리로 나와서 말하되

But when you enter a town and are not welcomed, go into its streets and say,

11 너희 동네에서 우리 발에 묻은 먼지도 너희에게 떨어버리노라 그러나 하나님의 나라가 가까이 온 줄을 알라 하라

'Even the dust of your town that sticks to our feet we wipe off against you. Yet be sure of this: The kingdom of God is near.'

12 내가 너희에게 말하노니 그 날에 소돔이 그 동네보다 견디기 쉬우리라

I tell you, it will be more bearable on that day for Sodom than for that town.

13 화 있을진저 고라신아, 화 있을진저 벳새다야, 너희에게 행한 모든 권능을 두로와 시돈에서 행하였더라면 그들이 벌써 베옷을 입고 재에 앉아 회개하였으리라

"Woe to you, Korazin! Woe to you, Bethsaida! For if the miracles that were performed in you had been performed in Tyre and Sidon, they would have repented long ago, sitting in sackcloth and ashes.

14 심판 때에 두로와 시돈이 너희보다 견디기 쉬우리라

But it will be more bearable for Tyre and Sidon at the judgment than for you.

15 가버나움아 네가 하늘에까지 높아지겠느냐 음부에까지 낮아지리라

And you, Capernaum, will you be lifted up to the skies? No, you will go down to the depths.

16 너희 말을 듣는 자는 곧 내 말을 듣는 것이요 너희를 저버리는 자는 곧 나를 저버리는 것이요 나를 저버리는 자는 나 보내신 이를 저버리는 것이라 하시니라

"He who listens to you listens to me; he who rejects you rejects me; but he who rejects me rejects him who sent me."

17 칠십 인이 기뻐하며 돌아와 이르되 주여 주의 이름이면 귀신들도 우리에게 항복하더이다

The seventy-two returned with joy and said, "Lord, even the demons submit to us in your name."

18 예수께서 이르시되 사탄이 하늘로부터 번개 같이 떨어지는 것을 내가 보았노라

He replied, "I saw Satan fall like lightning from heaven.

19 내가 너희에게 뱀과 전갈을 밟으며 원수의 모든 능력을 제어할 권능을 주었으니 너희를 해칠 자가 결코 없으리라

I have given you authority to trample on snakes and scorpions and to overcome all the power of the enemy; nothing will harm you.

20 그러나 귀신들이 너희에게 항복하는 것으로 기뻐하지 말고 너희 이름이 하늘에 기록된 것으로 기뻐하라 하시니라

However, do not rejoice that the spirits submit to you, but rejoice that your names are written in heaven."

21 그 때에 예수께서 성령으로 기뻐하시며 이르시되 천지의 주재이신 아버지여 이것을 지혜롭고 슬기 있는 자들에게는 숨기시고 어린 아이들에게는 나타내심을 감사하나이다 옳소이다 이렇게 된 것이 아버지의 뜻이니이다

At that time Jesus, full of joy through the Holy Spirit, said, "I praise you, Father, Lord of heaven and earth, because you have hidden these things from the wise and learned, and revealed them to little children. Yes, Father, for this was your good pleasure.

22 내 아버지께서 모든 것을 내게 주셨으니 아버지 외에는 아들이 누구인지 아는 자가 없고 아들과 또 아들의 소원대로 계시를 받는 자 외에는 아버지가 누구인지 아는 자가 없나이다 하시고

"All things have been committed to me by my Father. No one knows who the Son is except the Father, and no one knows who the Father is except the Son and those to whom the Son chooses to reveal him."

23 제자들을 돌아 보시며 조용히 이르시되 너희가 보는 것을 보는 눈은 복이 있도다

Then he turned to his disciples and said privately, "Blessed are the eyes that see what you see.

24 내가 너희에게 말하노니 많은 선지자와 임금이 너희가 보는 바를 보고자 하였으되 보지 못하였으며 너희가 듣는 바를 듣고자 하였으되 듣지 못하였느니라

For I tell you that many prophets and kings wanted to see what you see but did not see it, and to hear what you hear but did not hear it."

25 어떤 율법교사가 일어나 예수를 시험하여 이르되 선생님 내가 무엇을 하여야 영생을 얻으리이까

On one occasion an expert in the law stood up to test Jesus. "Teacher," he asked, "what must I do to inherit eternal life?"

26 예수께서 이르시되 율법에 무엇이라 기록되었으며 네가 어떻게 읽느냐

"What is written in the Law?" he replied. "How do you read it?"

추수할 것을 보살피시는 주님 (10:2) 예수님께서 그분을 따르던 자들을 보내 기쁜 소식을 전하라 하셨을 때, 그분은 그들에게 사려 깊은 가르침을 주셨다. 예수님의 말씀은 우리가 그분의 복음을 전하러 나갈 때에도 적용된다. 가장 먼저 예수님께서 말씀하셨던 것은, 추수에 책임이 있으신 분 즉 주님께 일꾼들을 보내 달라고 기도하라는 것이었다. 진정 우리는 추수는 주님께 속한 것이라는 점, 그리고 그분이 우리를 보내신다는 것을 계속해서 기억해야 한다. 그분이 복음의 씨앗이 자라게 하시듯이 이것이 열매 맺는 것도 그분께 달린 것이다. 그러므로 우리는 그분의 말씀을 전할 기회를 얻을 때 시간을 내어 기도해야 한다. 우리가 추수를 위해 주님 앞에 엎드릴 때, 우리의 마음이 그분의 목적과 하나 되도록, 그래서 주님께서 그분의 일을 이루실 수 있도록 하자.

추수의 주님, 당신 한분만이 복음이 자라고 열매를 맺도록 하실 수 있으며, 우리는 그 추수된 것으로 인해 당신께 영광을 돌립니다. 당신의 밭에 더 많은 일꾼들을 보내셔서 많은 열매를 수확하게 하소서. 당신의 성령으로 우리에게 힘을 주셔서 많은 이들을 그리스도께로 인도하게 하소서. 아멘.

(10:16-17) 그리스도 예수님, 당신이 우리를 통해 말씀하시고 행하시기로 선택하셨다는 사실로 인하여 우리가 겸손히 엎드립니다. 당신의 거룩한 성령의 능력으로 인해 우리는 당신이 아주 오래 전에 시작하신 일을 이어갑니다. 주여, 우리의 믿음을 키워 주셔서 우리가 당신을 위해 행하게 하소서. 우리가 당신의 뜻에 민감하게 하셔서 우리가 아버지의 목적을 이루는 데 참여하게 하소서. 당신이 아버지께서 하시는 것을 본 일만 행하셨던 것처럼, 마찬가지로 우리도 당신 없이는 아무 것도 할 수 없습니다(요한복음 5:19; 14:12; 15:5).

27

[누가복음 10:27-11:10]

27 대답하여 이르되 네 마음을 다하며 목숨을 다하며 힘을 다하며 뜻을 다하여 주 너의 하나님을 사랑하고 또한 네 이웃을 네 자신 같이 사랑하라 하였나이다

He answered: " 'Love the Lord your God with all your heart and with all your soul and with all your strength and with all your mind'; and, 'Love your neighbor as yourself.'"

28 예수께서 이르시되 네 대답이 옳도다 이를 행하라 그러면 살리라 하시니

"You have answered correctly," Jesus replied. "Do this and you will live."

29 그 사람이 자기를 옳게 보이려고 예수께 여쭈오되 그러면 내 이웃이 누구니이까

But he wanted to justify himself, so he asked Jesus, "And who is my neighbor?"

30 예수께서 대답하여 이르시되 어떤 사람이 예루살렘에서 여리고로 내려가다가 강도를 만나매 강도들이 그 옷을 벗기고 때려 거의 죽은 것을 버리고 갔더라

In reply Jesus said: "A man was going down from Jerusalem to Jericho, when he fell into the hands of robbers. They stripped him of his clothes, beat him and went away, leaving him half dead.

31 마침 한 제사장이 그 길로 내려가다가 그를 보고 피하여 지나가고

A priest happened to be going down the same road, and when he saw the man, he passed by on the other side.

32 또 이와 같이 한 레위인도 그 곳에 이르러 그를 보고 피하여 지나가되

So too, a Levite, when he came to the place and saw him, passed by on the other side.

33 어떤 사마리아 사람은 여행하는 중 거기 이르러 그를 보고 불쌍히 여겨

But a Samaritan, as he traveled, came where the man was; and when he saw him, he took pity on him.

34 가까이 가서 기름과 포도주를 그 상처에 붓고 싸매고 자기 짐승에 태워 주막으로 데리고 가서 돌보아 주니라

He went to him and bandaged his wounds, pouring on oil and wine. Then he put the man on his own donkey, took him to an inn and took care of him.

35 그 이튿날 그가 주막 주인에게 데나리온 둘을 내어 주며 이르되 이 사람을 돌보아 주라 비용이 더 들면 내가 돌아올 때에 갚으리라 하였으니

The next day he took out two silver coins and gave them to the innkeeper. 'Look after him,' he said, 'and when I return, I will reimburse you for any extra expense you may have.'

36 네 생각에는 이 세 사람 중에 누가 강도 만난 자의 이웃이 되겠느냐

"Which of these three do you think was a neighbor to the man who fell into the hands of robbers?"

37 이르되 자비를 베푼 자니이다 예수께서 이르시되 가서 너도 이와 같이 하라 하시니라

The expert in the law replied, "The one who had mercy on him." Jesus told him, "Go and do likewise."

38 그들이 길 갈 때에 예수께서 한 마을에 들어가시매 마르다라 이름하는 한 여자가 자기 집으로 영접하더라

As Jesus and his disciples were on their way, he came to a village where a woman named Martha opened her home to him.

39 그에게 마리아라 하는 동생이 있어 주의 발치에 앉아 그의 말씀을 듣더니

She had a sister called Mary, who sat at the Lord's feet listening to what he said.

40 마르다는 준비하는 일이 많아 마음이 분주한지라 예수께 나아가 이르되 주여 내 동생이 나 혼자 일하게 두는 것을 생각하지 아니하시나이까 그를 명하사 나를 도와 주라 하소서

But Martha was distracted by all the preparations that had to be made. She came to him and asked, "Lord, don't you care that my sister has left me to do the work by myself? Tell her to help me!"

41 주께서 대답하여 이르시되 마르다야 마르다야 네가 많은 일로 염려하고 근심하나

"Martha, Martha," the Lord answered, "you are worried and upset about many things,

42 몇 가지만 하든지 혹은 한 가지만이라도 족하니라 마리아는 이 좋은 편을 택하였으니 빼앗기지 아니하리라 하시니라

but only one thing is needed. Mary has chosen what is better, and it will not be taken away from her."

[누가복음 11장]

01 예수께서 한 곳에서 기도하시고 마치시매 제자 중 하나가 여짜오되 주여 요한이 자기 제자들에게 기도를 가르친 것과 같이 우리에게도 가르쳐 주옵소서

One day Jesus was praying in a certain place. When he finished, one of his disciples said to him, "Lord, teach us to pray, just as John taught his disciples."

02 예수께서 이르시되 너희는 기도할 때에 이렇게 하라 아버지여 이름이 거룩히 여김을 받으시오며 나라가 임하시오며

He said to them, "When you pray, say: " 'Father, hallowed be your name, your kingdom come.

03 우리에게 날마다 일용할 양식을 주시옵고
Give us each day our daily bread.

04 우리가 우리에게 죄 지은 모든 사람을 용서하오니 우리 죄도 사하여 주시옵고 우리를 시험에 들게 하지 마시옵소서 하라
Forgive us our sins, for we also forgive everyone who sins against us. And lead us not into temptation.' "

05 또 이르시되 너희 중에 누가 벗이 있는데 밤중에 그에게 가서 말하기를 벗이여 떡 세 덩이를 내게 꾸어 달라
Then he said to them, "Suppose one of you has a friend, and he goes to him at midnight and says, 'Friend, lend me three loaves of bread,

06 내 벗이 여행중에 내게 왔으나 내가 먹일 것이 없노라 하면
because a friend of mine on a journey has come to me, and I have nothing to set before him.'

07 그가 안에서 대답하여 이르되 나를 괴롭게 하지 말라 문이 이미 닫혔고 아이들이 나와 함께 침실에 누웠으니 일어나 네게 줄 수가 없노라 하겠느냐
"Then the one inside answers, 'Don't bother me. The door is already locked, and my children are with me in bed. I can't get up and give you anything.'

08 내가 너희에게 말하노니 비록 벗 됨으로 인하여서는 일어나서 주지 아니할지라도 그 간청함을 인하여 일어나 그 요구대로 주리라
I tell you, though he will not get up and give him the bread because he is his friend, yet because of the man's boldness he will get up and give him as much as he needs.

09 내가 또 너희에게 이르노니 구하라 그러면 너희에게 주실 것이요 찾으라 그러면 찾아낼 것이요 문을 두드리라 그러면 너희에게 열릴 것이니
"So I say to you: Ask and it will be given to you; seek and you will find; knock and the door will be opened to you.

10 구하는 이마다 받을 것이요 찾는 이는 찾아낼 것이요 두드리는 이에게는 열릴 것이니라
For everyone who asks receives; he who seeks finds; and to him who knocks, the door will be opened.

(10:27-37) 하나님, 얼마나 자주 우리는 이 사람과 같이 우리가 이미 답을 알고 있는데 답을 찾곤 하는지요. 당신의 요구가 너무 분명하고 너무 간단할 때에, 우리는 복잡한 신학을 통해 우리 스스로를 정당화하려고 애씁니다. 우리를 도우셔서 우리가 당신을 온 마음과, 영혼과, 힘과, 뜻을 다해 사랑하게 하시고, 우리가 우리 자신을 사랑하는 것처럼, 서로 다름에도 불구하고 우리가 우리의 이웃들을 사랑하기를 시작하게 하소서.

사랑하는 자들아, 우리가 서로 사랑하자. 사랑은 하나님께 속한 것이니, 사랑하는 자마다 하나님으로부터 나서 하나님을 알고, 사랑하지 아니하는 자는 하나님을 알지 못하나니, 이는 하나님은 사랑이심이라. 사랑하는 자들아, 우리가 서로 사랑하자.

"사랑하는 자들아: 요한1서 4:7-8(Beloved: 1 John 4:7-8)"
데니스 라이더(Dennis Ryder, c. 1974)

(10:41-42) 당신이 혹독하게 일을 시키는 주인이 아니심에 감사드립니다. 당신은 나를 당신의 노예로 삼으시려고 살려 주신 것이 아닙니다. 또한 내가 당신께 진 빚을 "탕감" 받기 위해 내가 무언가를 해야 하는 것도 아닙니다. 당신은 내가 의무감이 아닌 사랑을 통한 동기로 당신을 섬기길 원하십니다. 또한 사랑은 함께하는 시간이 필요합니다. 주여, 나를 도우셔서 내가 매일의 활동에서 구별되도록 당신이 부르실 때 귀 기울이게 하소서. 그리고 당신의 임재 안에 조용히 앉아 당신과 교제하게 하소서.

(11:9-10) 주님 당신은 주권적 하나님이시니 당신이 원하시는 것은 우리가 어떤 염려나 갈망을 하건 상관없이 무엇이든 하실 권리를 가지고 계십니다. 그러나 당신은 주권적으로 사랑을 택하셨습니다. 당신은 우리를 귀찮아 하지 않으십니다. 당신은 우리를 기뻐하십니다. 당신은 우리를 오라고, 말하라고, 구하라고, 찾으라고 초대하십니다. 그리고 당신은 우리의 기도에 기쁨으로 응답하십니다(시편 149:4; 스바냐 3:17).

28

[누가복음 11:11-28]

11 너희 중에 아버지 된 자로서 누가 아들이 생선을 달라 하는데 생선 대신에 뱀을 주며

"Which of you fathers, if your son asks for a fish, will give him a snake instead?

12 알을 달라 하는데 전갈을 주겠느냐

Or if he asks for an egg, will give him a scorpion?

13 너희가 악할지라도 좋은 것을 자식에게 줄 줄 알거든 하물며 너희 하늘 아버지께서 구하는 자에게 성령을 주시지 않겠느냐 하시니라

If you then, though you are evil, know how to give good gifts to your children, how much more will your Father in heaven give the Holy Spirit to those who ask him!"

14 예수께서 한 말 못하게 하는 귀신을 쫓아내시니 귀신이 나가매 말 못하는 사람이 말하는지라 무리들이 놀랍게 여겼으나

Jesus was driving out a demon that was mute. When the demon left, the man who had been mute spoke, and the crowd was amazed.

15 그 중에 더러는 말하기를 그가 귀신의 왕 바알세불을 힘입어 귀신을 쫓아낸다 하고

But some of them said, "By Beelzebub, the prince of demons, he is driving out demons."

16 또 더러는 예수를 시험하여 하늘로부터 오는 표적을 구하니

Others tested him by asking for a sign from heaven.

17 예수께서 그들의 생각을 아시고 이르시되 스스로 분쟁하는 나라마다 황폐하여지며 스스로 분쟁하는 집은 무너지느니라

Jesus knew their thoughts and said to them: "Any kingdom divided against itself will be ruined, and a house divided against itself will fall.

18 너희 말이 내가 바알세불을 힘입어 귀신을 쫓아낸다 하니 만일 사탄이 스스로 분쟁하면 그의 나라가 어떻게 서겠느냐

If Satan is divided against himself, how can his kingdom stand? I say this because you claim that I drive out demons by Beelzebub.

19 내가 바알세불을 힘입어 귀신을 쫓아내면 너희 아들들은 누구를 힘입어 쫓아내느냐 그러므로 그들이 너희 재판관이 되리라

Now if I drive out demons by Beelzebub, by whom do your followers drive them out? So then, they will be your judges.

20 그러나 내가 만일 하나님의 손을 힘입어 귀신을 쫓아낸다면 하나님의 나라가 이미 너희에게 임하였느니라
But if I drive out demons by the finger of God, then the kingdom of God has come to you.

21 강한 자가 무장을 하고 자기 집을 지킬 때에는 그 소유가 안전하되
"When a strong man, fully armed, guards his own house, his possessions are safe.

22 더 강한 자가 와서 그를 굴복시킬 때에는 그가 믿던 무장을 빼앗고 그의 재물을 나누느니라
But when someone stronger attacks and overpowers him, he takes away the armor in which the man trusted and divides up the spoils.

23 나와 함께 하지 아니하는 자는 나를 반대하는 자요 나와 함께 모으지 아니하는 자는 헤치는 자니라
"He who is not with me is against me, and he who does not gather with me, scatters.

24 더러운 귀신이 사람에게서 나갔을 때에 물 없는 곳으로 다니며 쉬기를 구하되 얻지 못하고 이에 이르되 내가 나온 내 집으로 돌아가리라 하고
"When an evil spirit comes out of a man, it goes through arid places seeking rest and does not find it. Then it says, 'I will return to the house I left.'

25 가서 보니 그 집이 청소되고 수리되었거늘
When it arrives, it finds the house swept clean and put in order.

26 이에 가서 저보다 더 악한 귀신 일곱을 데리고 들어가서 거하니 그 사람의 나중 형편이 전보다 더 심하게 되느니라
Then it goes and takes seven other spirits more wicked than itself, and they go in and live there. And the final condition of that man is worse than the first."

27 이 말씀을 하실 때에 무리 중에서 한 여자가 음성을 높여 이르되 당신을 밴 태와 당신을 먹인 젖이 복이 있나이다 하니
As Jesus was saying these things, a woman in the crowd called out, "Blessed is the mother who gave you birth and nursed you."

28 예수께서 이르시되 오히려 하나님의 말씀을 듣고 지키는 자가 복이 있느니라 하시니라
He replied, "Blessed rather are those who hear the word of God and obey it."

인간은 인간일 뿐이고 하나님은 하나님이시라면, 기도 없이 산다는 것은 단순히 끔찍한 일인 정도가 아니다. 이는 최고로 어리석은 짓이다.

필립스 브룩스(Phillips Brooks, 1835-1893)

기도하는 달콤한 시간, 기도하는 달콤한 시간, 보살피시는 세상으로부터 나를 부르시는 시간, 나의 아버지의 보좌 앞에서 나를 부르시는 시간, 내가 원하는 것을 알리는 시간; 고통과 슬픔의 시간에, 내 영혼은 자주 안도하네, 그리고 자주 유혹의 덫에서 벗어나네. 당신이 돌아오심을 통해, 기도하는 달콤한 시간.

"기도하는 달콤한 시간(Sweet hour of prayer)"
윌리엄 W. 월포드(William W. Walford, 1845)

29

[누가복음 11:29-46]

29 무리가 모였을 때에 예수께서 말씀하시되 이 세대는 악한 세대라 표적을 구하되 요나의 표적 밖에는 보일 표적이 없나니

As the crowds increased, Jesus said, "This is a wicked generation. It asks for a miraculous sign, but none will be given it except the sign of Jonah.

30 요나가 니느웨 사람들에게 표적이 됨과 같이 인자도 이 세대에 그러하리라

For as Jonah was a sign to the Ninevites, so also will the Son of Man be to this generation.

31 심판 때에 남방 여왕이 일어나 이 세대 사람을 정죄하리니 이는 그가 솔로몬의 지혜로운 말을 들으려고 땅 끝에서 왔음이거니와 솔로몬보다 더 큰 이가 여기 있으며

The Queen of the South will rise at the judgment with the men of this generation and condemn them; for she came from the ends of the earth to listen to Solomon's wisdom, and now one greater than Solomon is here.

32 심판 때에 니느웨 사람들이 일어나 이 세대 사람을 정죄하리니 이는 그들이 요나의 전도를 듣고 회개하였음이거니와 요나보다 더 큰 이가 여기 있느니라

The men of Nineveh will stand up at the judgment with this generation and condemn it; for they repented at the preaching of Jonah, and now one greater than Jonah is here.

33 누구든지 등불을 켜서 움 속에나 말 아래에 두지 아니하고 등경 위에 두나니 이는 들어가는 자로 그 빛을 보게 하려 함이라

"No one lights a lamp and puts it in a place where it will be hidden, or under a bowl. Instead he puts it on its stand, so that those who come in may see the light.

34 네 몸의 등불은 눈이라 네 눈이 성하면 온 몸이 밝을 것이요 만일 나쁘면 네 몸도 어두우리라

Your eye is the lamp of your body. When your eyes are good, your whole body also is full of light. But when they are bad, your body also is full of darkness.

35 그러므로 네 속에 있는 빛이 어둡지 아니한가 보라

See to it, then, that the light within you is not darkness.

36 네 온 몸이 밝아 조금도 어두운 데가 없으면 등불의 빛이 너를 비출 때와 같이 온전히 밝으리라 하시니라

Therefore, if your whole body is full of light, and no part of it dark, it will be completely lighted, as when the light of a lamp shines on you."

37 예수께서 말씀하실 때에 한 바리새인이 자기와 함께 점심 잡수시기를 청하므로 들어가 앉으셨더니

When Jesus had finished speaking, a Pharisee invited him to eat with him; so he went in and reclined at the table.

38 잡수시기 전에 손 씻지 아니하심을 그 바리새인이 보고 이상히 여기는지라

But the Pharisee, noticing that Jesus did not first wash before the meal, was surprised.

39 주께서 이르시되 너희 바리새인은 지금 잔과 대접의 겉은 깨끗이 하나 너희 속에는 탐욕과 악독이 가득하도다

Then the Lord said to him, "Now then, you Pharisees clean the outside of the cup and dish, but inside you are full of greed and wickedness.

40 어리석은 자들아 겉을 만드신 이가 속도 만들지 아니하셨느냐

You foolish people! Did not the one who made the outside make the inside also?

41 그러나 그 안에 있는 것으로 구제하라 그리하면 모든 것이 너희에게 깨끗하리라

But give what is inside the dish to the poor, and everything will be clean for you.

42 화 있을진저 너희 바리새인이여 너희가 박하와 운향과 모든 채소의 십일조는 드리되 공의와 하나님께 대한 사랑은 버리는도다 그러나 이것도 행하고 저것도 버리지 말아야 할지니라

"Woe to you Pharisees, because you give God a tenth of your mint, rue and all other kinds of garden herbs, but you neglect justice and the love of God. You should have practiced the latter without leaving the former undone.

43 화 있을진저 너희 바리새인이여 너희가 회당의 높은 자리와 시장에서 문안 받는 것을 기뻐하는도다

"Woe to you Pharisees, because you love the most important seats in the synagogues and greetings in the marketplaces.

44 화 있을진저 너희여 너희는 평토장한 무덤 같아서 그 위를 밟는 사람이 알지 못하느니라

"Woe to you, because you are like unmarked graves, which men walk over without knowing it."

45 한 율법교사가 예수께 대답하여 이르되 선생님 이렇게 말씀하시니 우리까지 모욕하심이니이다

One of the experts in the law answered him, "Teacher, when you say these things, you insult us also."

46 이르시되 화 있을진저 또 너희 율법교사여 지기 어려운 짐을 사람에게 지우고 너희는 한 손가락도 이 짐에 대지 않는도다

Jesus replied, "And you experts in the law, woe to you, because you load people down with burdens they can hardly carry, and you yourselves will not lift one finger to help them.

(10:41-42) 당신이 혹독하게 일을 시키는 주인이 아니심에 감사드립니다. 당신은 나를 당신의 노예로 삼으시려고 살려 주신 것이 아닙니다. 또한 내가 당신께 진 빚을 "탕감" 받기 위해 내가 무언가를 해야 하는 것도 아닙니다. 당신은 내가 의무감이 아닌 사랑을 통한 동기로 당신을 섬기길 원하십니다. 또한 사랑은 함께하는 시간이 필요합니다. 주여, 나를 도우셔서 내가 매일의 활동에서 구별되도록 당신이 부르실 때 귀 기울이게 하소서. 그리고 당신의 임재 안에 조용히 앉아 당신과 교제하게 하소서.

(11:9-10) 주님 당신은 주권적 하나님이시니 당신이 원하시는 것은 우리가 어떤 염려나 갈망을 하건 상관없이 무엇이든 하실 권리를 가지고 계십니다. 그러나 당신은 주권적으로 사랑을 택하셨습니다. 당신은 우리를 귀찮아 하지 않으십니다. 당신은 우리를 기뻐하십니다. 당신은 우리를 오라고, 말하라고, 구하라고, 찾으라고 초대하십니다. 그리고 당신은 우리의 기도에 기쁨으로 응답하십니다(시편 149:4; 스바냐 3:17).

[누가복음 11:47-12:7]

47 화 있을진저 너희는 선지자들의 무덤을 만드는도다 그들을 죽인 자도 너희 조상들이로다

"Woe to you, because you build tombs for the prophets, and it was your forefathers who killed them.

48 이와 같이 그들은 죽이고 너희는 무덤을 만드니 너희가 너희 조상의 행한 일에 증인이 되어 옳게 여기는도다

So you testify that you approve of what your forefathers did; they killed the prophets, and you build their tombs.

49 그러므로 하나님의 지혜가 일렀으되 내가 선지자와 사도들을 그들에게 보내리니 그 중에서 더러는 죽이며 또 박해하리라 하였느니라

Because of this, God in his wisdom said, 'I will send them prophets and apostles, some of whom they will kill and others they will persecute.'

50 창세 이후로 흘린 모든 선지자의 피를 이 세대가 담당하되

Therefore this generation will be held responsible for the blood of all the prophets that has been shed since the beginning of the world,

51 곧 아벨의 피로부터 제단과 성전 사이에서 죽임을 당한 사가랴의 피까지 하리라 내가 너희에게 이르노니 과연 이 세대가 담당하리라

from the blood of Abel to the blood of Zechariah, who was killed between the altar and the sanctuary. Yes, I tell you, this generation will be held responsible for it all.

52 화 있을진저 너희 율법교사여 너희가 지식의 열쇠를 가져가서 너희도 들어가지 않고 또 들어가고자 하는 자도 막았느니라 하시니라

"Woe to you experts in the law, because you have taken away the key to knowledge. You yourselves have not entered, and you have hindered those who were entering."

53 거기서 나오실 때에 서기관과 바리새인들이 거세게 달려들어 여러 가지 일을 따져 묻고

When Jesus left there, the Pharisees and the teachers of the law began to oppose him fiercely and to besiege him with questions,

54 그 입에서 나오는 말을 책잡고자 하여 노리고 있더라

waiting to catch him in something he might say.

[누가복음 12장]

01 그 동안에 무리 수만 명이 모여 서로 밟힐 만큼 되었더니 예수께서 먼저 제자들에게 말씀하여 이르시되 바리새인들의 누룩 곧 외식을 주의하라

Meanwhile, when a crowd of many thousands had gathered, so that they were trampling on one another, Jesus began to speak first to his disciples, saying: "Be on your guard against the yeast of the Pharisees, which is hypocrisy.

02 감추인 것이 드러나지 않을 것이 없고 숨긴 것이 알려지지 않을 것이 없나니

There is nothing concealed that will not be disclosed, or hidden that will not be made known.

03 이러므로 너희가 어두운 데서 말한 모든 것이 광명한 데서 들리고 너희가 골방에서 귀에 대고 말한 것이 지붕 위에서 전파되리라

What you have said in the dark will be heard in the daylight, and what you have whispered in the ear in the inner rooms will be proclaimed from the roofs.

04 내가 내 친구 너희에게 말하노니 몸을 죽이고 그 후에는 능히 더 못하는 자들을 두려워하지 말라

"I tell you, my friends, do not be afraid of those who kill the body and after that can do no more.

05 마땅히 두려워할 자를 내가 너희에게 보이리니 곧 죽인 후에 또한 지옥에 던져 넣는 권세 있는 그를 두려워하라 내가 참으로 너희에게 이르노니 그를 두려워하라

But I will show you whom you should fear: Fear him who, after the killing of the body, has power to throw you into hell. Yes, I tell you, fear him.

06 참새 다섯 마리가 두 앗사리온에 팔리는 것이 아니냐 그러나 하나님 앞에는 그 하나도 잊어버리시는 바 되지 아니하는도다

Are not five sparrows sold for two pennies? Yet not one of them is forgotten by God.

07 너희에게는 심지어 머리털까지도 다 세신 바 되었나니 두려워하지 말라 너희는 많은 참새보다 더 귀하니라

Indeed, the very hairs of your head are all numbered. Don't be afraid; you are worth more than many sparrows.

(11:46:52) 주여 오늘 당신의 교회에 정결함을 주소서. 바리새인들의 위선으로부터 우리를 구원해주소서. 그들은 강경한 내용을 설교하면서 안이하게 생활했습니다. 그들의 규율은 견디기 힘든 것이었지만 그들의 삶은 개탄스러웠습니다. 그들은 무정하고, 이기적이고, 기만하는 자들이었습니다. 주여, 우리의 마음을 살피소서. 그리고 우리가 종교적 열심이라는 망토 아래 숨긴 우리의 고의적인 죄악을 씻겨 주소서. 우리의 마음을 깨뜨리셔서 당신이 우리 마음속에 거하실 수 있게 하소서. 우리의 손을 펴셔서 당신이 우리 손 안에 채워 주실 수 있게 하소서. 우리의 삶을 씻어 주셔서 당신이 우리 삶을 사용하게 하소서.

"만일 우리가 기독교 생활에 있어서 매사에 옳지만 전쟁이 일어나는 특정 상황에서 진리를 나타내기를 거부한다면, 우리는 그리스도에 대해 배반자들이다."

마틴 루터(Martin Luther, 1483-1546)

01

[누가복음 12:8-24]

08 내가 또한 너희에게 말하노니 누구든지 사람 앞에서 나를 시인하면 인자도 하나님의 사자들 앞에서 그를 시인할 것이요
"I tell you, whoever acknowledges me before men, the Son of Man will also acknowledge him before the angels of God.

09 사람 앞에서 나를 부인하는 자는 하나님의 사자들 앞에서 부인을 당하리라
But he who disowns me before men will be disowned before the angels of God.

10 누구든지 말로 인자를 거역하면 사하심을 받으려니와 성령을 모독하는 자는 사하심을 받지 못하리라
And everyone who speaks a word against the Son of Man will be forgiven, but anyone who blasphemes against the Holy Spirit will not be forgiven.

11 사람이 너희를 회당이나 위정자나 권세 있는 자 앞에 끌고 가거든 어떻게 무엇으로 대답하며 무엇으로 말할까 염려하지 말라
"When you are brought before synagogues, rulers and authorities, do not worry about how you will defend yourselves or what you will say,

12 마땅히 할 말을 성령이 곧 그 때에 너희에게 가르치시리라 하시니라
for the Holy Spirit will teach you at that time what you should say."

13 무리 중에 한 사람이 이르되 선생님 내 형을 명하여 유산을 나와 나누게 하소서 하니
Someone in the crowd said to him, "Teacher, tell my brother to divide the inheritance with me."

14 이르시되 이 사람아 누가 나를 너희의 재판장이나 물건 나누는 자로 세웠느냐 하시고
Jesus replied, "Man, who appointed me a judge or an arbiter between you?"

15 그들에게 이르시되 삼가 모든 탐심을 물리치라 사람의 생명이 그 소유의 넉넉한 데 있지 아니하니라 하시고
Then he said to them, "Watch out! Be on your guard against all kinds of greed; a man's life does not consist in the abundance of his possessions."

16 또 비유로 그들에게 말하여 이르시되 한 부자가 그 밭에 소출이 풍성하매
And he told them this parable: "The ground of a certain rich man produced a good crop.

17 심중에 생각하여 이르되 내가 곡식 쌓아 둘 곳이 없으니 어찌할까 하고
He thought to himself, 'What shall I do? I have no place to store my crops.'

18 또 이르되 내가 이렇게 하리라 내 곳간을 헐고 더 크게 짓고 내 모든 곡식과 물건을 거기 쌓아 두리라

"Then he said, 'This is what I'll do. I will tear down my barns and build bigger ones, and there I will store all my grain and my goods.

19 또 내가 내 영혼에게 이르되 영혼아 여러 해 쓸 물건을 많이 쌓아 두었으니 평안히 쉬고 먹고 마시고 즐거워하자 하리라 하되

And I'll say to myself, "You have plenty of good things laid up for many years. Take life easy; eat, drink and be merry." '

20 하나님은 이르시되 어리석은 자여 오늘 밤에 네 영혼을 도로 찾으리니 그러면 네 준비한 것이 누구의 것이 되겠느냐 하셨으니

"But God said to him, 'You fool! This very night your life will be demanded from you. Then who will get what you have prepared for yourself?'

21 자기를 위하여 재물을 쌓아 두고 하나님께 대하여 부요하지 못한 자가 이와 같으니라

"This is how it will be with anyone who stores up things for himself but is not rich toward God."

22 또 제자들에게 이르시되 그러므로 내가 너희에게 이르노니 너희 목숨을 위하여 무엇을 먹을까 몸을 위하여 무엇을 입을까 염려하지 말라

Then Jesus said to his disciples: "Therefore I tell you, do not worry about your life, what you will eat; or about your body, what you will wear.

23 목숨이 음식보다 중하고 몸이 의복보다 중하니라

Life is more than food, and the body more than clothes.

24 까마귀를 생각하라 심지도 아니하고 거두지도 아니하며 골방도 없고 창고도 없으되 하나님이 기르시나니 너희는 새보다 얼마나 더 귀하냐

Consider the ravens: They do not sow or reap, they have no storeroom or barn; yet God feeds them. And how much more valuable you are than birds!

(12:8-12) 예수님, 당신은 내가 얼마나 연약한지, 얼마나 내가 다른 이들의 의견을 구하는지 알고 계십니다. 내가 늘 당신께 충성된 자가 되기를 기도합니다. 내가 담대하게 당신의 이름을 창조주, 구원자, 나의 친구, 구세주라 선포할 수 있게 하소서. 또한 주여, 내가 담대함을 배워가면서, 내게 당신의 성령에 의지하는 법을 가르쳐 주소서. 내 믿음에 대한 이유를 묻는 질문을 받을 때, 내게 올바로 대답할 말과 태도를 주소서(베드로전서 3:15-16).

오소서 성령이여, 나를 새롭게 하소서. 당신의 능력으로 내게 채우시고, 나의 필요를 채워 주소서. 당신 한분만이 나를 온전케 하실 수 있습니다, 내가 성장할 수 있도록 내게 힘을 주소서. 오소서 성령이여, 나를 새롭게 하소서.

"오소서 성령이여(Come Holy Spirit)"
말콤 플렛처(Malcolm Fletcher, c. 1986, 1994)

02

[누가복음 12:25-43]

25 또 너희 중에 누가 염려함으로 그 키를 한 자라도 더할 수 있느냐

Who of you by worrying can add a single hour to his life?

26 그런즉 가장 작은 일도 하지 못하면서 어찌 다른 일들을 염려하느냐

Since you cannot do this very little thing, why do you worry about the rest?

27 백합화를 생각하여 보라 실도 만들지 않고 짜지도 아니하느니라 그러나 내가 너희에게 말하노니 솔로몬의 모든 영광으로도 입은 것이 이 꽃 하나만큼 훌륭하지 못하였느니라

"Consider how the lilies grow. They do not labor or spin. Yet I tell you, not even Solomon in all his splendor was dressed like one of these.

28 오늘 있다가 내일 아궁이에 던져지는 들풀도 하나님이 이렇게 입히시거든 하물며 너희일까보냐 믿음이 작은 자들아

If that is how God clothes the grass of the field, which is here today, and tomorrow is thrown into the fire, how much more will he clothe you, O you of little faith!

29 너희는 무엇을 먹을까 무엇을 마실까 하여 구하지 말며 근심하지도 말라

And do not set your heart on what you will eat or drink; do not worry about it.

30 이 모든 것은 세상 백성들이 구하는 것이라 너희 아버지께서는 이런 것이 너희에게 있어야 할 것을 아시느니라

For the pagan world runs after all such things, and your Father knows that you need them.

31 다만 너희는 그의 나라를 구하라 그리하면 이런 것들을 너희에게 더하시리라

But seek his kingdom, and these things will be given to you as well.

32 적은 무리여 무서워 말라 너희 아버지께서 그 나라를 너희에게 주시기를 기뻐하시느니라

"Do not be afraid, little flock, for your Father has been pleased to give you the kingdom.

33 너희 소유를 팔아 구제하여 낡아지지 아니하는 배낭을 만들라 곧 하늘에 둔 바 다함이 없는 보물이니 거기는 도둑도 가까이 하는 일이 없고 좀도 먹는 일이 없느니라

Sell your possessions and give to the poor. Provide purses for yourselves that will not wear out, a treasure in heaven that will not be exhausted, where no thief comes near and no moth destroys.

34 너희 보물 있는 곳에는 너희 마음도 있으리라

For where your treasure is, there your heart will be also.

35 허리에 띠를 띠고 등불을 켜고 서 있으라

"Be dressed ready for service and keep your lamps burning,

36 너희는 마치 그 주인이 혼인 집에서 돌아와 문을 두드리면 곧 열어 주려고 기다리는 사람과 같이 되라

like men waiting for their master to return from a wedding banquet, so that when he comes and knocks they can immediately open the door for him.

37 주인이 와서 깨어 있는 것을 보면 그 종들은 복이 있으리로다 내가 진실로 너희에게 이르노니 주인이 띠를 띠고 그 종들을 자리에 앉히고 나아와 수종들리라

It will be good for those servants whose master finds them watching when he comes. I tell you the truth, he will dress himself to serve, will have them recline at the table and will come and wait on them.

38 주인이 혹 이경에나 혹 삼경에 이르러서도 종들이 그같이 하고 있는 것을 보면 그 종들은 복이 있으리로다

It will be good for those servants whose master finds them ready, even if he comes in the second or third watch of the night.

39 너희도 아는 바니 집 주인이 만일 도둑이 어느 때에 이를 줄 알았더라면 그 집을 뚫지 못하게 하였으리라

But understand this: If the owner of the house had known at what hour the thief was coming, he would not have let his house be broken into.

40 그러므로 너희도 준비하고 있으라 생각하지 않은 때에 인자가 오리라 하시니라

You also must be ready, because the Son of Man will come at an hour when you do not expect him."

41 베드로가 여짜오되 주께서 이 비유를 우리에게 하심이니이까 모든 사람에게 하심이니이까

Peter asked, "Lord, are you telling this parable to us, or to everyone?"

42 주께서 이르시되 지혜 있고 진실한 청지기가 되어 주인에게 그 집 종들을 맡아 때를 따라 양식을 나누어 줄 자가 누구냐

The Lord answered, "Who then is the faithful and wise manager, whom the master puts in charge of his servants to give them their food allowance at the proper time?

43 주인이 이를 때에 그 종이 그렇게 하는 것을 보면 그 종은 복이 있으리로다

It will be good for that servant whom the master finds doing so when he returns.

(12:22-34) 나의 아버지가 온 만물의 하나님이심을 아는 것은 얼마나 놀라운 일인지요. 나의 아버지는 모든 자연을 먹이시고 입히시는 분이십니다. 나의 아버지는 내가 상속 받게 될 흔들리지 않는 나라를 다스리는 분이십니다. 또한 하늘의 풍성함이 내게 주어졌습니다. 오 아바 아버지여, 나의 사랑하는 아버지여, 당신은 나의 가장 귀한 보화입니다. 당신은 내 삶과 나의 신앙에 필요한 모든 것을 끝없이 채워 주십니다.

그분은 친절하시니 우리가 기쁜 마음으로 주를 찬양하세, 그분의 자비로우심은 인내하시고, 항상 신실하시고, 분명하시네. 그분은 살아있는 모든 것을 먹이시네, 그분의 풍성하신 손이 그들의 필요를 채우시네, 그분의 자비로우심은 인내하시고, 항상 신실하시고, 분명하시네.

(우리가 기쁜 마음으로 "Let us, with a gladsome mind")

존 밀턴(John Milton, 1623)

우리의 필요를 채워 주시는 주님

(12:22, 30-31) 예수님께서는 어리석은 부자에 관한 비유를 말씀하신 뒤 그분의 제자들에게 삶의 기본적으로 필요한 것들을 두고 염려하지 말라고 격려하신다 (12:14-21). 우리가 염려하는 바를 자세히 들여다보면, 정작 이것은 우리가 우상 숭배로 빠지게 하는 것이라 할 수 있다. 염려는 하나님과 그분의 능력, 그리고 우리의 필요를 채워 주시고자 하시는 그분의 마음을 신뢰하지 못할 때 생겨나는 것이다. 결과적으로 우리는 우리의 필요를 채워줄 것만 같은 다른 "신들"을 바라본다. 이런 모든 불안은 하나님을 예

배하고 섬길 수 있는 시간과 힘을 빼앗아간다. 그러나 예수님께서는 그분을 따르는 자들에게 분명히 하시길, 하나님은 그들을 너무 많이 생각하시며 그들에게 공급해주시는 것으로 그치지 않으신다고 하셨다. 우리를 염려 가운데에서 구원해주시는 하나님을 찬양하자.

온 우주의 주님, 우리의 필요를 채우시는 당신을 찬양합니다. 당신은 우리의 필요를 채우시길 원하시고, 또 채워 주실 수 있는 분이시니 우리가 염려할 이유가 없습니다. 당신의 공급하심을 충분히 믿지 못하는 우리를 용서해주시고 우리에게 담대함을 주셔서 우리가 당신을 섬기는 데에 담대하게 나아가게 하소서. 아멘.

| 예배의 상징: 십자가

십자가는 가장 알아보기 쉬운 기독교의 상징으로, 그리스도의 희생적 죽으심을 통해 인류가 구원을 받았음을 나타낸다. 그리스도인들은 그동안 400여 가지의 모양을 거쳐 지금의 기본적인 십자가 모양을 만들어냈다 (긴 세로선에 짧은 가로선이 직각으로 교차하는 모양). 아래 가장 대중적인 모양 중 몇 가지를 소개한다. 기독교 상징으로써 십자가는 서기 15세기경 무덤, 등잔, 그리고 다른 물건들에 사용되기 시작했다. 이는 당시 기독교를 상징하는 모양으로 널리 사용되던 키로 (Chi-Rho) 문양을 대체하는 것이었다. [P자에 X자가 겹쳐진 듯한 문양. 그리스어인 크리스토스($\chi\rho\iota\sigma\tauo$s)의 앞 두 글자 X와 P를 따온 문양으로 그리스도를 의미한다. /역주] 예수님은 고난과 자기 부인에 대해 이야기하실 때 십자가를 언급하셨다 (마태복음

10:38; 16:24; 마가복음 8:34; 누가복음 9:23; 14:27).

많은 기독교 전통 가운데 신도들은 기도 전후로, 그리고 유혹이나 위험의 상황 가운데에서 십자가 성호를 그린다. 이 것은 이마에서 가슴으로, 그리고 한쪽 어깨에서 다른 어깨로 손을 움직이는 것이다.

※ 켈트 십자가 (Celtic cross)

켈트 십자가의 특이한 모양은 실용적인 필요성에 의해 생겨난 것이다. 돌 하나로 조각된 십자가들은 가로대를 지탱하기 위해 중간에 둥근 모양이 필요했다. 이 모양은 본래 덴마크에서 유래되었고 앵글로색슨족을 침입한 아일랜드인들에게 전해졌다.

※ 동방 정교회 십자가 (Eastern Orthodox cross)

이 모양은 예수님께서 달리신 십자가를 설명하는 내용을 토대로 만들어진 것이다. 맨 위 짧은 가로대는 십자가에 달려있던 죄목을 나타낸다. 비스듬하게 기울어진 맨 아래 가로대는 안장, 또는 발판을 나타낸다. 전통적으로 동방 정교회는 그리스도의 두 발에 하나의 못이 관통한 것이 아니라 두 발에 각각 못이 박혔다고 여긴다.

※ 그리스 십자가 (Greek cross)

그리스 십자가는 키로 (Chi-Rho) 문양에서 발전된 것이다 ("그리스도의 문양 (Monograms of Christ)"을 보라). 이는 X (chi)의 한 대를 없애고 이를 대신해서 P(rho)의 세로대를 사용한 것이다. 이렇게 만들어진 문양은 균형이 맞지 않았기 때문에 방향을 15도 회전하고 수정하는 작업을 거쳤다. 이후 P (rho)의 곡선 부분도 제거되어 균일한 길이의 가로대와 세로대로 이뤄진 단순한 십자가 문양이 탄생한 것이다.

※ 몰타 십자가 (Maltese cross)
이 십자가의 여덟 개의 꼭지점은 팔 복을 상징한다(마태복음 5:3-10). 이 십자가가 몰타 십자가로 알려진 이유는 이 문양이 몰타의 군대에서 널리 사용되었기 때문이다. 이 문양은 예루살렘에 위치한 병원에 베네딕트회 수도승들이 배치되어 사용했던 9세기 초부터 사용되었다.

03

[누가복음 12:44-59]

44 내가 참으로 너희에게 이르노니 주인이 그 모든 소유를 그에게 맡기리라

I tell you the truth, he will put him in charge of all his possessions.

45 만일 그 종이 마음에 생각하기를 주인이 더디 오리라 하여 남녀 종들을 때리며 먹고 마시고 취하게 되면

But suppose the servant says to himself, 'My master is taking a long time in coming,' and he then begins to beat the menservants and maidservants and to eat and drink and get drunk.

46 생각하지 않은 날 알지 못하는 시각에 그 종의 주인이 이르러 엄히 때리고 신실하지 아니한 자의 받는 벌에 처하리니

The master of that servant will come on a day when he does not expect him and at an hour he is not aware of. He will cut him to pieces and assign him a place with the unbelievers.

47 주인의 뜻을 알고도 준비하지 아니하고 그 뜻대로 행하지 아니한 종은 많이 맞을 것이요

"That servant who knows his master's will and does not get ready or does not do what his master wants will be beaten with many blows.

48 알지 못하고 맞을 일을 행한 종은 적게 맞으리라 무릇 많이 받은 자에게는 많이 요구할 것이요 많이 맡은 자에게는 많이 달라 할 것이니라

But the one who does not know and does things deserving punishment will be beaten with few blows. From everyone who has been given much, much will be demanded; and from the one who has been entrusted with much, much more will be asked.

49 내가 불을 땅에 던지러 왔노니 이 불이 이미 붙었으면 내가 무엇을 원하리요

"I have come to bring fire on the earth, and how I wish it were already kindled!

50 나는 받을 세례가 있으니 그것이 이루어지기까지 나의 답답함이 어떠하겠느냐

But I have a baptism to undergo, and how distressed I am until it is completed!

51 내가 세상에 화평을 주려고 온 줄로 아느냐 내가 너희에게 이르노니 아니라 도리어 분쟁하게 하려 함이로라

Do you think I came to bring peace on earth? No, I tell you, but division.

52 이 후부터 한 집에 다섯 사람이 있어 분쟁하되 셋이 둘과, 둘이 셋과 하리니

From now on there will be five in one family divided against each other, three against two and two against three.

53 아버지가 아들과, 아들이 아버지와, 어머니가 딸과, 딸이 어머니와, 시어머니가 며느리와, 며느리가 시어머니와 분쟁하리라 하시니라

They will be divided, father against son and son against father, mother against daughter and daughter against mother, mother-in-law against daughter-in-law and daughter-in-law against mother-in-law."

54 또 무리에게 이르시되 너희가 구름이 서쪽에서 이는 것을 보면 곧 말하기를 소나기가 오리라 하나니 과연 그러하고

He said to the crowd: "When you see a cloud rising in the west, immediately you say, 'It's going to rain,' and it does.

55 남풍이 부는 것을 보면 말하기를 심히 더우리라 하나니 과연 그러하니라

And when the south wind blows, you say, 'It's going to be hot,' and it is.

56 외식하는 자여 너희가 천지의 기상은 분간할 줄 알면서 어찌 이 시대는 분간하지 못하느냐

Hypocrites! You know how to interpret the appearance of the earth and the sky. How is it that you don't know how to interpret this present time?

57 또 어찌하여 옳은 것을 스스로 판단하지 아니하느냐

"Why don't you judge for yourselves what is right?

58 네가 너를 고발하는 자와 함께 법관에게 갈 때에 길에서 화해하기를 힘쓰라 그가 너를 재판장에게 끌어 가고 재판장이 너를 옥졸에게 넘겨 주어 옥졸이 옥에 가둘까 염려하라

As you are going with your adversary to the magistrate, try hard to be reconciled to him on the way, or he may drag you off to the judge, and the judge turn you over to the officer, and the officer throw you into prison.

59 네게 이르노니 한 푼이라도 남김이 없이 갚지 아니하고서는 결코 거기서 나오지 못하리라 하시니라

I tell you, you will not get out until you have paid the last penny."

(12:49-53) 주 예수님, 내가 당신의 죽으심과 합하여 세례를 받습니다. 이제 당신의 불로 나에게 세례를 베푸소서. 내 마음 속에 거룩함의 불꽃을 피우소서. 당신을 기쁘지 않게 하는 모든 것을 태우시고 나를 정결하게 하소서. 내게 당신의 성령으로 채우시고 지인들, 친구들, 혹은 내가 사랑하는 이들로부터 방해를 받을 때에도 나의 신념을 나타낼 수 있는 담대함을 주소서 (누가복음 3:16-17; 로마서 6:3).

그리스도는 자신의 오심이 평화를 의미하는 것이 아닌 전쟁을 의미하는 것임을 분명히 하셨다. 그분의 메시지는 사회를 분열과 불화의 불을 붙이는 불이었다.

빌리 그래함(Billy Graham, 1918-)

불을 붙이고자 오신 그리스도여: 이제 당신의 불로 우리를 태우소서. 이 땅이 당신의 태우심을 기다릴 때에 당신의 열정으로 우리를 깨우소서. 우리의 죄악된 평온함을 깨뜨리시고 우리를 살리는 부끄러움으로 우리를 깨워주소서; 당신의 불의 영으로 우리에게 세례를 베푸시고 불꽃의 혀로 우리 삶에 면류관을 씌워 주소서. 당신은 잔잔한 평화가 아닌 칼로 구원하러 오시는 분입니다. 당신의 날카로운 말씀이 안주하고 있는 우리의 가슴을 찌릅니다! 우리가 이웃의 고통을 보며 영적으로 불편해하지 않으며 은밀하게 자유로워 할 때에 만족감으로부터 우리를 구원해주소서.
"불을 붙이고자 오신 그리스도여 (Christ, whose purpose is to kindle)"
D. 엘튼 트루블러드(D. Elton Trueblood, 1900-1994)

04

[누가복음 13:1-17]

01 그 때 마침 두어 사람이 와서 빌라도가 어떤 갈릴리 사람들의 피를 그들의 제물에 섞은 일로 예수께 아뢰니

Now there were some present at that time who told Jesus about the Galileans whose blood Pilate had mixed with their sacrifices.

02 대답하여 이르시되 너희는 이 갈릴리 사람들이 이같이 해 받으므로 다른 모든 갈릴리 사람보다 죄가 더 있는 줄 아느냐

Jesus answered, "Do you think that these Galileans were worse sinners than all the other Galileans because they suffered this way?

03 너희에게 이르노니 아니라 너희도 만일 회개하지 아니하면 다 이와 같이 망하리라

I tell you, no! But unless you repent, you too will all perish.

04 또 실로암에서 망대가 무너져 치어 죽은 열여덟 사람이 예루살렘에 거한 다른 모든 사람보다 죄가 더 있는 줄 아느냐

Or those eighteen who died when the tower in Siloam fell on them--do you think they were more guilty than all the others living in Jerusalem?

05 너희에게 이르노니 아니라 너희도 만일 회개하지 아니하면 다 이와 같이 망하리라

I tell you, no! But unless you repent, you too will all perish."

06 이에 비유로 말씀하시되 한 사람이 포도원에 무화과나무를 심은 것이 있더니 와서 그 열매를 구하였으나 얻지 못한지라

Then he told this parable: "A man had a fig tree, planted in his vineyard, and he went to look for fruit on it, but did not find any.

07 포도원지기에게 이르되 내가 삼 년을 와서 이 무화과나무에서 열매를 구하되 얻지 못하니 찍어버리라 어찌 땅만 버리게 하겠느냐

So he said to the man who took care of the vineyard, 'For three years now I've been coming to look for fruit on this fig tree and haven't found any. Cut it down! Why should it use up the soil?'

08 대답하여 이르되 주인이여 금년에도 그대로 두소서 내가 두루 파고 거름을 주리니

" 'Sir,' the man replied, 'leave it alone for one more year, and I'll dig around it and fertilize it.

09 이 후에 만일 열매가 열면 좋거니와 그렇지 않으면 찍어버리소서 하였다 하시니라

If it bears fruit next year, fine! If not, then cut it down.' "

10 예수께서 안식일에 한 회당에서 가르치실 때에

On a Sabbath Jesus was teaching in one of the synagogues,

11 열여덟 해 동안이나 귀신 들려 앓으며 꼬부라져 조금도 펴지 못하는 한 여자가 있더라

and a woman was there who had been crippled by a spirit for eighteen years. She was bent over and could not straighten up at all.

12 예수께서 보시고 불러 이르시되 여자여 네가 네 병에서 놓였다 하시고

When Jesus saw her, he called her forward and said to her, "Woman, you are set free from your infirmity."

13 안수하시니 여자가 곧 펴고 하나님께 영광을 돌리는지라

Then he put his hands on her, and immediately she straightened up and praised God.

14 회당장이 예수께서 안식일에 병 고치시는 것을 분 내어 무리에게 이르되 일할 날이 엿새가 있으니 그 동안에 와서 고침을 받을 것이요 안식일에는 하지 말 것이니라 하거늘

Indignant because Jesus had healed on the Sabbath, the synagogue ruler said to the people, "There are six days for work. So come and be healed on those days, not on the Sabbath."

15 주께서 대답하여 이르시되 외식하는 자들아 너희가 각각 안식일에 자기의 소나 나귀를 외양간에서 풀어내어 이끌고 가서 물을 먹이지 아니하느냐

The Lord answered him, "You hypocrites! Doesn't each of you on the Sabbath untie his ox or donkey from the stall and lead it out to give it water?

16 그러면 열여덟 해 동안 사탄에게 매인 바 된 이 아브라함의 딸을 안식일에 이 매임에서 푸는 것이 합당하지 아니하냐

Then should not this woman, a daughter of Abraham, whom Satan has kept bound for eighteen long years, be set free on the Sabbath day from what bound her?"

17 예수께서 이 말씀을 하시매 모든 반대하는 자들은 부끄러워하고 온 무리는 그가 하시는 모든 영광스러운 일을 기뻐하니라

When he said this, all his opponents were humiliated, but the people were delighted with all the wonderful things he was doing.

05

[누가복음 13:18-14:6]

18 그러므로 예수께서 이르시되 하나님의 나라가 무엇과 같을까 내가 무엇으로 비교할까

Then Jesus asked, "What is the kingdom of God like? What shall I compare it to?

19 마치 사람이 자기 채소밭에 갖다 심은 겨자씨 한 알 같으니 자라 나무가 되어 공중의 새들이 그 가지에 깃들였느니라

It is like a mustard seed, which a man took and planted in his garden. It grew and became a tree, and the birds of the air perched in its branches."

20 또 이르시되 내가 하나님의 나라를 무엇으로 비교할까

Again he asked, "What shall I compare the kingdom of God to?

21 마치 여자가 가루 서 말 속에 갖다 넣어 전부 부풀게 한 누룩과 같으니라 하셨더라

It is like yeast that a woman took and mixed into a large amount of flour until it worked all through the dough."

22 예수께서 각 성 각 마을로 다니사 가르치시며 예루살렘으로 여행하시더니

Then Jesus went through the towns and villages, teaching as he made his way to Jerusalem.

23 어떤 사람이 여짜오되 주여 구원을 받는 자가 적으니이까 그들에게 이르시되

Someone asked him, "Lord, are only a few people going to be saved?" He said to them,

24 좁은 문으로 들어가기를 힘쓰라 내가 너희에게 이르노니 들어가기를 구하여도 못하는 자가 많으리라

"Make every effort to enter through the narrow door, because many, I tell you, will try to enter and will not be able to.

25 집 주인이 일어나 문을 한 번 닫은 후에 너희가 밖에 서서 문을 두드리며 주여 열어 주소서 하면 그가 대답하여 이르되 나는 너희가 어디에서 온 자인지 알지 못하노라 하리니

Once the owner of the house gets up and closes the door, you will stand outside knocking and pleading, 'Sir, open the door for us.' "But he will answer, 'I don't know you or where you come from.'

26 그 때에 너희가 말하되 우리는 주 앞에서 먹고 마셨으며 주는 또한 우리를 길거리에서 가르치셨나이다 하나

"Then you will say, 'We ate and drank with you, and you taught in our streets.'

27 그가 너희에게 말하여 이르되 나는 너희가 어디에서 왔는지 알지 못하노라 행악하는 모든 자들아 나를 떠나 가라 하리라

"But he will reply, 'I don't know you or where you come from. Away from me, all you evildoers!'

28 너희가 아브라함과 이삭과 야곱과 모든 선지자는 하나님 나라에 있고 오직 너희는 밖에 쫓겨난 것을 볼 때에 거기서 슬피 울며 이를 갈리라

"There will be weeping there, and gnashing of teeth, when you see Abraham, Isaac and Jacob and all the prophets in the kingdom of God, but you yourselves thrown out.

29 사람들이 동서남북으로부터 와서 하나님의 나라 잔치에 참여하리니

People will come from east and west and north and south, and will take their places at the feast in the kingdom of God.

30 보라 나중 된 자로서 먼저 될 자도 있고 먼저 된 자로서 나중 될 자도 있느니라 하시더라

Indeed there are those who are last who will be first, and first who will be last."

31 곧 그 때에 어떤 바리새인들이 나아와서 이르되 나가서 여기를 떠나소서 헤롯이 당신을 죽이고자 하나이다

At that time some Pharisees came to Jesus and said to him, "Leave this place and go somewhere else. Herod wants to kill you."

32 이르시되 너희는 가서 저 여우에게 이르되 오늘과 내일은 내가 귀신을 쫓아내며 병을 고치다가 제삼일에는 완전하여지리라 하라

He replied, "Go tell that fox, 'I will drive out demons and heal people today and tomorrow, and on the third day I will reach my goal.'

33 그러나 오늘과 내일과 모레는 내가 갈 길을 가야 하리니 선지자가 예루살렘 밖에서는 죽는 법이 없느니라

In any case, I must keep going today and tomorrow and the next day--for surely no prophet can die outside Jerusalem!

34 예루살렘아 예루살렘아 선지자들을 죽이고 네게 파송된 자들을 돌로 치는 자여 암탉이 제 새끼를 날개 아래에 모음 같이 내가 너희의 자녀를 모으려 한 일이 몇 번이냐 그러나 너희가 원하지 아니하였도다

"O Jerusalem, Jerusalem, you who kill the prophets and stone those sent to you, how often I have longed to gather your children together, as a hen gathers her chicks under her wings, but you were not willing!

35 보라 너희 집이 황폐하여 버린 바 되리라 내가 너희에게 이르노니 너희가 주의 이름으로 오시는 이를 찬송하리로다 할 때까지는 나를 보지 못하리라 하시니라

Look, your house is left to you desolate. I tell you, you will not see me again until you say, 'Blessed is he who comes in the name of the Lord.'"

[누가복음 14장]

01 안식일에 예수께서 한 바리새인 지도자의 집에 떡 잡수시러 들어가시니 그들이 엿보고 있더라

One Sabbath, when Jesus went to eat in the house of a prominent Pharisee, he was being carefully watched.

02 주의 앞에 수종병 든 한 사람이 있는지라

There in front of him was a man suffering from dropsy.

03 예수께서 대답하여 율법교사들과 바리새인들에게 이르시되 안식일에 병 고쳐 주는 것이 합당하냐 아니하냐

Jesus asked the Pharisees and experts in the law, "Is it lawful to heal on the Sabbath or not?"

04 그들이 잠잠하거늘 예수께서 그 사람을 데려다가 고쳐 보내시고

But they remained silent. So taking hold of the man, he healed him and sent him away.

05 또 그들에게 이르시되 너희 중에 누가 그 아들이나 소가 우물에 빠졌으면 안식일에라도 곧 끌어내지 않겠느냐 하시니

Then he asked them, "If one of you has a son or an ox that falls into a well on the Sabbath day, will you not immediately pull him out?"

06 그들이 이에 대하여 대답하지 못하니라

And they had nothing to say.

(13:18-21) 주여, 나는 당신의 지혜롭고 신비로운 방법으로 인해 당신을 찬양합니다. 나는 당신이 격동의 변화를 가지고 내 삶에 오실 것이라 생각했습니다. 그러나 베들레헴에서 당신이 나신 일과 같이, 당신의 나라는 거창한 의식이나 엄청난 쇼맨십 없이 옵니다. 당신의 나라는 조용히 와서 씨앗이 영양분을 받고 자라나듯, 또는 빵 반죽 전체로 서서히 스며들어 영향을 끼치는 누룩과 같이 꾸준히 자라납니다. 당신의 통치는 밖에서 시작해 중심으로 들어오는 것이 아니라 내면에서 시작되어 내 삶의 미 개척된 영역으로 뻗어 나갑니다. 주여, 당신이 내 안에 일하고 계심을 나로 하여금 알게 해주는 작은 승리들로 인하여 당신께 감사드립니다. 이 과정 가운데 내게 인내를 주소서.

(13:28-30) 예수님, 우리가 천국에 갔을 때 우리가 볼 것이라 예상하지 못했던 이들을 보면 놀랄 것입니다. 또한 우리가 볼 것이라 예상했던 이들이 없어도 놀랄 것입니다. 심판이 나의 손이 아닌 당신의 손에 있음으로 인하여 당신께 감사드립니다. 내가 삶 가운데에서 양과 염소를 구분하려고 시도하지 않게 하소서. 그 누구도 당신을 믿는 자라면 당신이 약속하신 영원한 생명을 얻지 못할 이가 없음을 내가 압니다. (마태복음 25:31-46)

만일 내가 천국에 가게 된다면, 그 곳에서 세 가지 놀라운 일을 발견할 것이다: 첫째, 그곳에서 볼 것이라 생각하지 않았던 이들을 볼 때; 둘째, 그곳에서 볼 것이라 생각했던 이들이 안 보일 때; 그리고 셋째, 가장 놀라운 일은, 내가 그곳에 있다는 사실로 인하여.

존 뉴턴(John Newton, 1725-1807)

(14:1-4) 오 예수님, 나를 도와 주셔서 자비가 규율이나 율법을 넘어서는 환경을 만들 수 있게 하소서. 내가 가는 어디에서든 내가 고통 받는 이들의 울부짖음에 대한 당신의 응답이 될 수 있게 하소서. 그리고 내가 계획에 없던 이들, 예상치 못한 자들에게 여지를 남겨주지 않는 종교적으로 까다로운 자가 되지 않게 하소서.

06

[누가복음 14:7-30]

07 청함을 받은 사람들이 높은 자리 택함을 보시고 그들에게 비유로 말씀하여 이르시되

When he noticed how the guests picked the places of honor at the table, he told them this parable:

08 네가 누구에게나 혼인 잔치에 청함을 받았을 때에 높은 자리에 앉지 말라 그렇지 않으면 너보다 더 높은 사람이 청함을 받은 경우에

"When someone invites you to a wedding feast, do not take the place of honor, for a person more distinguished than you may have been invited.

09 너와 그를 청한 자가 와서 너더러 이 사람에게 자리를 내주라 하리니 그 때에 네가 부끄러워 끝자리로 가게 되리라

If so, the host who invited both of you will come and say to you, 'Give this man your seat.' Then, humiliated, you will have to take the least important place.

10 청함을 받았을 때에 차라리 가서 끝자리에 앉으라 그러면 너를 청한 자가 와서 너더러 벗이여 올라 앉으라 하리니 그 때에야 함께 앉은 모든 사람 앞에서 영광이 있으리라

But when you are invited, take the lowest place, so that when your host comes, he will say to you, 'Friend, move up to a better place.' Then you will be honored in the presence of all your fellow guests.

11 무릇 자기를 높이는 자는 낮아지고 자기를 낮추는 자는 높아지리라

For everyone who exalts himself will be humbled, and he who humbles himself will be exalted."

12 또 자기를 청한 자에게 이르시되 네가 점심이나 저녁이나 베풀거든 벗이나 형제나 친척이나 부한 이웃을 청하지 말라 두렵건대 그 사람들이 너를 도로 청하여 네게 갚음이 될까 하노라

Then Jesus said to his host, "When you give a luncheon or dinner, do not invite your friends, your brothers or relatives, or your rich neighbors; if you do, they may invite you back and so you will be repaid.

13 잔치를 베풀거든 차라리 가난한 자들과 몸 불편한 자들과 저는 자들과 맹인들을 청하라

But when you give a banquet, invite the poor, the crippled, the lame, the blind,

14 그리하면 그들이 갚을 것이 없으므로 네게 복이 되리니 이는 의인들의 부활시에 네가 갚음을 받겠음이라 하시더라

and you will be blessed. Although they cannot repay you, you will be repaid at the resurrection of the righteous."

15 함께 먹는 사람 중의 하나가 이 말을 듣고 이르되 무릇 하나님의 나라에서 떡을 먹는 자는 복되도다 하니
When one of those at the table with him heard this, he said to Jesus, "Blessed is the man who will eat at the feast in the kingdom of God."

16 이르시되 어떤 사람이 큰 잔치를 베풀고 많은 사람을 청하였더니
Jesus replied: "A certain man was preparing a great banquet and invited many guests.

17 잔치할 시각에 그 청하였던 자들에게 종을 보내어 이르되 오소서 모든 것이 준비되었나이다 하매
At the time of the banquet he sent his servant to tell those who had been invited, 'Come, for everything is now ready.'

18 다 일치하게 사양하여 한 사람은 이르되 나는 밭을 샀으매 아무래도 나가 보아야 하겠으니 청컨대 나를 양해하도록 하라 하고
"But they all alike began to make excuses. The first said, 'I have just bought a field, and I must go and see it. Please excuse me.'

19 또 한 사람은 이르되 나는 소 다섯 겨리를 샀으매 시험하러 가니 청컨대 나를 양해하도록 하라 하고
"Another said, 'I have just bought five yoke of oxen, and I'm on my way to try them out. Please excuse me.'

20 또 한 사람은 이르되 나는 장가 들었으니 그러므로 가지 못하겠노라 하는지라
"Still another said, 'I just got married, so I can't come.'

21 종이 돌아와 주인에게 그대로 고하니 이에 집 주인이 노하여 그 종에게 이르되 빨리 시내의 거리와 골목으로 나가서 가난한 자들과 몸 불편한 자들과 맹인들과 저는 자들을 데려오라 하니라
"The servant came back and reported this to his master. Then the owner of the house became angry and ordered his servant, 'Go out quickly into the streets and alleys of the town and bring in the poor, the crippled, the blind and the lame.'

22 종이 이르되 주인이여 명하신 대로 하였으되 아직도 자리가 있나이다
"'Sir,' the servant said, 'what you ordered has been done, but there is still room.'

23 주인이 종에게 이르되 길과 산울타리 가로 나가서 사람을 강권하여 데려다가 내 집을 채우라

"Then the master told his servant, 'Go out to the roads and country lanes and make them come in, so that my house will be full.

24 내가 너희에게 말하노니 전에 청하였던 그 사람들은 하나도 내 잔치를 맛보지 못하리라 하였다 하시니라

I tell you, not one of those men who were invited will get a taste of my banquet.' "

25 수많은 무리가 함께 갈새 예수께서 돌이키사 이르시되

Large crowds were traveling with Jesus, and turning to them he said:

26 무릇 내게 오는 자가 자기 부모와 처자와 형제와 자매와 더욱이 자기 목숨까지 미워하지 아니하면 능히 내 제자가 되지 못하고

"If anyone comes to me and does not hate his father and mother, his wife and children, his brothers and sisters--yes, even his own life--he cannot be my disciple.

27 누구든지 자기 십자가를 지고 나를 따르지 않는 자도 능히 내 제자가 되지 못하리라

And anyone who does not carry his cross and follow me cannot be my disciple.

28 너희 중의 누가 망대를 세우고자 할진대 자기의 가진 것이 준공하기까지에 족할는지 먼저 앉아 그 비용을 계산하지 아니하겠느냐

"Suppose one of you wants to build a tower. Will he not first sit down and estimate the cost to see if he has enough money to complete it?

29 그렇게 아니하여 그 기초만 쌓고 능히 이루지 못하면 보는 자가 다 비웃어

For if he lays the foundation and is not able to finish it, everyone who sees it will ridicule him,

30 이르되 이 사람이 공사를 시작하고 능히 이루지 못하였다 하리라

saying, 'This fellow began to build and was not able to finish.'

(14:12-14) 주여, 나는 내게 보답할 만한 사람들만 기쁘게 하려하고 그들에게만 친절을 베풀고자 합니다. 오늘 나를 도우셔서 내게 갚을 방법이 없는 사람에게 나의 시간이나 힘이나 돈을 후하게 줄 수 있게 하소서. 내가 누군가에게 사랑과 섬김을 베푸는 것은 진정 당신께 드리는 것임을 알기에, 이는 내게 큰 기쁨을 줄 것입니다.

버림받은 자들을 초청하시는 주님

(14:15-24) 이 비유를 보면 주님은 그분의 잔치에 가난한자, 다리를 저는 자, 눈먼 자, 그리고 보통 이와 같은 초청을 받을 수 없는 자들을 포함한 모든 사람들을 초청하고자 하셨지만 너무 많은 사람들이 이에 응하지 않았음을 알 수 있다. 사회에서 인정받지 못하는 이와 같은 사람들은 이 초대에 대해 감사했을 것이다. 이 비유를 토대로, 예수님과 함께 식탁에 앉았던 사람이 말했던 내용을 기억하자, "무릇 하나님의 나라에서 떡을 먹는 자는 복되도다!"

은혜로우신 하나님, 우리를 당신의 잔치에 초청해 주심은 우리에게 영광스러운 일입니다. 우리에게 겸손의 영을 주시고 "달갑지 않다"고 여겨지는 이들에게 다가갈 수 있는 열정을 주소서. 아멘.

우리가 십자가를 질 때의 기도 (누가복음 14:27)

전능하신 하나님, 우리 구세주 예수 그리스도의 아버지는 온 세상이 그분께 다가갈 수 있도록 해 주신 십자가로 인해 높임 받으셨습니다. 우리가 받은 구원의 신비로 인해 기뻐하는 우리들이 우리의 십자가를 지고 영광 가운데 영원히 성부와 성령과 하나 되어 다스리시는 그분을 따를 수 있는 은혜를 내려 주소서. 아멘.

성공회 기도서(Book of Common Prayer)

모든 것을 요구하시는 주님

(14:33) 예수님은 그분의 제자가 되기 위해 필요한 희생을 가볍게 여기지 않으셨다. 그분은 분명하게, 예외가 없이 "너희 중의 누구든지 자기의 모든 소유를 버리지 아니하면 능히 내 제자가 되지 못하리라"라고 하셨다. 그는 사람들이 그분을 따르기 전 그 대가를 생각하도록 인도하셨다. 우리 또한 그리스도를 따르기로 선택했으니 그분을 위해 모든 것을 포기해야 한다. 우리의 모든 말과 행동을 그분의 주권을 증거하는 데 사용되어야 하고, 모든 것들은 우리가 그분을 사랑하고 그분께 헌신하는 마음에서 넘쳐나야 한다. 그리스도의 나라를 위해 모든 것을 드리길 원하는 이들에게 하나님은 놀라운 상을 주신다고 약속하셨다.

오 하나님, 우리 생명의 주인이신 당신을 예배합니다. 우리가 당신 앞에 모든 것, 모든 야망과, 모든 생각과, 모든 행위를 내려놓고 당신의 나라만 구합니다. 우리를 도우셔서 우리가 완전한 충성과 예배의 마음으로 당신을 섬길 수 있도록 하소서. 아멘.

07

[누가복음 14:31-15:16]

31 또 어떤 임금이 다른 임금과 싸우러 갈 때에 먼저 앉아 일만 명으로써 저 이만 명을 거느리고 오는 자를 대적할 수 있을까 헤아리지 아니하겠느냐
"Or suppose a king is about to go to war against another king. Will he not first sit down and consider whether he is able with ten thousand men to oppose the one coming against him with twenty thousand?

32 만일 못할 터이면 그가 아직 멀리 있을 때에 사신을 보내어 화친을 청할지니라
If he is not able, he will send a delegation while the other is still a long way off and will ask for terms of peace.

33 이와 같이 너희 중의 누구든지 자기의 모든 소유를 버리지 아니하면 능히 내 제자가 되지 못하리라
In the same way, any of you who does not give up everything he has cannot be my disciple.

34 소금이 좋은 것이나 소금도 만일 그 맛을 잃으면 무엇으로 짜게 하리요
"Salt is good, but if it loses its saltiness, how can it be made salty again?

35 땅에도, 거름에도 쓸 데 없어 내버리느니라 들을 귀가 있는 자는 들을지어다 하시니라
It is fit neither for the soil nor for the manure pile; it is thrown out. "He who has ears to hear, let him hear."

[누가복음 15장]

01 모든 세리와 죄인들이 말씀을 들으러 가까이 나아오니
Now the tax collectors and "sinners" were all gathering around to hear him.

02 바리새인과 서기관들이 수군거려 이르되 이 사람이 죄인을 영접하고 음식을 같이 먹는다 하더라
But the Pharisees and the teachers of the law muttered, "This man welcomes sinners and eats with them."

03 예수께서 그들에게 이 비유로 이르시되
Then Jesus told them this parable:

04 너희 중에 어떤 사람이 양 백 마리가 있는데 그 중의 하나를 잃으면 아흔아홉 마리를 들에 두고 그 잃은 것을 찾아내기까지 찾아다니지 아니하겠느냐
"Suppose one of you has a hundred sheep and loses one of them. Does he not leave the ninety-nine in the open country and go after the lost sheep until he finds it?

05 또 찾아낸즉 즐거워 어깨에 메고
And when he finds it, he joyfully puts it on his shoulders

06 집에 와서 그 벗과 이웃을 불러 모으고 말하되 나와 함께 즐기자 나의 잃은 양을 찾아내었노라 하리라

and goes home. Then he calls his friends and neighbors together and says, 'Rejoice with me; I have found my lost sheep.'

07 내가 너희에게 이르노니 이와 같이 죄인 한 사람이 회개하면 하늘에서는 회개할 것 없는 의인 아흔아홉으로 말미암아 기뻐하는 것보다 더하리라

I tell you that in the same way there will be more rejoicing in heaven over one sinner who repents than over ninety-nine righteous persons who do not need to repent.

08 어떤 여자가 열 드라크마가 있는데 하나를 잃으면 등불을 켜고 집을 쓸며 찾아내기까지 부지런히 찾지 아니하겠느냐

"Or suppose a woman has ten silver coins and loses one. Does she not light a lamp, sweep the house and search carefully until she finds it?

09 또 찾아낸즉 벗과 이웃을 불러 모으고 말하되 나와 함께 즐기자 잃은 드라크마를 찾아내었노라 하리라

And when she finds it, she calls her friends and neighbors together and says, 'Rejoice with me; I have found my lost coin.'

10 내가 너희에게 이르노니 이와 같이 죄인 한 사람이 회개하면 하나님의 사자들 앞에 기쁨이 되느니라

In the same way, I tell you, there is rejoicing in the presence of the angels of God over one sinner who repents."

11 또 이르시되 어떤 사람에게 두 아들이 있는데

Jesus continued: "There was a man who had two sons.

12 그 둘째가 아버지에게 말하되 아버지여 재산 중에서 내게 돌아올 분깃을 내게 주소서 하는지라 아버지가 그 살림을 각각 나눠 주었더니

The younger one said to his father, 'Father, give me my share of the estate.' So he divided his property between them.

13 그 후 며칠이 안 되어 둘째 아들이 재물을 다 모아 가지고 먼 나라에 가 거기서 허랑방탕하여 그 재산을 낭비하더니

"Not long after that, the younger son got together all he had, set off for a distant country and there squandered his wealth in wild living.

14 다 없앤 후 그 나라에 크게 흉년이 들어 그가 비로소 궁핍한지라

After he had spent everything, there was a severe famine in that whole country, and he began to be in need.

15 가서 그 나라 백성 중 한 사람에게 붙여 사니 그가 그를 들로 보내어 돼지를 치게 하였는데

So he went and hired himself out to a citizen of that country, who sent him to his fields to feed pigs.

16 그가 돼지 먹는 쥐엄 열매로 배를 채우고자 하되 주는 자가 없는지라

He longed to fill his stomach with the pods that the pigs were eating, but no one gave him anything.

(15:3-10) 주여, 당신이 죄인들에 대해 가지시는 놀라운 가치로 인하여 내가 당신을 찬양합니다! 당신은 수동적으로 우리가 당신께 오기를 기다리지 않으십니다. 당신은 적극적으로, 열정적으로 방황하고 숨어있는 우리들을 찾으십니다. 당신은 끈질기게 찾으십니다. 열 중 아홉은 당신께 충분하지 못합니다. 백 중 아흔아홉은 당신께 여전히 용납되지 않습니다. 단 하나라도 죽지 않기를 원하십니다. 당신은 모든 사람들이 회개하고 구원 받고, 진리를 알게 되기를 원하십니다. 당신이 우리를 찾으시면, 당신은 우리를 당신의 어깨에 두시며 양떼의 안전한 곳에 데리고 가십니다. 우리로 인해 당신은 성인들과 천사들과 함께 기뻐하십니다. 주여, 당신의 끝없고, 풍성하고, 열정적이며, 자비로우시고, 격렬하고, 확고한 사랑으로 인하여 감사합니다!(신명기 33:12; 마태복음 18:14; 디모데전서 2:4; 베드로후서 3:9)

오 주여, 나에게 당신의 자비를 보여 주소서, 그리고 이로 인해 내 마음이 기쁘게 하소서 … 나는 광야에서 방황하는 양입니다. 나를 찾으시고, 나를 다시 양떼로 옮겨 주소서. 나와 함께 당신의 뜻대로 행하소서, 내 인생의 모든 날 동안 내가 당신 곁에 거하게 하시고 영원히 당신과 하늘에 거할 모든 이들과 당신을 찬양하게 하소서.

성 제롬(Saint Jerome, c. 347-420)

회개를 기뻐하시는 하나님
(15:10) 잃어버린 동전에 대한 이 비유는 하나님의 마음에 대해 놀라운 점을 깨닫게 해준다. 그분은 죄인들로 하여금 회개하도록 부르실 뿐만 아니라

여기저기서 길 잃은 자들을 찾으신다. 천국의 축제를 보여주는 그림은 또한 하나님의 사랑의 본성이 얼마나 크신 지 나타내 준다. 하늘의 천사들은 그분의 기쁨을 함께 나눈다. 신자들 또한 누군가가 주님을 따르기로 선택하면 이와 같이 기뻐해야 한다. 길 잃은 자들을 신실하게 찾으시는 하나님, 그리고 그들이 하나님께 돌아올 때 기뻐하시는 하나님을 찬양하자.

선하신 목자여, 길 잃은 우리를 찾으시고 우리의 구원으로 인해 기뻐하시니 감사합니다. 우리는 이제 당신의 나라의 시민이니 우리가 당신을 찬양합니다. 우리에게 길 잃은 자들을 위한 열성을 주시고 그들이 돌아올 때에 우리가 기뻐하게 하소서. 아멘.

(15:3-10) 주여, 당신이 죄인들에 대해 가지시는 놀라운 가치로 인하여 내가 당신을 찬양합니다! 당신은 수동적으로 우리가 당신께 오기를 기다리지 않으십니다. 당신은 적극적으로, 열정적으로 방황하고 숨어있는 우리들을 찾으십니다. 당신은 끈질기게 찾으십니다. 열 중 아홉은 당신께 충분하지 못합니다. 백 중 아흔아홉은 당신께 여전히 용납되지 않습니다. 단 하나라도 죽지 않기를 원하십니다. 당신은 모든 사람들이 회개하고 구원 받고, 진리를 알게 되기를 원하십니다. 당신이 우리를 찾으시면, 당신은 우리를 당신의 어깨에 두시며 양떼의 안전한 곳에 데리고 가십니다. 우리로 인해 당신은 성인들과 천사들과 함께 기뻐하십니다. 주여, 당신의 끝없고, 풍성하고, 열정적이며, 자비로우시고, 격렬하고, 확고한 사랑으로 인하여 감사합니다!(신명기 33:12; 마태복음 18:14; 디모데전서 2:4; 베드로후서 3:9)

오 주여, 나에게 당신의 자비를 보여 주소서, 그리고 이로 인해 내 마음이 기쁘게 하소서 … 나는 광야에서 방황하는 양입니다. 나를 찾으시고, 나를 다시 양떼로 옮겨 주소서. 나와 함께 당신의 뜻대로 행하소서, 내 인생의 모든 날 동안 내가 당신 곁에 거하게 하시고 영원히 당신과 하늘에 거할 모든 이들과 당신을 찬양하게 하소서.

성 제롬(Saint Jerome, c. 347-420)

08

[누가복음 15:17-32]

17 이에 스스로 돌이켜 이르되 내 아버지에게는 양식이 풍족한 품꾼이 얼마나 많은가 나는 여기서 주려 죽는구나

"When he came to his senses, he said, 'How many of my father's hired men have food to spare, and here I am starving to death!

18 내가 일어나 아버지께 가서 이르기를 아버지 내가 하늘과 아버지께 죄를 지었사오니

I will set out and go back to my father and say to him: Father, I have sinned against heaven and against you.

19 지금부터는 아버지의 아들이라 일컬음을 감당하지 못하겠나이다 나를 품꾼의 하나로 보소서 하리라 하고

I am no longer worthy to be called your son; make me like one of your hired men.'

20 이에 일어나서 아버지께로 돌아가니라 아직도 거리가 먼데 아버지가 그를 보고 측은히 여겨 달려가 목을 안고 입을 맞추니

So he got up and went to his father. "But while he was still a long way off, his father saw him and was filled with compassion for him; he ran to his son, threw his arms around him and kissed him.

21 아들이 이르되 아버지 내가 하늘과 아버지께 죄를 지었사오니 지금부터는 아버지의 아들이라 일컬음을 감당하지 못하겠나이다 하나

"The son said to him, 'Father, I have sinned against heaven and against you. I am no longer worthy to be called your son.'

22 아버지는 종들에게 이르되 제일 좋은 옷을 내어다가 입히고 손에 가락지를 끼우고 발에 신을 신기라

"But the father said to his servants, 'Quick! Bring the best robe and put it on him. Put a ring on his finger and sandals on his feet.

23 그리고 살진 송아지를 끌어다가 잡으라 우리가 먹고 즐기자

Bring the fattened calf and kill it. Let's have a feast and celebrate.

24 이 내 아들은 죽었다가 다시 살아났으며 내가 잃었다가 다시 얻었노라 하니 그들이 즐거워하더라

For this son of mine was dead and is alive again; he was lost and is found.' So they began to celebrate.

25 맏아들은 밭에 있다가 돌아와 집에 가까이 왔을 때에 풍악과 춤추는 소리를 듣고

"Meanwhile, the older son was in the field. When he came near the house, he heard music and dancing.

26 한 종을 불러 이 무슨 일인가 물은대

So he called one of the servants and asked him what was going on.

27 대답하되 당신의 동생이 돌아왔으매 당신의 아버지가 건강한 그를 다시 맞아 들이게 됨으로 인하여 살진 송아지를 잡았나이다 하니

'Your brother has come,' he replied, 'and your father has killed the fattened calf because he has him back safe and sound.'

28 그가 노하여 들어가고자 하지 아니하거늘 아버지가 나와서 권한대

"The older brother became angry and refused to go in. So his father went out and pleaded with him.

29 아버지께 대답하여 이르되 내가 여러 해 아버지를 섬겨 명을 어김이 없거늘 내게는 염소 새끼라도 주어 나와 내 벗으로 즐기게 하신 일이 없더니

But he answered his father, 'Look! All these years I've been slaving for you and never disobeyed your orders. Yet you never gave me even a young goat so I could celebrate with my friends.

30 아버지의 살림을 창녀들과 함께 삼켜 버린 이 아들이 돌아오매 이를 위하여 살진 송아지를 잡으셨나이다

But when this son of yours who has squandered your property with prostitutes comes home, you kill the fattened calf for him!'

31 아버지가 이르되 얘 너는 항상 나와 함께 있으니 내 것이 다 네 것이로되

" 'My son,' the father said, 'you are always with me, and everything I have is yours.

32 이 네 동생은 죽었다가 살아났으며 내가 잃었다가 얻었기로 우리가 즐거워하고 기뻐하는 것이 마땅하다 하니라

But we had to celebrate and be glad, because this brother of yours was dead and is alive again; he was lost and is found.' "

나는 길을 잃었으나 예수께서 나를 찾으셨네, 길 잃은 양을 찾으셨네, 그분은 내게 사랑의 팔을 뻗어 나를 다시 그분의 길로 인도하셨네.

"내가 놀라운 이야기를 노래하리라(I will sing the wondrous story)"
프란시스 H. 로울리(Francis H. Rowley, 1886)

(15:17-30) 하나님 아버지, 나를 도우셔서 내 삶이 당신과 당신이 베풀어 주신 것 없이는 얼마나 빈곤한 삶인지 보게 하소서. 당신께로 돌아오는 것은 종교적 결단이 아닙니다. 이것은 상식적인 문제입니다. 당신이 없다면 나는 영양분을 공급 받지 못하며, 내게는 아무것도 없습니다. 당신과 함께라면 나는 필요한 모든 것과 그 이상을 가진 것입니다.

하찮은 내가 여기 당신 앞에 서 있습니다. 그러나 당신의 거룩하심으로 나는 씻어집니다. 나는 당신의 하늘의 미소의 따스함을 느낍니다, 집으로 돌아와 너무 기쁩니다. 놀라워라 내 주의 영광의 경이로움이여, 놀라워라 내 주의 영광의 경이로움이여. 나의 빛, 나의 구원, 나의 힘, 나의 방패. 놀라워라 내 주의 영광의 경이로움이여.

"영광의 경이로움이여 (Glorious wonder)"
롭 마테스(Rob Mathes, c. 1996)

(15:28-32) 주여, 내가 이 형과 같이 그 아버지의 사랑은 자신만 받아야 하는 것이며 실수를 범한 동생은 이를 받지 못한다고 생각하는 독선에서 나를 구원해주소서. 당신은 은혜를 넓히심으로 어디에서든 누구든지 당신의 넘치는 용서를 받을 수 있음에 감사드립니다.

09

[누가복음 16:1-15]

01 또한 제자들에게 이르시되 어떤 부자에게 청지기가 있는데 그가 주인의 소유를 낭비한다는 말이 그 주인에게 들린지라

Jesus told his disciples: "There was a rich man whose manager was accused of wasting his possessions.

02 주인이 그를 불러 이르되 내가 네게 대하여 들은 이 말이 어찌 됨이냐 네가 보던 일을 셈하라 청지기 직무를 계속하지 못하리라 하니

So he called him in and asked him, 'What is this I hear about you? Give an account of your management, because you cannot be manager any longer.'

03 청지기가 속으로 이르되 주인이 내 직분을 빼앗으니 내가 무엇을 할까 땅을 파자니 힘이 없고 빌어 먹자니 부끄럽구나

"The manager said to himself, 'What shall I do now? My master is taking away my job. I'm not strong enough to dig, and I'm ashamed to beg--

04 내가 할 일을 알았도다 이렇게 하면 직분을 빼앗긴 후에 사람들이 나를 자기 집으로 영접하리라 하고

I know what I'll do so that, when I lose my job here, people will welcome me into their houses.'

05 주인에게 빚진 자를 일일이 불러다가 먼저 온 자에게 이르되 네가 내 주인에게 얼마나 빚졌느냐

"So he called in each one of his master's debtors. He asked the first, 'How much do you owe my master?'

06 말하되 기름 백 말이니이다 이르되 여기 네 증서를 가지고 빨리 앉아 오십이라 쓰라 하고

" 'Eight hundred gallons of olive oil,' he replied. "The manager told him, 'Take your bill, sit down quickly, and make it four hundred.'

07 또 다른 이에게 이르되 너는 얼마나 빚졌느냐 이르되 밀 백 석이니이다 이르되 여기 네 증서를 가지고 팔십이라 쓰라 하였는지라

"Then he asked the second, 'And how much do you owe?' " 'A thousand bushels of wheat,' he replied. "He told him, 'Take your bill and make it eight hundred.'

08 주인이 이 옳지 않은 청지기가 일을 지혜 있게 하였으므로 칭찬하였으니 이 세대의 아들들이 자기 시대에 있어서는 빛의 아들들보다 더 지혜로움이니라

"The master commended the dishonest manager because he had acted shrewdly. For the people of this world are more shrewd in dealing with their own kind than are the people of the light.

09 내가 너희에게 말하노니 불의의 재물로 친구를 사귀라 그리하면 그 재물이 없어질 때에 그들이 너희를 영주할 처소로 영접하리라

I tell you, use worldly wealth to gain friends for yourselves, so that when it is gone, you will be welcomed into eternal dwellings.

10 지극히 작은 것에 충성된 자는 큰 것에도 충성되고 지극히 작은 것에 불의한 자는 큰 것에도 불의하니라

"Whoever can be trusted with very little can also be trusted with much, and whoever is dishonest with very little will also be dishonest with much.

11 너희가 만일 불의한 재물에도 충성하지 아니하면 누가 참된 것으로 너희에게 맡기겠느냐

So if you have not been trustworthy in handling worldly wealth, who will trust you with true riches?

12 너희가 만일 남의 것에 충성하지 아니하면 누가 너희의 것을 너희에게 주겠느냐

And if you have not been trustworthy with someone else's property, who will give you property of your own?

13 집 하인이 두 주인을 섬길 수 없나니 혹 이를 미워하고 저를 사랑하거나 혹 이를 중히 여기고 저를 경히 여길 것임이니라 너희는 하나님과 재물을 겸하여 섬길 수 없느니라

"No servant can serve two masters. Either he will hate the one and love the other, or he will be devoted to the one and despise the other. You cannot serve both God and Money."

14 바리새인들은 돈을 좋아하는 자들이라 이 모든 것을 듣고 비웃거늘

The Pharisees, who loved money, heard all this and were sneering at Jesus.

15 예수께서 이르시되 너희는 사람 앞에서 스스로 옳다 하는 자들이나 너희 마음을 하나님께서 아시나니 사람 중에 높임을 받는 그것은 하나님 앞에 미움을 받는 것이니라

He said to them, "You are the ones who justify yourselves in the eyes of men, but God knows your hearts. What is highly valued among men is detestable in God's sight.

(16:13) 주 예수님, 내가 돈을 사랑하는 마음으로부터 자유롭게 하시고 내가 가진 것으로 만족할 수 있도록 도와 주소서. 내가 세상의 보물보다 당신의 나라에 있는 보물을 더 가치 있게 여길 수 있도록 도와 주소서. 이는 내가 당신의 나라를 먼저 구하면 당신이 나의 필요를 살펴 주시기 때문입니다. 그러나 내가 나의 필요를 먼저 구한다면 나는 당신의 나라를 섬길 수 없습니다(마태복음 6:33; 히브리서 13:5).

예수보다 더 큰 사랑은 없네. 그분이 주시는 사랑보다 더 큰 사랑은 없네. 아주 깊은 곳에서 우리를 자유케 해주는 그 사랑보다 더 큰 사랑은 없네. 모든 세상의 공허한 쾌락은 곧 사라지리. 그러나 그분의 사랑은 영원하리. 내 마음 속에 이는 계속되리.

"더 큰 사랑은 없네(No greater love)"

타미 워커 Tommy Walker, c. 1996)

[이 곡은 현재 "예수보다 더 큰 사랑" 이라는 제목으로 번역/의역되어 사용되고 있습니다. 해당 가사는 다음과 같습니다: 예수보다 더 큰 사랑, 그 누구도 줄 수 없네. 우리에게 자유주신 그 큰 사랑. 찬양하세 영원히 변치 않는 그 사랑, 위대한 그 사랑 내 죄 씻었네, 세상 모든 능력과 권세보다 강하신 영원한 그 사랑. /역주]

우리의 진짜 동기를 보시는 하나님

(16:14-15) 예수님은 예배를 잘못 이해하고 예배를 통해 사람들에게 자신의 모습을 보여주고자 하는 바리새인들에 대해 종종 비판하셨다. 그들의 종

교적 화려함은 다른 사람들에게서 인정을 받았을 지 모르겠지만, 하나님의 참된 요구 사항을 무시해 예수님께는 날카로운 책망만 받았다. 예수님은 하나님이 대중의 의견에 흔들리는 분이 아니시며 우리가 우리의 진짜 동기에 책임지도록 하실 것이라 경고하셨다. 동일하게, 진정한 예배란 대중의 환호나 사회적 인정을 위한 것이 아니다. 이는 오직 하나님과 그분이 원하시는 바에 맞춰져야 하는 것이다.

전지의 하나님, 당신은 우리 마음의 은밀한 생각을 아십니다. 우리의 마음 가운데 종교적 행위를 보여줌으로써 다른 이들에게 인정받고자 하는 열망을 제하여 주소서. 진정한 예배의 씨앗을 우리 안에 심어 주셔서 우리가 당신의 길을 사랑하고 오직 당신의 인정만 구하는 자들로 성장하게 하소서. 아멘.

10

[누가복음 16:16-31]

16 율법과 선지자는 요한의 때까지요 그 후부터는 하나님 나라의 복음이 전파되어 사람마다 그리로 침입하느니라

"The Law and the Prophets were proclaimed until John. Since that time, the good news of the kingdom of God is being preached, and everyone is forcing his way into it.

17 그러나 율법의 한 획이 떨어짐보다 천지가 없어짐이 쉬우리라

It is easier for heaven and earth to disappear than for the least stroke of a pen to drop out of the Law.

18 무릇 자기 아내를 버리고 다른 데 장가 드는 자도 간음함이요 무릇 버림당한 여자에게 장가드는 자도 간음함이니라

"Anyone who divorces his wife and marries another woman commits adultery, and the man who marries a divorced woman commits adultery.

19 한 부자가 있어 자색 옷과 고운 베옷을 입고 날마다 호화롭게 즐기더라

"There was a rich man who was dressed in purple and fine linen and lived in luxury every day.

20 그런데 나사로라 이름하는 한 거지가 헌데 투성이로 그의 대문 앞에 버려진 채

At his gate was laid a beggar named Lazarus, covered with sores

21 그 부자의 상에서 떨어지는 것으로 배불리려 하매 심지어 개들이 와서 그 헌데를 핥더라

and longing to eat what fell from the rich man's table. Even the dogs came and licked his sores.

22 이에 그 거지가 죽어 천사들에게 받들려 아브라함의 품에 들어가고 부자도 죽어 장사되매

"The time came when the beggar died and the angels carried him to Abraham's side. The rich man also died and was buried.

23 그가 음부에서 고통중에 눈을 들어 멀리 아브라함과 그의 품에 있는 나사로를 보고

In hell, where he was in torment, he looked up and saw Abraham far away, with Lazarus by his side.

24 불러 이르되 아버지 아브라함이여 나를 긍휼히 여기사 나사로를 보내어 그 손가락 끝에 물을 찍어 내 혀를 서늘하게 하소서 내가 이 불꽃 가운데서 괴로워하나이다

So he called to him, 'Father Abraham, have pity on me and send Lazarus to dip the tip of his finger in water and cool my tongue, because I am in agony in this fire.'

25 아브라함이 이르되 얘 너는 살았을 때에 좋은 것을 받았고 나사로는 고난을 받았으니 이것을 기억하라 이제 그는 여기서 위로를 받고 너는 괴로움을 받느니라

"But Abraham replied, 'Son, remember that in your lifetime you received your good things, while Lazarus received bad things, but now he is comforted here and you are in agony.

26 그뿐 아니라 너희와 우리 사이에 큰 구렁텅이가 놓여 있어 여기서 너희에게 건너가고자 하되 갈 수 없고 거기서 우리에게 건너올 수도 없게 하였느니라

And besides all this, between us and you a great chasm has been fixed, so that those who want to go from here to you cannot, nor can anyone cross over from there to us.'

27 이르되 그러면 아버지여 구하노니 나사로를 내 아버지의 집에 보내소서

"He answered, 'Then I beg you, father, send Lazarus to my father's house,

28 내 형제 다섯이 있으니 그들에게 증언하게 하여 그들로 이 고통 받는 곳에 오지 않게 하소서

for I have five brothers. Let him warn them, so that they will not also come to this place of torment.'

29 아브라함이 이르되 그들에게 모세와 선지자들이 있으니 그들에게 들을지니라

"Abraham replied, 'They have Moses and the Prophets; let them listen to them.'

30 이르되 그렇지 아니하니이다 아버지 아브라함이여 만일 죽은 자에게서 그들에게 가는 자가 있으면 회개하리이다

" 'No, father Abraham,' he said, 'but if someone from the dead goes to them, they will repent.

31 이르되 모세와 선지자들에게 듣지 아니하면 비록 죽은 자 가운데서 살아나는 자가 있을지라도 권함을 받지 아니하리라 하였다 하시니라

"He said to him, 'If they do not listen to Moses and the Prophets, they will not be convinced even if someone rises from the dead.' "

11

[누가복음 17:1-19]

01 예수께서 제자들에게 이르시되 실족하게 하는 것이 없을 수는 없으나 그렇게 하게 하는 자에게는 화로다

Jesus said to his disciples: "Things that cause people to sin are bound to come, but woe to that person through whom they come.

02 그가 이 작은 자 중의 하나를 실족하게 할진대 차라리 연자맷돌이 그 목에 매여 바다에 던져지는 것이 나으리라

It would be better for him to be thrown into the sea with a millstone tied around his neck than for him to cause one of these little ones to sin.

03 너희는 스스로 조심하라 만일 네 형제가 죄를 범하거든 경고하고 회개하거든 용서하라

So watch yourselves. "If your brother sins, rebuke him, and if he repents, forgive him.

04 만일 하루에 일곱 번이라도 네게 죄를 짓고 일곱 번 네게 돌아와 내가 회개하노라 하거든 너는 용서하라 하시더라

If he sins against you seven times in a day, and seven times comes back to you and says, 'I repent,' forgive him."

05 사도들이 주께 여짜오되 우리에게 믿음을 더하소서 하니

The apostles said to the Lord, "Increase our faith!"

06 주께서 이르시되 너희에게 겨자씨 한 알만한 믿음이 있었더라면 이 뽕나무더러 뿌리가 뽑혀 바다에 심기어라 하였을 것이요 그것이 너희에게 순종하였으리라

He replied, "If you have faith as small as a mustard seed, you can say to this mulberry tree, 'Be uprooted and planted in the sea,' and it will obey you.

07 너희 중 누구에게 밭을 갈거나 양을 치거나 하는 종이 있어 밭에서 돌아오면 그더러 곧 와 앉아서 먹으라 말할 자가 있느냐

"Suppose one of you had a servant plowing or looking after the sheep. Would he say to the servant when he comes in from the field, 'Come along now and sit down to eat'?

08 도리어 그더러 내 먹을 것을 준비하고 띠를 띠고 내가 먹고 마시는 동안에 수종들고 너는 그 후에 먹고 마시라 하지 않겠느냐

Would he not rather say, 'Prepare my supper, get yourself ready and wait on me while I eat and drink; after that you may eat and drink'?

09 명한 대로 하였다고 종에게 감사하겠느냐

Would he thank the servant because he did what he was told to do?

10 이와 같이 너희도 명령 받은 것을 다 행한 후에 이르기를 우리는 무익한 종이라 우리가 하여야 할 일을 한 것뿐이라 할지니라
So you also, when you have done everything you were told to do, should say, 'We are unworthy servants; we have only done our duty.' "

11 예수께서 예루살렘으로 가실 때에 사마리아와 갈릴리 사이로 지나가시다가
Now on his way to Jerusalem, Jesus traveled along the border between Samaria and Galilee.

12 한 마을에 들어가시니 나병환자 열 명이 예수를 만나 멀리 서서
As he was going into a village, ten men who had leprosymet him. They stood at a distance

13 소리를 높여 이르되 예수 선생님이여 우리를 불쌍히 여기소서 하거늘
and called out in a loud voice, "Jesus, Master, have pity on us!"

14 보시고 이르시되 가서 제사장들에게 너희 몸을 보이라 하셨더니 그들이 가다가 깨끗함을 받은지라
When he saw them, he said, "Go, show yourselves to the priests." And as they went, they were cleansed.

15 그 중의 한 사람이 자기가 나은 것을 보고 큰 소리로 하나님께 영광을 돌리며 돌아와
One of them, when he saw he was healed, came back, praising God in a loud voice.

16 예수의 발 아래에 엎드리어 감사하니 그는 사마리아 사람이라
He threw himself at Jesus' feet and thanked him--and he was a Samaritan.

17 예수께서 대답하여 이르시되 열 사람이 다 깨끗함을 받지 아니하였느냐 그 아홉은 어디 있느냐
Jesus asked, "Were not all ten cleansed? Where are the other nine?"

18 이 이방인 외에는 하나님께 영광을 돌리러 돌아온 자가 없느냐 하시고
Was no one found to return and give praise to God except this foreigner?"

19 그에게 이르시되 일어나 가라 네 믿음이 너를 구원하였느니라 하시더라
Then he said to him, "Rise and go; your faith has made you well."

(17:4) 자비로우신 하나님, 당신의 무궁한 용서로 인해 당신께 감사드립니다. 내가 당신의 마음을 아프게 하면 당신은 늘 용서해주길 원하십니다. 나에게 죄를 짓는 이들에게도 동일한 용서를 베풀 수 있도록 나를 도와주소서. 내 안에 있는 용서의 마음이 아니라 나를 통해 베푸시는 당신의 용서로 베풀게 하소서. 내 마음으로는 용서하지 못합니다. 내가 용서하려고 해도 당신이 "악한 것을 생각하지 않으시는" 그리스도의 사랑으로 내 마음을 새롭게 해주지 않으시면 나는 잊을 수 없습니다(고린도전서 13:5).

(17:6) 아버지, 아름다운 믿음의 "경제학"으로 인해 감사드립니다! 내가 위대한 믿음의 사람이 되기 위해서 위대한 믿음을 가질 필요가 없습니다. 단지 믿음의 씨앗이 있으면 됩니다.

(17:17-18) 사마리아인으로서 이 고침 받은 문둥병자는 유대인이신 예수님의 긍휼하심을 기대하지 못했을 것입니다; 그러나 그는 가장 감사해 했습니다. 주여, 감사하지 않는 죄악으로부터 나를 구원해주소서. 나를 도우셔서 "감사하고, 하나님께 기쁨으로 경배 드리기"를 늘 기억하게 하소서(히브리서 12:28).

12

[누가복음 17:20-37]

20 바리새인들이 하나님의 나라가 어느 때에 임하나이까 묻거늘 예수께서 대답하여 이르시되 하나님의 나라는 볼 수 있게 임하는 것이 아니요

Once, having been asked by the Pharisees when the kingdom of God would come, Jesus replied, "The kingdom of God does not come with your careful observation,

21 또 여기 있다 저기 있다고도 못하리니 하나님의 나라는 너희 안에 있느니라

nor will people say, 'Here it is,' or 'There it is,' because the kingdom of God is within you."

22 또 제자들에게 이르시되 때가 이르리니 너희가 인자의 날 하루를 보고자 하되 보지 못하리라

Then he said to his disciples, "The time is coming when you will long to see one of the days of the Son of Man, but you will not see it.

23 사람이 너희에게 말하되 보라 저기 있다 보라 여기 있다 하리라 그러나 너희는 가지도 말고 따르지도 말라

Men will tell you, 'There he is!' or 'Here he is!' Do not go running off after them.

24 번개가 하늘 아래 이쪽에서 번쩍이어 하늘 아래 저쪽까지 비침같이 인자도 자기 날에 그러하리라

For the Son of Man in his day will be like the lightning, which flashes and lights up the sky from one end to the other.

25 그러나 그가 먼저 많은 고난을 받으며 이 세대에게 버린 바 되어야 할지니라

But first he must suffer many things and be rejected by this generation.

26 노아의 때에 된 것과 같이 인자의 때에도 그러하리라

"Just as it was in the days of Noah, so also will it be in the days of the Son of Man.

27 노아가 방주에 들어가던 날까지 사람들이 먹고 마시고 장가 들고 시집 가더니 홍수가 나서 그들을 다 멸망시켰으며

People were eating, drinking, marrying and being given in marriage up to the day Noah entered the ark. Then the flood came and destroyed them all.

28 또 롯의 때와 같으리니 사람들이 먹고 마시고 사고 팔고 심고 집을 짓더니

"It was the same in the days of Lot. People were eating and drinking, buying and selling, planting and building.

29 롯이 소돔에서 나가던 날에 하늘로부터 불과 유황이 비오듯 하여 그들을 멸망시켰느니라

But the day Lot left Sodom, fire and sulfur rained down from heaven and destroyed them all.

30 인자가 나타나는 날에도 이러하리라

"It will be just like this on the day the Son of Man is revealed.

31 그 날에 만일 사람이 지붕 위에 있고 그의 세간이 그 집 안에 있으면 그것을 가지러 내려가지 말 것이요 밭에 있는 자도 그와 같이 뒤로 돌이키지 말 것이니라

On that day no one who is on the roof of his house, with his goods inside, should go down to get them. Likewise, no one in the field should go back for anything.

32 롯의 처를 기억하라

Remember Lot's wife!

33 무릇 자기 목숨을 보전하고자 하는 자는 잃을 것이요 잃는 자는 살리리라

Whoever tries to keep his life will lose it, and whoever loses his life will preserve it.

34 내가 너희에게 이르노니 그 밤에 둘이 한 자리에 누워 있으매 하나는 데려감을 얻고 하나는 버려둠을 당할 것이요

I tell you, on that night two people will be in one bed; one will be taken and the other left.

35 두 여자가 함께 맷돌을 갈고 있으매 하나는 데려감을 얻고 하나는 버려둠을 당할 것이니라

Two women will be grinding grain together; one will be taken and the other left."

36 (없음)

37 그들이 대답하여 이르되 주여 어디오니이까 이르시되 주검 있는 곳에는 독수리가 모이느니라 하시니라

"Where, Lord?" they asked. He replied, "Where there is a dead body, there the vultures will gather."

(17:21) 주 예수님, 당신이 오셨을 때 당신은 당신의 나라를 시작하셨습니다. 그리고 지금, 당신의 일이 끝났기 때문에 영원한 생명은 이미 시작되었습니다. 하나님의 나라를 멀리서 찾을 필요 없이 내 삶 가운데 왕께서 행하시는 바, 내 안에 이뤄지는 하나님의 나라를 보면 된다는 사실로 인해 내가 어찌나 감사한지요. 또한 나 자신을 넘어 두세 사람이 당신의 이름으로 모인 곳이라면 온 세상 어디든지 당신의 나라가 넘쳐흐른다는 사실이 어찌나 놀라운지요(마태복음 18:20).

(17:33) 예수님, 내 안에 있는 모든 것들이 유지되길 원하고 있습니다. 내 생명, 내가 가진 것들, 나의 편안한 상황. 내가 당신을 위해 내 생명 또한 잃을 수 있음을 오늘 내가 알게 하소서. 내가 내 시간, 내 돈, 내 명성을 붙잡지 않게 하소서. 나를 위해서가 아닌 당신을 위해 내 생명을 투자하게 하소서.

13

[누가복음 18:1-17]

01 예수께서 그들에게 항상 기도하고 낙심하지 말아야 할 것을 비유로 말씀하여

Then Jesus told his disciples a parable to show them that they should always pray and not give up.

02 이르시되 어떤 도시에 하나님을 두려워하지 않고 사람을 무시하는 한 재판장이 있는데

He said: "In a certain town there was a judge who neither feared God nor cared about men.

03 그 도시에 한 과부가 있어 자주 그에게 가서 내 원수에 대한 나의 원한을 풀어 주소서 하되

And there was a widow in that town who kept coming to him with the plea, 'Grant me justice against my adversary.'

04 그가 얼마 동안 듣지 아니하다가 후에 속으로 생각하되 내가 하나님을 두려워하지 않고 사람을 무시하나

"For some time he refused. But finally he said to himself, 'Even though I don't fear God or care about men,

05 이 과부가 나를 번거롭게 하니 내가 그 원한을 풀어 주리라 그렇지 않으면 늘 와서 나를 괴롭게 하리라 하였느니라

yet because this widow keeps bothering me, I will see that she gets justice, so that she won't eventually wear me out with her coming!' "

06 주께서 또 이르시되 불의한 재판장이 말한 것을 들으라

And the Lord said, "Listen to what the unjust judge says.

07 하물며 하나님께서 그 밤낮 부르짖는 택하신 자들의 원한을 풀어 주지 아니하시겠느냐 그들에게 오래 참으시겠느냐

And will not God bring about justice for his chosen ones, who cry out to him day and night? Will he keep putting them off?

08 내가 너희에게 이르노니 속히 그 원한을 풀어 주시리라 그러나 인자가 올 때에 세상에서 믿음을 보겠느냐 하시니라

I tell you, he will see that they get justice, and quickly. However, when the Son of Man comes, will he find faith on the earth?"

09 또 자기를 의롭다고 믿고 다른 사람을 멸시하는 자들에게 이 비유로 말씀하시되

To some who were confident of their own righteousness and looked down on everybody else, Jesus told this parable:

10 두 사람이 기도하러 성전에 올라가니 하나는 바리새인이요 하나는 세리라

"Two men went up to the temple to pray, one a Pharisee and the other a tax collector.

11 바리새인은 서서 따로 기도하여 이르되 하나님이여 나는 다른 사람들 곧 토색, 불의, 간음을 하는 자들과 같지 아니하고 이 세리와도 같지 아니함을 감사하나이다

The Pharisee stood up and prayed about himself: 'God, I thank you that I am not like other men--robbers, evildoers, adulterers--or even like this tax collector.

12 나는 이레에 두 번씩 금식하고 또 소득의 십일조를 드리나이다 하고

I fast twice a week and give a tenth of all I get.'

13 세리는 멀리 서서 감히 눈을 들어 하늘을 쳐다보지도 못하고 다만 가슴을 치며 이르되 하나님이여 불쌍히 여기소서 나는 죄인이로소이다 하였느니라

"But the tax collector stood at a distance. He would not even look up to heaven, but beat his breast and said, 'God, have mercy on me, a sinner.'

14 내가 너희에게 이르노니 이에 저 바리새인이 아니고 이 사람이 의롭다 하심을 받고 그의 집으로 내려갔느니라 무릇 자기를 높이는 자는 낮아지고 자기를 낮추는 자는 높아지리라 하시니라

"I tell you that this man, rather than the other, went home justified before God. For everyone who exalts himself will be humbled, and he who humbles himself will be exalted."

15 사람들이 예수께서 만져 주심을 바라고 자기 어린 아기를 데리고 오매 제자들이 보고 꾸짖거늘

People were also bringing babies to Jesus to have him touch them. When the disciples saw this, they rebuked them.

16 예수께서 그 어린 아이들을 불러 가까이 하시고 이르시되 어린 아이들이 내게 오는 것을 용납하고 금하지 말라 하나님의 나라가 이런 자의 것이니라

But Jesus called the children to him and said, "Let the little children come to me, and do not hinder them, for the kingdom of God belongs to such as these.

17 내가 진실로 너희에게 이르노니 누구든지 하나님의 나라를 어린 아이와 같이 받아들이지 않는 자는 결단코 거기 들어가지 못하리라 하시니라

I tell you the truth, anyone who will not receive the kingdom of God like a little child will never enter it."

(18:1-8) "주님, 주님의 사랑은 선하시니 나에게 응답해 주십시오. 주님께는 긍휼이 풍성하오니 나에게로 얼굴을 돌려주십시오. 주님의 종에게, 주님의 얼굴을 가리지 말아 주십시오. 나에게 큰 고통이 있으니, 어서 내게 응답해 주십시오." 은혜로우신 하나님, 당신은 부당한 재판관과 다르십니다. 당신은 나를 제거하기 위해 내게 응답하지 않으십니다. 당신은 내가 "은혜의 보좌 앞에 담대히 나아오도록" 초청하시며 내가 당신의 자비하심을 입고 때를 따라 돕는 은혜를 받게 하십니다. 당신께는 공의와 자비가 풍성하며 당신은 늘 내 기도에 귀 기울이고자 하십니다. 나의 의로움이 아닌 의로우신 나의 심판자를 내가 믿습니다(시편 69:16-17; 이사야 11:2-5; 히브리서 4:16).

계속적인 기도를 원하시는 하나님

18:6-8 끈질긴 과부에 대한 예수님의 비유는 하나님께서 우리의 간구를 들으시기 전에 우리가 먼저 계속적으로 간구해야 한다는 의미가 아니다. 이 비유는 오히려 계속적인 기도가 하나님께로부터 위대한 일을 받는다는 것을 의미한다. 의롭지 않은 재판관들조차 이러한 행위에 대해 상 주기 때문이다. 우리가 진정 무언가에 관심이 있다면, 우리는 계속해서 하나님 앞에 이를 충실히 구할 것이다. 하나님은 선하신 분이시기에 우리는 하나님께서 우리에게 선한 시기에 응답해주실 것임을 확신한다. 그러니 하나님을 찬양하자. 그분은 우리가 도움을 구하는 열정적인 간구를 들으시는 분이시다.

다스리시는 주님, 우리가 우리의 진실되고 의로우신 재판장이신 당신께 경배합니다. 우리의 기도를 들어 주시니 감사합니다. 우리를 도와 주셔서 우리가 다른 이들과 우리의 필요를 위해 신실하게 기도할 수 있도록 하소서. 당신이 당신의 뜻에 따라 우리의 간구에 응답해주실 것임을 알기에 우리가 당신께 우리의 간청을 가지고 나아옵니다. 아멘.

자비를 구하는 기도(누가복음 18:13)

주 예수 그리스도, 하나님의 아들이시여. 죄인인 나에게 자비를 베푸소서.

동방 기독교의 묵상 기도(6세기)

14

[누가복음 17:18-34]

18 어떤 관리가 물어 이르되 선한 선생님이여 내가 무엇을 하여야 영생을 얻으리이까

A certain ruler asked him, "Good teacher, what must I do to inherit eternal life?"

19 예수께서 이르시되 네가 어찌하여 나를 선하다 일컫느냐 하나님 한 분 외에는 선한 이가 없느니라

"Why do you call me good?" Jesus answered. "No one is good--except God alone.

20 네가 계명을 아나니 간음하지 말라, 살인하지 말라, 도둑질하지 말라, 거짓 증언 하지 말라, 네 부모를 공경하라 하였느니라

You know the commandments: 'Do not commit adultery, do not murder, do not steal, do not give false testimony, honor your father and mother.'"

21 여짜오되 이것은 내가 어려서부터 다 지키었나이다

"All these I have kept since I was a boy," he said.

22 예수께서 이 말을 들으시고 이르시되 네게 아직도 한 가지 부족한 것이 있으니 네게 있는 것을 다 팔아 가난한 자들에게 나눠 주라 그리하면 하늘에서 네게 보화가 있으리라 그리고 와서 나를 따르라 하시니

When Jesus heard this, he said to him, "You still lack one thing. Sell everything you have and give to the poor, and you will have treasure in heaven. Then come, follow me."

23 그 사람이 큰 부자이므로 이 말씀을 듣고 심히 근심하더라

When he heard this, he became very sad, because he was a man of great wealth.

24 예수께서 그를 보시고 이르시되 재물이 있는 자는 하나님의 나라에 들어가기가 얼마나 어려운지

Jesus looked at him and said, "How hard it is for the rich to enter the kingdom of God!

25 낙타가 바늘귀로 들어가는 것이 부자가 하나님의 나라에 들어가는 것보다 쉬우니라 하시니

Indeed, it is easier for a camel to go through the eye of a needle than for a rich man to enter the kingdom of God."

26 듣는 자들이 이르되 그런즉 누가 구원을 얻을 수 있나이까

Those who heard this asked, "Who then can be saved?"

27 이르시되 무릇 사람이 할 수 없는 것을 하나님은 하실 수 있느니라

Jesus replied, "What is impossible with men is possible with God."

28 베드로가 여짜오되 보옵소서 우리가 우리의 것을 다 버리고 주를 따랐나이다
Peter said to him, "We have left all we had to follow you!"

29 이르시되 내가 진실로 너희에게 이르노니 하나님의 나라를 위하여 집이나 아내나 형제나 부모나 자녀를 버린 자는
"I tell you the truth," Jesus said to them, "no one who has left home or wife or brothers or parents or children for the sake of the kingdom of God

30 현세에 여러 배를 받고 내세에 영생을 받지 못할 자가 없느니라 하시니라
will fail to receive many times as much in this age and, in the age to come, eternal life."

31 예수께서 열두 제자를 데리시고 이르시되 보라 우리가 예루살렘으로 올라가노니 선지자들을 통하여 기록된 모든 것이 인자에게 응하리라
Jesus took the Twelve aside and told them, "We are going up to Jerusalem, and everything that is written by the prophets about the Son of Man will be fulfilled.

32 인자가 이방인들에게 넘겨져 희롱을 당하고 능욕을 당하고 침 뱉음을 당하겠으며
He will be handed over to the Gentiles. They will mock him, insult him, spit on him, flog him and kill him.

33 그들은 채찍질하고 그를 죽일 것이나 그는 삼 일 만에 살아나리라 하시되
On the third day he will rise again."

34 제자들이 이것을 하나도 깨닫지 못하였으니 그 말씀이 감취었으므로 그들이 그 이르신 바를 알지 못하였더라
The disciples did not understand any of this. Its meaning was hidden from them, and they did not know what he was talking about.

(18:15-17) 마법의 공식도 아니고, 위대한 업적도 아니고, 종교적 족보도 아니고, 내가 가진 어떤 장점도 아닙니다. 단지 어린아이의 마음, 겨자씨만 한 작은 믿음, 가난한 소녀가 했던 "네"라는 대답, 잃어버린 양의 무력감, 그리고 비둘기의 순수함이 필요합니다. 아버지여, 내가 어린아이와 같아질 수 있게 하소서. 나에게 감탄과 경외하는 마음을 채워 주소서. 당신께는 주실 것이 너무 많이 있습니다. 나를 도우셔서 어린아이의 믿는 마음으로 그것들을 모두 받을 수 있게 하소서(마태복음 10:16; 누가복음 1:38; 15:4-7; 17:6).

(18:22-30) 사랑의 주님, 우리는 결코 당신보다 더 베풀 수 없습니다. 당신의 사랑과 너그러우심은 넘쳐흐릅니다! 우리가 헌신을 통해, 섬김을 통해, 그리고 희생을 통해 우리가 가진 작은 것을 당신께 드릴 때 우리는 훨씬 더 많은 것을 받습니다. 당신은 우리에게 영원한 생명을 주셨을 뿐 아니라 이 삶에서 필요한 모든 것을 누르고 흔들어 넘치게 부어 주셨습니다(누가복음 6:38).

"당신이 줄 수 없는 그것이 당신을 소유한다."
앙드레 지드(Andre Gide, 1869-1951)

예수님, 내가 십자가를 지고 당신을 따라 갑니다. 궁핍, 천대, 배신당해도 당신만 의지하리라. 모든 헛된 꿈, 모든 내가 찾던 것, 소망하던 것, 알던 것 버리네. 그래도 나는 얼마나 풍족한지, 하나님과 천국이 내 것이네!

"예수님, 내가 십자가를 지고(Jesus, I my cross have taken)"

헨리 F. 라이트 (Henry F. Lyte) (1824)

[이 곡은 현재 국내에서 찬송가 341장 (구: 367장) "십자가를 내가 지고"로 번역/의역되어 사용되고 있습니다. 해당 가사는 다음과 같습니다: (1절) 십자가를 내가 지고 주를 따라 갑니다, 이제부터 예수로만 나의 보배 삼겠네, 세상에서 부귀영화 모두 잃어 버려도 주의 평안 내가 받고 영생 복을 받겠네 (2절) 주도 곤욕 당했으니 나도 곤욕 당하리, 세상사람 간사하나 예수 진실 합니다, 예수 나를 사랑하사 빛난 얼굴 보이면 원수들이 미워해도 염려할 것 없겠네 (3절) 내가 핍박당할 때에 주의 품에 안기고 세상 고초 당할수록 많은 위로 받겠네, 주가 주신 기쁨 외에 기뻐할 것 무어냐, 주가 나를 사랑하니 기뻐할 것뿐 일세 /역주]

15

[누가복음 18:35-19:11]

35 여리고에 가까이 가셨을 때에 한 맹인이 길 가에 앉아 구걸하다가
As Jesus approached Jericho, a blind man was sitting by the roadside begging.

36 무리가 지나감을 듣고 이 무슨 일이냐고 물은대
When he heard the crowd going by, he asked what was happening.

37 그들이 나사렛 예수께서 지나가신다 하니
They told him, "Jesus of Nazareth is passing by."

38 맹인이 외쳐 이르되 다윗의 자손 예수여 나를 불쌍히 여기소서 하거늘
He called out, "Jesus, Son of David, have mercy on me!"

39 앞서 가는 자들이 그를 꾸짖어 잠잠하라 하되 그가 더욱 크게 소리 질러 다윗의 자손이여 나를 불쌍히 여기소서 하는지라
Those who led the way rebuked him and told him to be quiet, but he shouted all the more, "Son of David, have mercy on me!"

40 예수께서 머물러 서서 명하여 데려오라 하셨더니 그가 가까이 오매 물어 이르시되
Jesus stopped and ordered the man to be brought to him. When he came near, Jesus asked him,

41 네게 무엇을 하여 주기를 원하느냐 이르되 주여 보기를 원하나이다
"What do you want me to do for you?" "Lord, I want to see," he replied.

42 예수께서 그에게 이르시되 보라 네 믿음이 너를 구원하였느니라 하시매
Jesus said to him, "Receive your sight; your faith has healed you."

43 곧 보게 되어 하나님께 영광을 돌리며 예수를 따르니 백성이 다 이를 보고 하나님을 찬양하니라
Immediately he received his sight and followed Jesus, praising God. When all the people saw it, they also praised God.

[누가복음 19장]

01 예수께서 여리고로 들어가 지나가시더라
Jesus entered Jericho and was passing through.

02 삭개오라 이름하는 자가 있으니 세리장이요 또한 부자라
A man was there by the name of Zacchaeus; he was a chief tax collector and was wealthy.

03 그가 예수께서 어떠한 사람인가 하여 보고자 하되 키가 작고 사람이 많아 할 수 없어

He wanted to see who Jesus was, but being a short man he could not, because of the crowd.

04 앞으로 달려가서 보기 위하여 돌무화과나무에 올라가니 이는 예수께서 그리로 지나가시게 됨이러라

So he ran ahead and climbed a sycamore-fig tree to see him, since Jesus was coming that way.

05 예수께서 그 곳에 이르사 쳐다 보시고 이르시되 삭개오야 속히 내려오라 내가 오늘 네 집에 유하여야 하겠다 하시니

When Jesus reached the spot, he looked up and said to him, "Zacchaeus, come down immediately. I must stay at your house today."

06 급히 내려와 즐거워하며 영접하거늘

So he came down at once and welcomed him gladly.

07 뭇 사람이 보고 수군거려 이르되 저가 죄인의 집에 유하러 들어갔도다 하더라

All the people saw this and began to mutter, "He has gone to be the guest of a 'sinner.'"

08 삭개오가 서서 주께 여짜오되 주여 보시옵소서 내 소유의 절반을 가난한 자들에게 주겠사오며 만일 누구의 것을 속여 빼앗은 일이 있으면 네 갑절이나 갚겠나이다

But Zacchaeus stood up and said to the Lord, "Look, Lord! Here and now I give half of my possessions to the poor, and if I have cheated anybody out of anything, I will pay back four times the amount."

09 예수께서 이르시되 오늘 구원이 이 집에 이르렀으니 이 사람도 아브라함의 자손임이로다

Jesus said to him, "Today salvation has come to this house, because this man, too, is a son of Abraham.

10 인자가 온 것은 잃어버린 자를 찾아 구원하려 함이니라

For the Son of Man came to seek and to save what was lost."

11 그들이 이 말씀을 듣고 있을 때에 비유를 더하여 말씀하시니 이는 자기가 예루살렘에 가까이 오셨고 그들은 하나님의 나라가 당장에 나타날 줄로 생각함이더라

While they were listening to this, he went on to tell them a parable, because he was near Jerusalem and the people thought that the kingdom of God was going to appear at once.

(18:38-43) 주여, 내가 끈질긴 믿음의 사람이 되게 하소서. 당신은 나의 기도를 들으시고 당신의 뜻대로 응답하시겠다고 약속하셨습니다. 그러나 즉각적인 결과를 얻지 못하면 나는 너무 자주 낙심합니다. 주여, 나를 도우셔서 내가 인내를 가지게 하소서. 그리고 당신이 나의 문제를 해결해주시길 원하실 뿐만 아니라 나의 신앙을 자라게 하시고 당신의 길을 가르치시길 훨씬 더 원하신다는 것을 기억하게 하소서. 내게 지혜와, 믿음과, 끈기를 주셔서 당신이 응답하실 때까지 계속 구하게 하소서(요한일서 5:14-15).

"기다리는 법을 아는 사람에게 모든 것은 제 시간에 온다."
성 빈센트 드 폴(Saint Vincent de Paul, 1581-1660)

(19:8-9) 하늘에 계신 아버지, 내가 세상 물질보다 영적인 면에 더 신경을 쓰게 하소서. 내가 금융 거래에 정직합니까? 내가 궁핍한 자들에게 후히 베풉니까? 당신이 당신의 사랑과 용서로 내 마음을 변화시켜 주셨듯이 내가 부를 바라보는 관점 또한 변화시켜 주소서. 나를 도우셔서 내가 삭개오처럼 세상의 소유보다 영원한 가치에 더 마음을 두게 하소서. 나를 도우셔서 당신이 내게 너무 후하게 베풀어 주셨던 것과 같이 나도 다른 이들에게 후히 베풀 수 있게 하소서.

잃어버린 자들을 구원하기 위해 오신 예수님

(19:9-10) 우리가 귀중히 여기는 것을 잃어버리면 우리는 이것을 찾을 때까지 여기저기 찾아 헤맨다. 목자가 소중히 여기는 양을 잃어버리면 이를

찾아 헤매듯 주 예수님은 길을 잃고 그분을 따르지 않는 이들을 찾으시고 구원하신다. 이것이 그리스도께서 이 땅에 오신 이유다. 삭개오처럼 아주 고집스럽고 죄 많은 사람도 하나님의 은혜를 경험하고 죄를 뉘우칠 수 있다. 주께서 우리 한 사람 한 사람을 찾으실 때까지 성실하게 찾아 헤매셨음으로 인해 주께 찬양과 감사를 드리자.

신실하신 아버지, 우리를 우리 죄에서 구원하시기 위해 선하신 목자 되신 예수님을 우리에게 보내주셔서 감사드립니다. 우리가 당신을 찬양하고 당신의 뜻을 따를 수 있도록 도와 주소서. 우리도 길 잃은 자들을 찾는 당신의 성실하심을 따라 살아 그들이 당신을 따르도록 인도하게 하소서. 아멘.

예배의 상징: 부활절 백합화

부활절 백합화는 이른 봄에 피는 꽃으로 대표적으로 부활을 상징하는 꽃이다. 이 상징은 백합화의 생활 주기에서 비롯되었을 가능성이 크다: 아름다운 꽃의 새싹이 땅에 심겨진 마치 죽은 것 같아 보이는 씨앗에서 나기 때문이다. 정결함의 상징으로써 백합화는 또한 마리아와 그녀가 하나님의 아들을 낳을 것이라는 소식을 들은 일과도 연결돼 표현된다.

16

[누가복음 19:12-28]

12 이르시되 어떤 귀인이 왕위를 받아가지고 오려고 먼 나라로 갈 때에

He said: "A man of noble birth went to a distant country to have himself appointed king and then to return.

13 그 종 열을 불러 은화 열 므나를 주며 이르되 내가 돌아올 때까지 장사하라 하니라

So he called ten of his servants and gave them ten minas. 'Put this money to work,' he said, 'until I come back.'

14 그런데 그 백성이 그를 미워하여 사자를 뒤로 보내어 이르되 우리는 이 사람이 우리의 왕 됨을 원하지 아니하나이다 하였더라

"But his subjects hated him and sent a delegation after him to say, 'We don't want this man to be our king.'

15 귀인이 왕위를 받아가지고 돌아와서 은화를 준 종들이 각각 어떻게 장사하였는지를 알고자 하여 그들을 부르니

"He was made king, however, and returned home. Then he sent for the servants to whom he had given the money, in order to find out what they had gained with it.

16 그 첫째가 나아와 이르되 주인이여 당신의 한 므나로 열 므나를 남겼나이다

"The first one came and said, 'Sir, your mina has earned ten more.'

17 주인이 이르되 잘하였다 착한 종이여 네가 지극히 작은 것에 충성하였으니 열 고을 권세를 차지하라 하고

" 'Well done, my good servant!' his master replied. 'Because you have been trustworthy in a very small matter, take charge of ten cities.'

18 그 둘째가 와서 이르되 주인이여 당신의 한 므나로 다섯 므나를 만들었나이다

"The second came and said, 'Sir, your mina has earned five more.'

19 주인이 그에게도 이르되 너도 다섯 고을을 차지하라 하고

"His master answered, 'You take charge of five cities.'

20 또 한 사람이 와서 이르되 주인이여 보소서 당신의 한 므나가 여기 있나이다 내가 수건으로 싸 두었었나이다

"Then another servant came and said, 'Sir, here is your mina; I have kept it laid away in a piece of cloth.

21 이는 당신이 엄한 사람인 것을 내가 무서워함이라 당신은 두지 않은 것을 취하고 심지 않은 것을 거두나이다

I was afraid of you, because you are a hard man. You take out what you did not put in and reap what you did not sow.'

22 주인이 이르되 악한 종아 내가 네 말로 너를 심판하노니 너는 내가 두지 않은 것을 취하고 심지 않은 것을 거두는 엄한 사람인 줄로 알았느냐

"His master replied, 'I will judge you by your own words, you wicked servant! You knew, did you, that I am a hard man, taking out what I did not put in, and reaping what I did not sow?

23 그러면 어찌하여 내 돈을 은행에 맡기지 아니하였느냐 그리하였으면 내가 와서 그 이자와 함께 그 돈을 찾았으리라 하고

Why then didn't you put my money on deposit, so that when I came back, I could have collected it with interest?'

24 곁에 섰는 자들에게 이르되 그 한 므나를 빼앗아 열 므나 있는 자에게 주라 하니

"Then he said to those standing by, 'Take his mina away from him and give it to the one who has ten minas.'

25 그들이 이르되 주여 그에게 이미 열 므나가 있나이다

" 'Sir,' they said, 'he already has ten!'

26 주인이 이르되 내가 너희에게 말하노니 무릇 있는 자는 받겠고 없는 자는 그 있는 것도 빼앗기리라

"He replied, 'I tell you that to everyone who has, more will be given, but as for the one who has nothing, even what he has will be taken away.

27 그리고 내가 왕 됨을 원하지 아니하던 저 원수들을 이리로 끌어다가 내 앞에서 죽이라 하였느니라

But those enemies of mine who did not want me to be king over them--bring them here and kill them in front of me."

28 예수께서 이 말씀을 하시고 예루살렘을 향하여 앞서서 가시더라

After Jesus had said this, he went on ahead, going up to Jerusalem.

17

[누가복음 19:29-48]

29 감람원이라 불리는 산쪽에 있는 벳바게와 베다니에 가까이 가셨을 때에 제자 중 둘을 보내시며

As he approached Bethphage and Bethany at the hill called the Mount of Olives, he sent two of his disciples, saying to them,

30 이르시되 너희는 맞은편 마을로 가라 그리로 들어가면 아직 아무도 타 보지 않은 나귀 새끼가 매여 있는 것을 보리니 풀어 끌고 오라

"Go to the village ahead of you, and as you enter it, you will find a colt tied there, which no one has ever ridden. Untie it and bring it here.

31 만일 누가 너희에게 어찌하여 푸느냐 묻거든 말하기를 주가 쓰시겠다 하라 하시매

If anyone asks you, 'Why are you untying it?' tell him, 'The Lord needs it.' "

32 보내심을 받은 자들이 가서 그 말씀하신 대로 만난지라

Those who were sent ahead went and found it just as he had told them.

33 나귀 새끼를 풀 때에 그 임자들이 이르되 어찌하여 나귀 새끼를 푸느냐

As they were untying the colt, its owners asked them, "Why are you untying the colt?"

34 대답하되 주께서 쓰시겠다 하고

They replied, "The Lord needs it."

35 그것을 예수께로 끌고 와서 자기들의 겉옷을 나귀 새끼 위에 걸쳐 놓고 예수를 태우니

They brought it to Jesus, threw their cloaks on the colt and put Jesus on it.

36 가실 때에 그들이 자기의 겉옷을 길에 펴더라

As he went along, people spread their cloaks on the road.

37 이미 감람 산 내리막길에 가까이 오시매 제자의 온 무리가 자기들이 본 바 모든 능한 일로 인하여 기뻐하며 큰 소리로 하나님을 찬양하여

When he came near the place where the road goes down the Mount of Olives, the whole crowd of disciples began joyfully to praise God in loud voices for all the miracles they had seen:

38 이르되 찬송하리로다 주의 이름으로 오시는 왕이여 하늘에는 평화요 가장 높은 곳에는 영광이로다 하니

"Blessed is the king who comes in the name of the Lord!" "Peace in heaven and glory in the highest!"

39 무리 중 어떤 바리새인들이 말하되 선생이여 당신의 제자들을 책망하소서 하거늘
Some of the Pharisees in the crowd said to Jesus, "Teacher, rebuke your disciples!"

40 대답하여 이르시되 내가 너희에게 말하노니 만일 이 사람들이 침묵하면 돌들이 소리 지르리라 하시니라
"I tell you," he replied, "if they keep quiet, the stones will cry out."

41 가까이 오사 성을 보시고 우시며
As he approached Jerusalem and saw the city, he wept over it

42 이르시되 너도 오늘 평화에 관한 일을 알았더라면 좋을 뻔하였거니와 지금 네 눈에 숨겨졌도다
and said, "If you, even you, had only known on this day what would bring you peace--but now it is hidden from your eyes.

43 날이 이를지라 네 원수들이 토둔을 쌓고 너를 둘러 사면으로 가두고
The days will come upon you when your enemies will build an embankment against you and encircle you and hem you in on every side.

44 또 너와 및 그 가운데 있는 네 자식들을 땅에 메어치며 돌 하나도 돌 위에 남기지 아니하리니 이는 네가 보살핌 받는 날을 알지 못함을 인함이니라 하시니라
They will dash you to the ground, you and the children within your walls. They will not leave one stone on another, because you did not recognize the time of God's coming to you."

45 성전에 들어가사 장사하는 자들을 내쫓으시며
Then he entered the temple area and began driving out those who were selling.

46 그들에게 이르시되 기록된 바 내 집은 기도하는 집이 되리라 하였거늘 너희는 강도의 소굴을 만들었도다 하시니라
"It is written," he said to them, " 'My house will be a house of prayer'; but you have made it 'a den of robbers.'"

47 예수께서 날마다 성전에서 가르치시니 대제사장들과 서기관들과 백성의 지도자들이 그를 죽이려고 꾀하되
Every day he was teaching at the temple. But the chief priests, the teachers of the law and the leaders among the people were trying to kill him.

48 백성이 다 그에게 귀를 기울여 들으므로 어찌할 방도를 찾지 못하였더라
Yet they could not find any way to do it, because all the people hung on his words.

(19:38-44) "호산나!" ("주여 우리를 구원 하소서!")라는 함성이 울려 퍼졌던 이 도시에서는 곧 "그를 십자가에 못 박으라!"는 외침이 울려 퍼질 것입니다. 사람들은 한 가지가 성취되려면 다른 한 가지가 성취되어야 함을 몰랐습니다. 주 예수님, 당신이 죽임 당하실 것임을 분명히 아셨음에도 불구하고 당신은 당신을 죽이고자 하는 이들로 인해 가슴 아파하셨습니다. 주여 당신의 열정과 당신의 용기와, 그 길로 걸어가심에 감사드립니다(마태복음 21:9; 누가복음 23:21).

모든 영광과 찬양과 존귀를 당신께, 구세주께, 왕께! 어린 아이들의 입술이 호산나 부르는 그분께. 당신은 이스라엘의 왕이요, 다윗의 아들이요, 주의 이름으로 오신 당신은 왕이요 복되신 이로다!

"모든 영광과 찬양과 존귀를(All glory, laud and honor)"
오를레앙의 데오둘프(Theodulph of Orleans, c. 820)
존 닐(John M. Neale, 1818-1866) 역

[이 곡은 현재 국내에서 찬송가 140장 (구: 130장) "왕 되신 우리 주께" 라는 제목으로 번역/의역되어 사용되고 있습니다. 해당 가사는 다음과 같습니다: (1절) 왕 되신 우리 주께 다 영광 돌리세, 그 옛날 많은 무리 호산나 불렀네, 다윗의 자손으로 세상에 오시어 왕 위에 오른 주께 다 영광 돌리세 (2절) 저 천군 천사들이 호산나 부르니, 뒤 따라 가던 무리 다 화답하도다, 저 유대 백성 같이 종려 가지 들고 오시는 주를 맞아 호산나 부르세 (3절) 주 고난 받기 전에 수많은 무리가 영광의 찬송 불러 주 찬양하였네, 이 같이 우리들도 주 환영하오니 그 넓은 사랑 안에 다 받아 주소서 /역주]

(19:38) 천사들은 당신의 탄생을 알릴 때 이와 같이 외쳤습니다, "땅에서는 평화로다". 당신이 예루살렘에 입성하실 때 사람들은 이와 같이 외쳤습니다, "하늘에는 평화로다". 당신이 십자가에 달리셨을 때, 당신은 하늘의 열망을 충족시키셨으며 이 땅의 갈망을 이뤄 주셨습니다. 당신의 죽으심과 부활하심을 통해 당신은 하늘과 땅의 평화를 위한 모든 조건을 충족하셨습니다. 주 예수여, 진정 당신은 평강의 왕이십니다(이사야 9:6; 누가복음 2:14).

18

[누가복음 20:1-16]

01 하루는 예수께서 성전에서 백성을 가르치시며 복음을 전하실새 대제사장들과 서기관들이 장로들과 함께 가까이 와서
One day as he was teaching the people in the temple courts and preaching the gospel, the chief priests and the teachers of the law, together with the elders, came up to him.

02 말하여 이르되 당신이 무슨 권위로 이런 일을 하는지 이 권위를 준 이가 누구인지 우리에게 말하라
"Tell us by what authority you are doing these things," they said. "Who gave you this authority?"

03 대답하여 이르시되 나도 한 말을 너희에게 물으리니 내게 말하라
He replied, "I will also ask you a question. Tell me,

04 요한의 세례가 하늘로부터냐 사람으로부터냐
John's baptism--was it from heaven, or from men?"

05 그들이 서로 의논하여 이르되 만일 하늘로부터라 하면 어찌하여 그를 믿지 아니하였느냐 할 것이요
They discussed it among themselves and said, "If we say, 'From heaven,' he will ask, 'Why didn't you believe him?'

06 만일 사람으로부터라 하면 백성이 요한을 선지자로 인정하니 그들이 다 우리를 돌로 칠 것이라 하고
But if we say, 'From men,' all the people will stone us, because they are persuaded that John was a prophet."

07 대답하되 어디로부터인지 알지 못하노라 하니
So they answered, "We don't know where it was from."

08 예수께서 이르시되 나도 무슨 권위로 이런 일을 하는지 너희에게 이르지 아니하리라 하시니라
Jesus said, "Neither will I tell you by what authority I am doing these things."

09 그가 또 이 비유로 백성에게 말씀하시기 시작하시니라 한 사람이 포도원을 만들어 농부들에게 세로 주고 타국에 가서 오래 있다가
He went on to tell the people this parable: "A man planted a vineyard, rented it to some farmers and went away for a long time.

10 때가 이르매 포도원 소출 얼마를 바치게 하려고 한 종을 농부들에게 보내니 농부들이 종을 몹시 때리고 거저 보내었거늘

At harvest time he sent a servant to the tenants so they would give him some of the fruit of the vineyard. But the tenants beat him and sent him away empty-handed.

11 다시 다른 종을 보내니 그도 몹시 때리고 능욕하고 거저 보내었거늘

He sent another servant, but that one also they beat and treated shamefully and sent away empty-handed.

12 다시 세 번째 종을 보내니 이 종도 상하게 하고 내쫓은지라

He sent still a third, and they wounded him and threw him out.

13 포도원 주인이 이르되 어찌할까 내 사랑하는 아들을 보내리니 그들이 혹 그는 존대하리라 하였더니

"Then the owner of the vineyard said, 'What shall I do? I will send my son, whom I love; perhaps they will respect him.'

14 농부들이 그를 보고 서로 의논하여 이르되 이는 상속자니 죽이고 그 유산을 우리의 것으로 만들자 하고

"But when the tenants saw him, they talked the matter over. 'This is the heir,' they said. 'Let's kill him, and the inheritance will be ours.'

15 포도원 밖에 내쫓아 죽였느니라 그런즉 포도원 주인이 이 사람들을 어떻게 하겠느냐

So they threw him out of the vineyard and killed him. "What then will the owner of the vineyard do to them?

16 와서 그 농부들을 진멸하고 포도원을 다른 사람들에게 주리라 하시니 사람들이 듣고 이르되 그렇게 되지 말아지이다 하거늘

He will come and kill those tenants and give the vineyard to others." When the people heard this, they said, "May this never be!"

(20:9-19) 아버지, 나를 도우셔서 내가 내 영혼의 포도원을 잘 가꿀 수 있도록 하소서. 내게 듣는 귀, 받아들이는 마음, 열린 팔을 주셔서 당신이 내게 보내주시는 생명의 말씀을 전하는 당신의 종들을 내가 환영하게 하소서. 내가 성령의 선한 열매가 가득한 풍성한 열매를 당신께 맺어드리게 하소서.

내 인생을 통해 내가 당신이 원하는 사람, 당신께 영광을 드리기 위한 그릇이 되면, 내가 나의 할 일을 다 했다고 당신이 말씀하시는 것을 듣고자 당신의 보좌 앞에 나아가네. 주여, 내가 온전한 마음이 필요합니다. 당신을 알기를, 당신을 섬기기를, 왕이신 당신께 경배 드리기를, 새벽별을 보기를, 당신이 얼마나 위대하신지 알기를 원하네. 주여, 내가 온전한 마음이 필요합니다.

"온전한 마음 (Undivided heart)"
댄 막스(Dan Marks, c. 1996)

19

[누가복음 20:17-33]

17 그들을 보시며 이르시되 그러면 기록된 바 건축자들의 버린 돌이 모퉁이의 머릿돌이 되었느니라 함이 어찜이냐

Jesus looked directly at them and asked, "Then what is the meaning of that which is written: " 'The stone the builders rejected has become the capstone'?

18 무릇 이 돌 위에 떨어지는 자는 깨어지겠고 이 돌이 사람 위에 떨어지면 그를 가루로 만들어 흩으리라 하시니라

Everyone who falls on that stone will be broken to pieces, but he on whom it falls will be crushed."

19 서기관들과 대제사장들이 예수의 이 비유는 자기들을 가리켜 말씀하심인 줄 알고 즉시 잡고자 하되 백성을 두려워하더라

The teachers of the law and the chief priests looked for a way to arrest him immediately, because they knew he had spoken this parable against them. But they were afraid of the people.

20 이에 그들이 엿보다가 예수를 총독의 다스림과 권세 아래에 넘기려 하여 정탐들을 보내어 그들로 스스로 의인인 체하며 예수의 말을 책잡게 하니

Keeping a close watch on him, they sent spies, who pretended to be honest. They hoped to catch Jesus in something he said so that they might hand him over to the power and authority of the governor.

21 그들이 물어 이르되 선생님이여 우리가 아노니 당신은 바로 말씀하시고 가르치시며 사람을 외모로 취하지 아니하시고 오직 진리로써 하나님의 도를 가르치시나이다

So the spies questioned him: "Teacher, we know that you speak and teach what is right, and that you do not show partiality but teach the way of God in accordance with the truth.

22 우리가 가이사에게 세를 바치는 것이 옳으니이까 옳지 않으니이까 하니

Is it right for us to pay taxes to Caesar or not?"

23 예수께서 그 간계를 아시고 이르시되

He saw through their duplicity and said to them,

24 데나리온 하나를 내게 보이라 누구의 형상과 글이 여기 있느냐 대답하되 가이사의 것이니이다

"Show me a denarius. Whose portrait and inscription are on it?"

25 이르시되 그런즉 가이사의 것은 가이사에게, 하나님의 것은 하나님께 바치라 하시니

"Caesar's," they replied. He said to them, "Then give to Caesar what is Caesar's, and to God what is God's."

26 그들이 백성 앞에서 그의 말을 능히 책잡지 못하고 그의 대답을 놀랍게 여겨 침묵하니라

They were unable to trap him in what he had said there in public. And astonished by his answer, they became silent.

27 부활이 없다고 주장하는 사두개인 중 어떤 이들이 와서

Some of the Sadducees, who say there is no resurrection, came to Jesus with a question.

28 물어 이르되 선생님이여 모세가 우리에게 써 주기를 만일 어떤 사람의 형이 아내를 두고 자식이 없이 죽으면 그 동생이 그 아내를 취하여 형을 위하여 상속자를 세울지니라 하였나이다

"Teacher," they said, "Moses wrote for us that if a man's brother dies and leaves a wife but no children, the man must marry the widow and have children for his brother.

29 그런데 칠 형제가 있었는데 맏이가 아내를 취하였다가 자식이 없이 죽고

Now there were seven brothers. The first one married a woman and died childless.

30 그 둘째와 셋째가 그를 취하고

The second

31 일곱이 다 그와 같이 자식이 없이 죽고

and then the third married her, and in the same way the seven died, leaving no children.

32 그 후에 여자도 죽었나이다

Finally, the woman died too.

33 일곱이 다 그를 아내로 취하였으니 부활 때에 그 중에 누구의 아내가 되리이까

Now then, at the resurrection whose wife will she be, since the seven were married to her?"

(20:21-26) 가이사의 이름과 형상은 나의 돈에도 새겨져 있습니다. 이 표시는 그 돈이 그의 것임을 나타낸다고 생각합니다. 당신의 이름과 형상은 내 마음에 새겨져 있습니다. 이 표시는 내 마음이 당신의 것임을 나타낸다고 생각합니다. 나의 주 나의 왕이여, 내 마음을 받아 주소서. 내 마음 전부를, 당신께 드리는 사랑의 선물로 받아 주소서.

20

[누가복음 20:34-21:4]

34 예수께서 이르시되 이 세상의 자녀들은 장가도 가고 시집도 가되

Jesus replied, "The people of this age marry and are given in marriage.

35 저 세상과 및 죽은 자 가운데서 부활함을 얻기에 합당히 여김을 받은 자들은 장가 가고 시집 가는 일이 없으며

But those who are considered worthy of taking part in that age and in the resurrection from the dead will neither marry nor be given in marriage,

36 그들은 다시 죽을 수도 없나니 이는 천사와 동등이요 부활의 자녀로서 하나님의 자녀임이라

and they can no longer die; for they are like the angels. They are God's children, since they are children of the resurrection.

37 죽은 자가 살아난다는 것은 모세도 가시나무 떨기에 관한 글에서 주를 아브라함의 하나님이요 이삭의 하나님이요 야곱의 하나님이시라 칭하였나니

But in the account of the bush, even Moses showed that the dead rise, for he calls the Lord 'the God of Abraham, and the God of Isaac, and the God of Jacob.'

38 하나님은 죽은 자의 하나님이 아니요 살아 있는 자의 하나님이시라 하나님에게는 모든 사람이 살았느니라 하시니

He is not the God of the dead, but of the living, for to him all are alive."

39 서기관 중 어떤 이들이 말하되 선생님 잘 말씀하셨나이다 하니

Some of the teachers of the law responded, "Well said, teacher!"

40 그들은 아무 것도 감히 더 물을 수 없음이더라

And no one dared to ask him any more questions.

41 예수께서 그들에게 이르시되 사람들이 어찌하여 그리스도를 다윗의 자손이라 하느냐

Then Jesus said to them, "How is it that they say the Christ is the Son of David?

42 시편에 다윗이 친히 말하였으되 주께서 내 주께 이르시되

David himself declares in the Book of Psalms: " 'The Lord said to my Lord: "Sit at my right hand

43 내가 네 원수를 네 발등상으로 삼을 때까지 내 우편에 앉았으라 하셨도다 하였느니라

until I make your enemies a footstool for your feet." '

44 그런즉 다윗이 그리스도를 주라 칭하였으니 어찌 그의 자손이 되겠느냐 하시니라
David calls him 'Lord.' How then can he be his son?"

45 모든 백성이 들을 때에 예수께서 그 제자들에게 이르시되
While all the people were listening, Jesus said to his disciples,

46 긴 옷을 입고 다니는 것을 원하며 시장에서 문안 받는 것과 회당의 높은 자리와 잔치의 윗자리를 좋아하는 서기관들을 삼가라
"Beware of the teachers of the law. They like to walk around in flowing robes and love to be greeted in the marketplaces and have the most important seats in the synagogues and the places of honor at banquets.

47 그들은 과부의 가산을 삼키며 외식으로 길게 기도하니 그들이 더 엄중한 심판을 받으리라 하시니라
They devour widows' houses and for a show make lengthy prayers. Such men will be punished most severely."

[누가복음 21장]

01 예수께서 눈을 들어 부자들이 헌금함에 헌금 넣는 것을 보시고
As he looked up, Jesus saw the rich putting their gifts into the temple treasury.

02 또 어떤 가난한 과부가 두 렙돈 넣는 것을 보시고
He also saw a poor widow put in two very small copper coins.

03 이르시되 내가 참으로 너희에게 말하노니 이 가난한 과부가 다른 모든 사람보다 많이 넣었도다
"I tell you the truth," he said, "this poor widow has put in more than all the others.

04 저들은 그 풍족한 중에서 헌금을 넣었거니와 이 과부는 그 가난한 중에서 자기가 가지고 있는 생활비 전부를 넣었느니라 하시니라
All these people gave their gifts out of their wealth; but she out of her poverty put in all she had to live on."

(21:1-4) "네 보물 있는 그 곳에는 네 마음도 있느니라." 주여, 나와 당신 사이에 아무 것도 자리 잡지 못하게 하소서. 당신이 나를 위해 당신 자신을 내놓으실 때 당신은 아무 것도 감추지 않으셨습니다. 내가 당신으로부터 감추었던 것들에 대해 용서해주소서. 당신은 내게 하늘의 풍성함을 주셨으나 나는 세상의 자질구레한 것들을 쌓아 두었습니다. 주여, 내가 이 세상의 일이나 재물의 속임수에 포로로 매이고 싶지 않습니다. 나를 재정의 두려움으로부터 자유케 하소서. 스스로 감당할 수 있다고 여겨질 때에만 베풀었던 나를 용서해주소서. 내가 온 마음으로 당신을 신뢰하길 원합니다. 하지만 내 마음이 있는 곳에 내 보물이 있으니 나의 재물이 많건 적건 당신을 신뢰하는 법을 배워야 합니다. 나를 도우셔서 내가 가진 모든 것이 당신의 손으로부터 온 것이며, 내가 당신께 드리는 것은 모두 이미 당신이 내게 주신 것들임을 기억하게 하소서(역대상 29:10-20; 마태복음 6:21).

내 입술을 가져가소서, 여기에 당신을 위한 말씀으로 가득하게 하소서. 나의 금과 은을 가져가소서, 작은 것도 내가 붙잡지 않으리, 작은 것도 내가 붙잡지 않으리라.

"나의 삶을 가져가셔서(Take my life, and let it be)"
프란시스 리들리 하버갈(Frances Ridley Havergal, 1874)

21

[누가복음 21:5-22]

05 어떤 사람들이 성전을 가리켜 그 아름다운 돌과 헌물로 꾸민 것을 말하매 예수께서 이르시되

Some of his disciples were remarking about how the temple was adorned with beautiful stones and with gifts dedicated to God. But Jesus said,

06 너희 보는 이것들이 날이 이르면 돌 하나도 돌 위에 남지 않고 다 무너뜨려지리라

"As for what you see here, the time will come when not one stone will be left on another; every one of them will be thrown down."

07 그들이 물어 이르되 선생님이여 그러면 어느 때에 이런 일이 있겠사오며 이런 일이 일어나려 할 때에 무슨 징조가 있사오리이까

"Teacher," they asked, "when will these things happen? And what will be the sign that they are about to take place?"

08 이르시되 미혹을 받지 않도록 주의하라 많은 사람이 내 이름으로 와서 이르되 내가 그라 하며 때가 가까이 왔다 하겠으나 그들을 따르지 말라

He replied: "Watch out that you are not deceived. For many will come in my name, claiming, 'I am he,' and, 'The time is near.' Do not follow them.

09 난리와 소요의 소문을 들을 때에 두려워하지 말라 이 일이 먼저 있어야 하되 끝은 곧 되지 아니하리라

When you hear of wars and revolutions, do not be frightened. These things must happen first, but the end will not come right away."

10 또 이르시되 민족이 민족을, 나라가 나라를 대적하여 일어나겠고

Then he said to them: "Nation will rise against nation, and kingdom against kingdom.

11 곳곳에 큰 지진과 기근과 전염병이 있겠고 또 무서운 일과 하늘로부터 큰 징조들이 있으리라

There will be great earthquakes, famines and pestilences in various places, and fearful events and great signs from heaven.

12 이 모든 일 전에 내 이름으로 말미암아 너희에게 손을 대어 박해하며 회당과 옥에 넘겨 주며 임금들과 집권자들 앞에 끌어 가려니와

"But before all this, they will lay hands on you and persecute you. They will deliver you to synagogues and prisons, and you will be brought before kings and governors, and all on account of my name.

13 이 일이 도리어 너희에게 증거가 되리라

This will result in your being witnesses to them.

14 그러므로 너희는 변명할 것을 미리 궁리하지 않도록 명심하라

But make up your mind not to worry beforehand how you will defend yourselves.

15 내가 너희의 모든 대적이 능히 대항하거나 변박할 수 없는 구변과 지혜를 너희에게 주리라

For I will give you words and wisdom that none of your adversaries will be able to resist or contradict.

16 심지어 부모와 형제와 친척과 벗이 너희를 넘겨 주어 너희 중의 몇을 죽이게 하겠고

You will be betrayed even by parents, brothers, relatives and friends, and they will put some of you to death.

17 또 너희가 내 이름으로 말미암아 모든 사람에게 미움을 받을 것이나

All men will hate you because of me.

18 너희 머리털 하나도 상하지 아니하리라

But not a hair of your head will perish.

19 너희의 인내로 너희 영혼을 얻으리라

By standing firm you will gain life.

20 너희가 예루살렘이 군대들에게 에워싸이는 것을 보거든 그 멸망이 가까운 줄을 알라

"When you see Jerusalem being surrounded by armies, you will know that its desolation is near.

21 그 때에 유대에 있는 자들은 산으로 도망갈 것이며 성내에 있는 자들은 나갈 것이며 촌에 있는 자들은 그리로 들어가지 말지어다

Then let those who are in Judea flee to the mountains, let those in the city get out, and let those in the country not enter the city.

22 이 날들은 기록된 모든 것을 이루는 징벌의 날이니라

For this is the time of punishment in fulfillment of all that has been written.

22

[누가복음 21:23-38]

23 그 날에는 아이 밴 자들과 젖먹이는 자들에게 화가 있으리니 이는 땅에 큰 환난과 이 백성에게 진노가 있겠음이로다

How dreadful it will be in those days for pregnant women and nursing mothers! There will be great distress in the land and wrath against this people.

24 그들이 칼날에 죽임을 당하며 모든 이방에 사로잡혀 가겠고 예루살렘은 이방인의 때가 차기까지 이방인들에게 밟히리라

They will fall by the sword and will be taken as prisoners to all the nations. Jerusalem will be trampled on by the Gentiles until the times of the Gentiles are fulfilled.

25 일월 성신에는 징조가 있겠고 땅에서는 민족들이 바다와 파도의 성난 소리로 인하여 혼란한 중에 곤고하리라

"There will be signs in the sun, moon and stars. On the earth, nations will be in anguish and perplexity at the roaring and tossing of the sea.

26 사람들이 세상에 임할 일을 생각하고 무서워하므로 기절하리니 이는 하늘의 권능들이 흔들리겠음이라

Men will faint from terror, apprehensive of what is coming on the world, for the heavenly bodies will be shaken.

27 그 때에 사람들이 인자가 구름을 타고 능력과 큰 영광으로 오는 것을 보리라

At that time they will see the Son of Man coming in a cloud with power and great glory.

28 이런 일이 되기를 시작하거든 일어나 머리를 들라 너희 속량이 가까웠느니라 하시더라

When these things begin to take place, stand up and lift up your heads, because your redemption is drawing near."

29 이에 비유로 이르시되 무화과나무와 모든 나무를 보라

He told them this parable: "Look at the fig tree and all the trees.

30 싹이 나면 너희가 보고 여름이 가까운 줄을 자연히 아나니

When they sprout leaves, you can see for yourselves and know that summer is near.

31 이와 같이 너희가 이런 일이 일어나는 것을 보거든 하나님의 나라가 가까이 온 줄을 알라

Even so, when you see these things happening, you know that the kingdom of God is near.

32 내가 진실로 너희에게 말하노니 이 세대가 지나가기 전에 모든 일이 다 이루어지리라

"I tell you the truth, this generation will certainly not pass away until all these things have happened.

33 천지는 없어지겠으나 내 말은 없어지지 아니하리라

Heaven and earth will pass away, but my words will never pass away.

34 너희는 스스로 조심하라 그렇지 않으면 방탕함과 술취함과 생활의 염려로 마음이 둔하여지고 뜻밖에 그 날이 덫과 같이 너희에게 임하리라

"Be careful, or your hearts will be weighed down with dissipation, drunkenness and the anxieties of life, and that day will close on you unexpectedly like a trap.

35 이 날은 온 지구상에 거하는 모든 사람에게 임하리라

For it will come upon all those who live on the face of the whole earth.

36 이러므로 너희는 장차 올 이 모든 일을 능히 피하고 인자 앞에 서도록 항상 기도하며 깨어 있으라 하시니라

Be always on the watch, and pray that you may be able to escape all that is about to happen, and that you may be able to stand before the Son of Man."

37 예수께서 낮에는 성전에서 가르치시고 밤에는 나가 감람원이라 하는 산에서 쉬시니

Each day Jesus was teaching at the temple, and each evening he went out to spend the night on the hill called the Mount of Olives,

38 모든 백성이 그 말씀을 들으려고 이른 아침에 성전에 나아가더라

and all the people came early in the morning to hear him at the temple.

23

[누가복음 22:1-20]

01 유월절이라 하는 무교절이 다가오매
  Now the Feast of Unleavened Bread, called the Passover, was approaching,

02 대제사장들과 서기관들이 예수를 무슨 방도로 죽일까 궁리하니 이는 그들이 백성을 두려워함이더라
  and the chief priests and the teachers of the law were looking for some way to get rid of Jesus, for they were afraid of the people.

03 열둘 중의 하나인 가룟인이라 부르는 유다에게 사탄이 들어가니
  Then Satan entered Judas, called Iscariot, one of the Twelve.

04 이에 유다가 대제사장들과 성전 경비대장들에게 가서 예수를 넘겨 줄 방도를 의논하매
  And Judas went to the chief priests and the officers of the temple guard and discussed with them how he might betray Jesus.

05 그들이 기뻐하여 돈을 주기로 언약하는지라
  They were delighted and agreed to give him money.

06 유다가 허락하고 예수를 무리가 없을 때에 넘겨 줄 기회를 찾더라
  He consented, and watched for an opportunity to hand Jesus over to them when no crowd was present.

07 유월절 양을 잡을 무교절날이 이른지라
  Then came the day of Unleavened Bread on which the Passover lamb had to be sacrificed.

08 예수께서 베드로와 요한을 보내시며 이르시되 가서 우리를 위하여 유월절을 준비하여 우리로 먹게 하라
  Jesus sent Peter and John, saying, "Go and make preparations for us to eat the Passover."

09 여짜오되 어디서 준비하기를 원하시나이까
  "Where do you want us to prepare for it?" they asked.

10 이르시되 보라 너희가 성내로 들어가면 물 한 동이를 가지고 가는 사람을 만나리니 그가 들어가는 집으로 따라 들어가서
  He replied, "As you enter the city, a man carrying a jar of water will meet you. Follow him to the house that he enters,

11 그 집 주인에게 이르되 선생님이 네게 하는 말씀이 내가 내 제자들과 함께 유월절을 먹을 객실이 어디 있느냐 하시더라 하라

and say to the owner of the house, 'The Teacher asks: Where is the guest room, where I may eat the Passover with my disciples?'

12 그리하면 그가 자리를 마련한 큰 다락방을 보이리니 거기서 준비하라 하시니

He will show you a large upper room, all furnished. Make preparations there."

13 그들이 나가 그 하신 말씀대로 만나 유월절을 준비하니라

They left and found things just as Jesus had told them. So they prepared the Passover.

14 때가 이르매 예수께서 사도들과 함께 앉으사

When the hour came, Jesus and his apostles reclined at the table.

15 이르시되 내가 고난을 받기 전에 너희와 함께 이 유월절 먹기를 원하고 원하였노라

And he said to them, "I have eagerly desired to eat this Passover with you before I suffer.

16 내가 너희에게 이르노니 이 유월절이 하나님의 나라에서 이루기까지 다시 먹지 아니하리라 하시고

For I tell you, I will not eat it again until it finds fulfillment in the kingdom of God."

17 이에 잔을 받으사 감사 기도 하시고 이르시되 이것을 갖다가 너희끼리 나누라

After taking the cup, he gave thanks and said, "Take this and divide it among you.

18 내가 너희에게 이르노니 내가 이제부터 하나님의 나라가 임할 때까지 포도나무에서 난 것을 다시 마시지 아니하리라 하시고

For I tell you I will not drink again of the fruit of the vine until the kingdom of God comes."

19 또 떡을 가져 감사 기도 하시고 떼어 그들에게 주시며 이르시되 이것은 너희를 위하여 주는 내 몸이라 너희가 이를 행하여 나를 기념하라 하시고

And he took bread, gave thanks and broke it, and gave it to them, saying, "This is my body given for you; do this in remembrance of me."

20 저녁 먹은 후에 잔도 그와 같이 하여 이르시되 이 잔은 내 피로 세우는 새 언약이니 곧 너희를 위하여 붓는 것이라

In the same way, after the supper he took the cup, saying, "This cup is the new covenant in my blood, which is poured out for you.

(22:19) 주여, 우리를 위해 주신 당신의 궁극적인 선물은 어찌나 엄청난 것인지 모릅니다. 당신의 몸과 피는 단순한 떡과 포도주로 상징되었습니다. 내가 성찬대에서 이를 먹고 마실 때 이는 내 몸의 일부가 됩니다. 이는 내가 당신과 함께 하며, 당신의 몸인 교회와 함께함을 나타내는 것입니다. 이는 그리스도가 내 안에 계시며 내가 그리스도 안에 있음을 나타내는 것입니다. 오 주여, 이 깨어진 세상 가운데 당신이 나를 통해 말씀하시고, 행하시고, 사랑하시고, 보살피시길 원합니다.

떡과 포도주가 준비된 자비의 식탁에 나아오라. 굶주리고 목마른 모든 자들은 오라, 네 영혼을 먹이라. 주님의 못자국난 손이 건네시는 초대장을 받고 오라, 구원의 떡을 먹고 어린 양의 피를 마시라.

"식탁에 나아오라 (Come to the table)"

클레어 클로닝거(Claire Cloninger, c. 1991)

"겸손은 우리의 선한 행실을 감추는 성스러운 수건이며 이를 우리 눈에서 감추는 것이다."

성 요한 클리마코(Saint John Climacus, 570-649)

24

[누가복음 22:21-38]

21 그러나 보라 나를 파는 자의 손이 나와 함께 상 위에 있도다
But the hand of him who is going to betray me is with mine on the table.

22 인자는 이미 작정된 대로 가거니와 그를 파는 그 사람에게는 화가 있으리로다 하시니
The Son of Man will go as it has been decreed, but woe to that man who betrays him."

23 그들이 서로 묻되 우리 중에서 이 일을 행할 자가 누구일까 하더라
They began to question among themselves which of them it might be who would do this.

24 또 그들 사이에 그 중 누가 크냐 하는 다툼이 난지라
Also a dispute arose among them as to which of them was considered to be greatest.

25 예수께서 이르시되 이방인의 임금들은 그들을 주관하며 그 집권자들은 은인이라 칭함을 받으나
Jesus said to them, "The kings of the Gentiles lord it over them; and those who exercise authority over them call themselves Benefactors.

26 너희는 그렇지 않을지니 너희 중에 큰 자는 젊은 자와 같고 다스리는 자는 섬기는 자와 같을지니라
But you are not to be like that. Instead, the greatest among you should be like the youngest, and the one who rules like the one who serves.

27 앉아서 먹는 자가 크냐 섬기는 자가 크냐 앉아서 먹는 자가 아니냐 그러나 나는 섬기는 자로 너희 중에 있노라
For who is greater, the one who is at the table or the one who serves? Is it not the one who is at the table? But I am among you as one who serves.

28 너희는 나의 모든 시험 중에 항상 나와 함께 한 자들인즉
You are those who have stood by me in my trials.

29 내 아버지께서 나라를 내게 맡기신 것 같이 나도 너희에게 맡겨
And I confer on you a kingdom, just as my Father conferred one on me,

30 너희로 내 나라에 있어 내 상에서 먹고 마시며 또는 보좌에 앉아 이스라엘 열두 지파를 다스리게 하려 하노라
so that you may eat and drink at my table in my kingdom and sit on thrones, judging the twelve tribes of Israel.

31 시몬아, 시몬아, 보라 사탄이 너희를 밀 까부르듯 하려고 요구하였으나
"Simon, Simon, Satan has asked to sift you as wheat.

32 그러나 내가 너를 위하여 네 믿음이 떨어지지 않기를 기도하였노니 너는 돌이킨 후에 네 형제를 굳게 하라
But I have prayed for you, Simon, that your faith may not fail. And when you have turned back, strengthen your brothers."

33 그가 말하되 주여 내가 주와 함께 옥에도, 죽는 데에도 가기를 각오하였나이다
But he replied, "Lord, I am ready to go with you to prison and to death."

34 이르시되 베드로야 내가 네게 말하노니 오늘 닭 울기 전에 네가 세 번 나를 모른다고 부인하리라 하시니라
Jesus answered, "I tell you, Peter, before the rooster crows today, you will deny three times that you know me."

35 그들에게 이르시되 내가 너희를 전대와 배낭과 신발도 없이 보내었을 때에 부족한 것이 있더냐 이르되 없었나이다
Then Jesus asked them, "When I sent you without purse, bag or sandals, did you lack anything?" "Nothing," they answered.

36 이르시되 이제는 전대 있는 자는 가질 것이요 배낭도 그리하고 검 없는 자는 겉옷을 팔아 살지어다
He said to them, "But now if you have a purse, take it, and also a bag; and if you don't have a sword, sell your cloak and buy one.

37 내가 너희에게 말하노니 기록된 바 그는 불법자의 동류로 여김을 받았다 한 말이 내게 이루어져야 하리니 내게 관한 일이 이루어져 감이니라
It is written: 'And he was numbered with the transgressors'; and I tell you that this must be fulfilled in me. Yes, what is written about me is reaching its fulfillment."

38 그들이 여짜오되 주여 보소서 여기 검 둘이 있나이다 대답하시되 족하다 하시니라
The disciples said, "See, Lord, here are two swords." "That is enough," he replied.

(22:24-26) 은혜로우신 주여, 내가 남들과 나의 헌신과 섬김을 비교하고 싶어 질 때, 당신의 이 말씀을 기억할 수 있게 도와주소서. 내게 종의 마음을 허락하셔서 인정이나 보상을 바라지 않고 살고자 하게 하소서. 나보다 오랫동안 당신과 함께 길을 걸었던 자들의 권위 아래 나를 두게 하셔서 그들을 통해 당신의 길을 배우며 그들의 신실함으로 인해 그들을 높일 수 있게 하소서. 내 영이 겸손하게 하시며, 나의 갈망이 나의 영광이 아닌 당신의 영광을 위한 것이게 하소서(고린도전서 11:1-2; 고린도후서 10:12; 히브리서 13:7).

나의 주님, 당신은 왕의 면류관을 쓰지 않으셨습니다. 당신은 권력을 휘두르지 않으셨습니다, 당신은 학자나 제사장이 입는 가운을 입어 당신을 위대해 보이게 하지 않으셨습니다. 당신은 우리가 당해야 했던 불공평함과 부당함을 당하며 오셨습니다. 섬김을 받는 게 아닌 섬기러 오신 당신은 온 세상이 볼 빛으로 오셨습니다.
"나의 주님, 당신은 왕의 면류관을 쓰지 않으셨습니다(My lord, you wore no royal crown)"

크리스토퍼 아이들(Christopher Idle, c. 1982)

(22:34-35) 사랑하는 예수님, 베드로와 같이 나도 원하지만 종종 실패합니다. 나는 자주 내가 할 수 있는 것보다 더 많은 것을 약속합니다. 날 향한 당신의 사랑은 나의 용기나 온전함, 행위를 토대로 하지 않음으로 인해 감사드립니다. 내 실패 가운데서도 당신은 나를 버리지 않으심으로 인해 감사드

립니다. 내 어리석음 가운데서도 당신은 늘 나에게 또 다른 기회를 주심으로 인해 감사드립니다.

"오직 '주님이 나의 삶의 힘이다'라고 말하는 자만이 '내가 누구를 두려워하리요?'라고 말할 수 있다." 알렉산더 맥클라렌(Alexander Maclaren, 1826-1910)

25

[누가복음 22:39-58]

39 예수께서 나가사 습관을 따라 감람 산에 가시매 제자들도 따라갔더니
Jesus went out as usual to the Mount of Olives, and his disciples followed him.

40 그 곳에 이르러 그들에게 이르시되 유혹에 빠지지 않게 기도하라 하시고
On reaching the place, he said to them, "Pray that you will not fall into temptation."

41 그들을 떠나 돌 던질 만큼 가서 무릎을 꿇고 기도하여
He withdrew about a stone's throw beyond them, knelt down and prayed,

42 이르시되 아버지여 만일 아버지의 뜻이거든 이 잔을 내게서 옮기시옵소서 그러나 내 원대로 마시옵고 아버지의 원대로 되기를 원하나이다 하시니
"Father, if you are willing, take this cup from me; yet not my will, but yours be done."

43 천사가 하늘로부터 예수께 나타나 힘을 더하더라
An angel from heaven appeared to him and strengthened him.

44 예수께서 힘쓰고 애써 더욱 간절히 기도하시니 땀이 땅에 떨어지는 핏방울 같이 되더라
And being in anguish, he prayed more earnestly, and his sweat was like drops of blood falling to the ground.

45 기도 후에 일어나 제자들에게 가서 슬픔으로 인하여 잠든 것을 보시고
When he rose from prayer and went back to the disciples, he found them asleep, exhausted from sorrow.

46 이르시되 어찌하여 자느냐 시험에 들지 않게 일어나 기도하라 하시니라
"Why are you sleeping?" he asked them. "Get up and pray so that you will not fall into temptation."

47 말씀하실 때에 한 무리가 오는데 열둘 중의 하나인 유다라 하는 자가 그들을 앞장서 와서
While he was still speaking a crowd came up, and the man who was called Judas, one of the Twelve, was leading them. He approached Jesus to kiss him,

48 예수께 입을 맞추려고 가까이 하는지라 예수께서 이르시되 유다야 네가 입맞춤으로 인자를 파느냐 하시니
but Jesus asked him, "Judas, are you betraying the Son of Man with a kiss?"

49 그의 주위 사람들이 그 된 일을 보고 여짜오되 주여 우리가 칼로 치리이까 하고

When Jesus' followers saw what was going to happen, they said, "Lord, should we strike with our swords?"

50 그 중의 한 사람이 대제사장의 종을 쳐 그 오른쪽 귀를 떨어뜨린지라
And one of them struck the servant of the high priest, cutting off his right ear.

51 예수께서 일러 이르시되 이것까지 참으라 하시고 그 귀를 만져 낫게 하시더라
But Jesus answered, "No more of this!" And he touched the man's ear and healed him.

52 예수께서 그 잡으러 온 대제사장들과 성전의 경비대장들과 장로들에게 이르시되 너희가 강도를 잡는 것 같이 검과 몽치를 가지고 나왔느냐
Then Jesus said to the chief priests, the officers of the temple guard, and the elders, who had come for him, "Am I leading a rebellion, that you have come with swords and clubs?

53 내가 날마다 너희와 함께 성전에 있을 때에 내게 손을 대지 아니하였도다 그러나 이제는 너희 때요 어둠의 권세로다 하시더라
Every day I was with you in the temple courts, and you did not lay a hand on me. But this is your hour--when darkness reigns."

54 예수를 잡아 끌고 대제사장의 집으로 들어갈새 베드로가 멀찍이 따라가니라
Then seizing him, they led him away and took him into the house of the high priest. Peter followed at a distance.

55 사람들이 뜰 가운데 불을 피우고 함께 앉았는지라 베드로도 그 가운데 앉았더니
But when they had kindled a fire in the middle of the courtyard and had sat down together, Peter sat down with them.

56 한 여종이 베드로의 불빛을 향하여 앉은 것을 보고 주목하여 이르되 이 사람도 그와 함께 있었느니라 하니
A servant girl saw him seated there in the firelight. She looked closely at him and said, "This man was with him."

57 베드로가 부인하여 이르되 이 여자여 내가 그를 알지 못하노라 하더라
But he denied it. "Woman, I don't know him," he said.

58 조금 후에 다른 사람이 보고 이르되 너도 그 도당이라 하거늘 베드로가 이르되 이 사람아 나는 아니로라 하더라
A little later someone else saw him and said, "You also are one of them." "Man, I am not!" Peter replied.

(22:50-60) 주여, 내 마음은 이 세상 그 어떤 사람, 그 어떤 것보다 당신을 사랑합니다. 그러나 전혀 모르는 자들이 나를 겁먹게 할 때 얼마나 자주 내가 말이나 침묵으로 당신을 부인하는지 모릅니다. 나의 연약함과 나의 두려움을 용서해주소서. 나를 도우셔서 내가 당신을 사랑하는 마음 가운데 내가 견고히 서있게 하소서.

아, 거룩하신 예수여, 어찌 당신이 고통 받았는지요, 죽음의 심판이 왜 당신께 내려진 건지요? 적들의 조롱과 당신의 사람들로부터 당한 거절로 당신은 가장 괴로워하셨습니다! 누가 죄를 지었나? 이 죄를 누가 당신에게 지게 했나? 주여, 이는 나의 죄요, 당신이 지은 죄가 아닙니다. 주 예수여, 내가 그랬습니다. 내가 당신을 부인했습니다. 내가 당신을 십자가에 못 박았습니다.

"아 거룩하신 예수여(Ah, holy Jesus)"
요한 헤르만 (Johann Heermann, 1630)
로버트 브리지스(Robert Bridges) 역(1844-1930)

26

[누가복음 22:59-23:7]

59 한 시간쯤 있다가 또 한 사람이 장담하여 이르되 이는 갈릴리 사람이니 참으로 그와 함께 있었느니라
About an hour later another asserted, "Certainly this fellow was with him, for he is a Galilean."

60 베드로가 이르되 이 사람아 나는 네가 하는 말을 알지 못하노라고 아직 말하고 있을 때에 닭이 곧 울더라
Peter replied, "Man, I don't know what you're talking about!" Just as he was speaking, the rooster crowed.

61 주께서 돌이켜 베드로를 보시니 베드로가 주의 말씀 곧 오늘 닭 울기 전에 네가 세 번 나를 부인하리라 하심이 생각나서
The Lord turned and looked straight at Peter. Then Peter remembered the word the Lord had spoken to him: "Before the rooster crows today, you will disown me three times."

62 밖에 나가서 심히 통곡하니라
And he went outside and wept bitterly.

63 지키는 사람들이 예수를 희롱하고 때리며
The men who were guarding Jesus began mocking and beating him.

64 그의 눈을 가리고 물어 이르되 선지자 노릇 하라 너를 친 자가 누구냐 하고
They blindfolded him and demanded, "Prophesy! Who hit you?"

65 이 외에도 많은 말로 욕하더라
And they said many other insulting things to him.

66 날이 새매 백성의 장로들 곧 대제사장들과 서기관들이 모여서 예수를 그 공회로 끌어들여
At daybreak the council of the elders of the people, both the chief priests and teachers of the law, met together, and Jesus was led before them.

67 이르되 네가 그리스도이거든 우리에게 말하라 대답하시되 내가 말할지라도 너희가 믿지 아니할 것이요
"If you are the Christ," they said, "tell us." Jesus answered, "If I tell you, you will not believe me,

68 내가 물어도 너희가 대답하지 아니할 것이니라
and if I asked you, you would not answer.

69 그러나 이제부터는 인자가 하나님의 권능의 우편에 앉아 있으리라 하시니

But from now on, the Son of Man will be seated at the right hand of the mighty God."

70 다 이르되 그러면 네가 하나님의 아들이냐 대답하시되 너희들이 내가 그라고 말하고 있느니라
They all asked, "Are you then the Son of God?" He replied, "You are right in saying I am."

71 그들이 이르되 어찌 더 증거를 요구하리요 우리가 친히 그 입에서 들었노라 하더라
Then they said, "Why do we need any more testimony? We have heard it from his own lips."

[누가복음 23장]

01 무리가 다 일어나 예수를 빌라도에게 끌고 가서
Then the whole assembly rose and led him off to Pilate.

02 고발하여 이르되 우리가 이 사람을 보매 우리 백성을 미혹하고 가이사에게 세금 바치는 것을 금하며 자칭 왕 그리스도라 하더이다 하니
And they began to accuse him, saying, "We have found this man subverting our nation. He opposes payment of taxes to Caesar and claims to be Christ, a king."

03 빌라도가 예수께 물어 이르되 네가 유대인의 왕이냐 대답하여 이르시되 네 말이 옳도다
So Pilate asked Jesus, "Are you the king of the Jews?" "Yes, it is as you say," Jesus replied.

04 빌라도가 대제사장들과 무리에게 이르되 내가 보니 이 사람에게 죄가 없도다 하니
Then Pilate announced to the chief priests and the crowd, "I find no basis for a charge against this man."

05 무리가 더욱 강하게 말하되 그가 온 유대에서 가르치고 갈릴리에서부터 시작하여 여기까지 와서 백성을 소동하게 하나이다
But they insisted, "He stirs up the people all over Judeaby his teaching. He started in Galilee and has come all the way here."

06 빌라도가 듣고 그가 갈릴리 사람이냐 물어
On hearing this, Pilate asked if the man was a Galilean.

07 헤롯의 관할에 속한 줄을 알고 헤롯에게 보내니 그 때에 헤롯이 예루살렘에 있더라
When he learned that Jesus was under Herod's jurisdiction, he sent him to Herod, who was also in Jerusalem at that time.

(22:70) 오 예수님, 당신은 진정 하나님의 아들이십니다. 당신만이 우리의 믿음과 생명과 예배의 중심이십니다. 당신이 당신 스스로에 대해 증언하셨던 것처럼 우리를 도우셔서 우리가 당신에 대해 증언하게 하소서. 우리의 구원자, 구세주, 친구로 우리 가운데 오셔서 거하심에 감사합니다.

27

[누가복음 23:8-26]

08 헤롯이 예수를 보고 매우 기뻐하니 이는 그의 소문을 들었으므로 보고자 한 지 오래였고 또한 무엇이나 이적 행하심을 볼까 바랐던 연고러라

When Herod saw Jesus, he was greatly pleased, because for a long time he had been wanting to see him. From what he had heard about him, he hoped to see him perform some miracle.

09 여러 말로 물으나 아무 말도 대답하지 아니하시니

He plied him with many questions, but Jesus gave him no answer.

10 대제사장들과 서기관들이 서서 힘써 고발하더라

The chief priests and the teachers of the law were standing there, vehemently accusing him.

11 헤롯이 그 군인들과 함께 예수를 업신여기며 희롱하고 빛난 옷을 입혀 빌라도에게 도로 보내니

Then Herod and his soldiers ridiculed and mocked him. Dressing him in an elegant robe, they sent him back to Pilate.

12 헤롯과 빌라도가 전에는 원수였으나 당일에 서로 친구가 되니라

That day Herod and Pilate became friends--before this they had been enemies.

13 빌라도가 대제사장들과 관리들과 백성을 불러 모으고

Pilate called together the chief priests, the rulers and the people,

14 이르되 너희가 이 사람이 백성을 미혹하는 자라 하여 내게 끌고 왔도다 보라 내가 너희 앞에서 심문하였으되 너희가 고발하는 일에 대하여 이 사람에게서 죄를 찾지 못하였고

and said to them, "You brought me this man as one who was inciting the people to rebellion. I have examined him in your presence and have found no basis for your charges against him.

15 헤롯이 또한 그렇게 하여 그를 우리에게 도로 보내었도다 보라 그가 행한 일에는 죽일 일이 없느니라

Neither has Herod, for he sent him back to us; as you can see, he has done nothing to deserve death.

16 그러므로 때려서 놓겠노라

Therefore, I will punish him and then release him."

17 (없음)

18 무리가 일제히 소리 질러 이르되 이 사람을 없이하고 바라바를 우리에게 놓아 주소서 하니
With one voice they cried out, "Away with this man! Release Barabbas to us!"

19 이 바라바는 성중에서 일어난 민란과 살인으로 말미암아 옥에 갇힌 자러라
(Barabbas had been thrown into prison for an insurrection in the city, and for murder.)

20 빌라도는 예수를 놓고자 하여 다시 그들에게 말하되
Wanting to release Jesus, Pilate appealed to them again.

21 그들은 소리 질러 이르되 그를 십자가에 못 박게 하소서 십자가에 못 박게 하소서 하는지라
But they kept shouting, "Crucify him! Crucify him!"

22 빌라도가 세 번째 말하되 이 사람이 무슨 악한 일을 하였느냐 나는 그에게서 죽일 죄를 찾지 못하였나니 때려서 놓으리라 하니
For the third time he spoke to them: "Why? What crime has this man committed? I have found in him no grounds for the death penalty. Therefore I will have him punished and then release him."

23 그들이 큰 소리로 재촉하여 십자가에 못 박기를 구하니 그들의 소리가 이긴지라
But with loud shouts they insistently demanded that he be crucified, and their shouts prevailed.

24 이에 빌라도가 그들이 구하는 대로 하기를 언도하고
So Pilate decided to grant their demand.

25 그들이 요구하는 자 곧 민란과 살인으로 말미암아 옥에 갇힌 자를 놓아 주고 예수는 넘겨 주어 그들의 뜻대로 하게 하니라
He released the man who had been thrown into prison for insurrection and murder, the one they asked for, and surrendered Jesus to their will.

26 그들이 예수를 끌고 갈 때에 시몬이라는 구레네 사람이 시골에서 오는 것을 붙들어 그에게 십자가를 지워 예수를 따르게 하더라
As they led him away, they seized Simon from Cyrene, who was on his way in from the country, and put the cross on him and made him carry it behind Jesus.

(23:14-25) 주 예수님, 당신은 변덕스러운 군중들이나 악한 통치자의 비겁함 때문에 죽임 당하신 것이 아닙니다. 당신이 죽임 당하신 것은 아버지께서 모든 죄인들이 그분과 화목하게 되길 택하셨기 때문입니다. 당신의 죽음을 통해 그분은 우리의 모든 죄에 대한 하나의 온전한 희생제물을 제공하셨습니다. 당신이 죽임 당하신 것은 당신이 그분의 공의와 자비에 대해 순종하셨기 때문입니다. 예수님, 당신은 하나님의 거룩한 어린 양입니다. 내가 슬픔과 감사함과 회개함으로 당신을 경배합니다.

28

[누가복음 23:27-56]

27 또 백성과 및 그를 위하여 가슴을 치며 슬피 우는 여자의 큰 무리가 따라오는지라
A large number of people followed him, including women who mourned and wailed for him.

28 예수께서 돌이켜 그들을 향하여 이르시되 예루살렘의 딸들아 나를 위하여 울지 말고 너희와 너희 자녀를 위하여 울라
Jesus turned and said to them, "Daughters of Jerusalem, do not weep for me; weep for yourselves and for your children.

29 보라 날이 이르면 사람이 말하기를 잉태하지 못하는 이와 해산하지 못한 배와 먹이지 못한 젖이 복이 있다 하리라
For the time will come when you will say, 'Blessed are the barren women, the wombs that never bore and the breasts that never nursed!'

30 그 때에 사람이 산들을 대하여 우리 위에 무너지라 하며 작은 산들을 대하여 우리를 덮으라 하리라
Then " 'they will say to the mountains, "Fall on us!" and to the hills, "Cover us!" '

31 푸른 나무에도 이같이 하거든 마른 나무에는 어떻게 되리요 하시니라
For if men do these things when the tree is green, what will happen when it is dry?"

32 또 다른 두 행악자도 사형을 받게 되어 예수와 함께 끌려 가니라
Two other men, both criminals, were also led out with him to be executed.

33 해골이라 하는 곳에 이르러 거기서 예수를 십자가에 못 박고 두 행악자도 그렇게 하니 하나는 우편에, 하나는 좌편에 있더라
When they came to the place called the Skull, there they crucified him, along with the criminals--one on his right, the other on his left.

34 이에 예수께서 이르시되 아버지 저들을 사하여 주옵소서 자기들이 하는 것을 알지 못함이니이다 하시더라 그들이 그의 옷을 나눠 제비 뽑을새
Jesus said, "Father, forgive them, for they do not know what they are doing." And they divided up his clothes by casting lots.

35 백성은 서서 구경하는데 관리들은 비웃어 이르되 저가 남을 구원하였으니 만일 하나님이 택하신 자 그리스도이면 자신도 구원할지어다 하고
The people stood watching, and the rulers even sneered at him. They said, "He saved others; let him save himself if he is the Christ of God, the Chosen One."

36 군인들도 희롱하면서 나아와 신 포도주를 주며

The soldiers also came up and mocked him. They offered him wine vinegar

37 이르되 네가 만일 유대인의 왕이면 네가 너를 구원하라 하더라
and said, "If you are the king of the Jews, save yourself."

38 그의 위에 이는 유대인의 왕이라 쓴 패가 있더라
There was a written notice above him, which read:|sc THIS IS THE KING OF THE JEWS.

39 달린 행악자 중 하나는 비방하여 이르되 네가 그리스도가 아니냐 너와 우리를 구원하라 하되
One of the criminals who hung there hurled insults at him: "Aren't you the Christ? Save yourself and us!"

40 하나는 그 사람을 꾸짖어 이르되 네가 동일한 정죄를 받고서도 하나님을 두려워하지 아니하느냐
But the other criminal rebuked him. "Don't you fear God," he said, "since you are under the same sentence?

41 우리는 우리가 행한 일에 상당한 보응을 받는 것이니 이에 당연하거니와 이 사람이 행한 것은 옳지 않은 것이 없느니라 하고
We are punished justly, for we are getting what our deeds deserve. But this man has done nothing wrong."

42 이르되 예수여 당신의 나라에 임하실 때에 나를 기억하소서 하니
Then he said, "Jesus, remember me when you come into your kingdom."

43 예수께서 이르시되 내가 진실로 네게 이르노니 오늘 네가 나와 함께 낙원에 있으리라 하시니라
Jesus answered him, "I tell you the truth, today you will be with me in paradise."

44 때가 제육시쯤 되어 해가 빛을 잃고 온 땅에 어둠이 임하여 제구시까지 계속하며
It was now about the sixth hour, and darkness came over the whole land until the ninth hour,

45 성소의 휘장이 한가운데가 찢어지더라
for the sun stopped shining. And the curtain of the temple was torn in two.

46 예수께서 큰 소리로 불러 이르시되 아버지 내 영혼을 아버지 손에 부탁하나이다 하고 이 말씀을 하신 후 숨지시니라
Jesus called out with a loud voice, "Father, into your hands I commit my spirit." When he had said this, he breathed his last.

47 백부장이 그 된 일을 보고 하나님께 영광을 돌려 이르되 이 사람은 정녕 의인이었도다 하고

The centurion, seeing what had happened, praised God and said, "Surely this was a righteous man."

48 이를 구경하러 모인 무리도 그 된 일을 보고 다 가슴을 치며 돌아가고

When all the people who had gathered to witness this sight saw what took place, they beat their breasts and went away.

49 예수를 아는 자들과 갈릴리로부터 따라온 여자들도 다 멀리 서서 이 일을 보니라

But all those who knew him, including the women who had followed him from Galilee, stood at a distance, watching these things.

50 공회 의원으로 선하고 의로운 요셉이라 하는 사람이 있으니

Now there was a man named Joseph, a member of the Council, a good and upright man,

51 (그들의 결의와 행사에 찬성하지 아니한 자라) 그는 유대인의 동네 아리마대 사람이요 하나님의 나라를 기다리는 자라

who had not consented to their decision and action. He came from the Judean town of Arimathea and he was waiting for the kingdom of God.

52 그가 빌라도에게 가서 예수의 시체를 달라 하여

Going to Pilate, he asked for Jesus' body.

53 이를 내려 세마포로 싸고 아직 사람을 장사한 일이 없는 바위에 판 무덤에 넣어 두니

Then he took it down, wrapped it in linen cloth and placed it in a tomb cut in the rock, one in which no one had yet been laid.

54 이 날은 준비일이요 안식일이 거의 되었더라

It was Preparation Day, and the Sabbath was about to begin.

55 갈릴리에서 예수와 함께 온 여자들이 뒤를 따라 그 무덤과 그의 시체를 어떻게 두었는지를 보고

The women who had come with Jesus from Galilee followed Joseph and saw the tomb and how his body was laid in it.

56 돌아가 향품과 향유를 준비하더라 계명을 따라 안식일에 쉬더라

Then they went home and prepared spices and perfumes. But they rested on the Sabbath in obedience to the commandment.

(23:34) 주여, 용서의 힘을 직접 보여주심으로 우리를 가르쳐 주심에 감사합니다. 당신은 최악의 죄인들조차도 용서하고자 오셨습니다. 나를 도우셔서 내게 죄 지은 자들을 내가 용서할 수 있게 하소서. 그렇지 않으면 나는 증오와 분노의 포로일 뿐입니다. 주여, 당신의 용서로 인해 감사합니다.

(23:42-43) 오 예수님, 구원이 단지 당신의 은혜를 믿고 구하면 되는 간단한 일이라는 게 가능한 것입니까? 여기 이 사람은 선한 일을 행할 기회도 없고, 그의 행동을 바꿀 기회도 없는데 구원의 선물과 영원한 생명을 받았습니다. 그는 당신의 은혜와 자비를 받아들이고 영원히 당신과 천국에 있을 것입니다. 진정, 당신이라는 문을 통해서만 우리가 하나님의 영원한 임재 가운데 들어갈 수 있습니다.

(23:44-46) 오 주 예수님, 하나님의 어린양, 죄인들의 친구, 제사장이면서 희생 제물이신 분이여, 나를 위해 죽으신 당신께 내가 어찌 다 감사할 수 있겠습니까? 내 슬픔과 부끄러움을 어떤 말로 다 표현할 수 있겠습니까? 이제 하나님의 아들이 나의 죄로 인해 죽임 당하셨으니, 내가 어떻게 애원해 하나님의 진노를 피할 수 있겠습니까? 당신의 입술을 통한 애원만이 가능합니다. "아버지 저들을 사하여 주옵소서 자기들이 하는 것을 알지 못함이니이다." 나의 구세주여, 나를 당신과 함께 당신의 십자가로 인도해주소서. 그리고 내 안에 있는 것들이 십자가에 못 박히게 하소서. 나를 당신의 은혜 가운데 숨겨 주소서. 오 그리스도여, 내가 믿음으로 당신과 함께 외치며 하나님의 자비하심을 구합니다: "아버지 내 영혼을 아버지 손에 부탁하나이다." (갈라디아서 2:20; 골로새서 3:3)

아아! 내 구세주가 피 흘리셨나, 나의 구주가 죽으셨나? 이 벌레와 같은 나를 위해 그분이 몸을 바치셨나? 내가 지은 죄 때문에 그분이 나무에서 고통 당하신 것인가? 놀라운 그분의 마음! 알 수 없는 은혜! 한계를 넘어서는 사랑!

"아아! 내 구세주가 피 흘리셨나(Alas! and did my savior bleed)"
아이작 와츠(Isaac Watts, 1707)

[이 곡은 현재 국내에서 찬송가 143장 (구: 141장) "웬 말인가 날 위하여"로 번역/의역되어 사용되고 있습니다. 해당 가사는 다음과 같습니다: (1절) 웬 말인가 날 위하여 주 돌아 가셨나 이 벌레 같은 날 위해 큰 해 받으셨나 (2절) 내 지은 죄 다 지시고 못 박히셨으니 웬 일인가 웬 은혠가 그 사랑 크셔라 (3절) 주 십자가 못 박힐 때 그 해도 빛 잃고 그 밝은 빛 가리워서 캄캄케 되었네 (4절) 나 십자가 대할 때에 그 일이 고마워 내 얼굴 감히 못 들고 눈물 흘리도다 (5절) 늘 울어도 눈물로써 못 갚을 줄 알아 몸 밖에 드릴 것 없어 이 몸 바칩니다 /역주]

우리 자신의 것들 중 내세울 것은 우리의 죄와 우리의 무덤 밖에는 아무 것도 없다 ... 우리가 무덤에 가면 우리가 가야할 곳으로 가는 것이다; 그러나 우리 주 예수님은, 지은 죄가 없으신 그분은, 가실 무덤이 없으신 그분은 죄를 대신 지고 죽으신 것이라, 빌려온 무덤에 묻히시는 것이 맞는 일이었다.

매튜 헨리(Matthew Henry, 1662-1714)

성 금요일의 기도(누가복음 23:53)

영원하신 아버지, 당신은 우리에게 당신의 아들, 예수 그리스도를 보내주셨습니다. 이 엄숙한 묵상의 시간에 우리에게 가까이 다가와 주소서. 그 모든 거룩하신 사랑에 우리가 마음을 열게 하시고 신성하신 기억과 사건을 받아들이고 또 사모하게 하소서. 이 날이 기억하는 그 죽음의 능력을 우리가 명심하게 하소서. 우리의 구세주를 십자가로 이끄신 그 성령이 우리에게도 내려오셔서 우리 마음에 당신과 다른 이들을 사랑하는 마음을 채워 주소서. 지금 여기 모든 이기적인 열정과 열망이 잠잠해지게 하시고 모든 것을 이해하게 하는 평강이 예수 그리스도 가운데 우리 마음과 생각을 채우게 하소서. 아멘.

전통 기도문에서 발췌.

29

[누가복음 24:1-31]

01 안식 후 첫날 새벽에 이 여자들이 그 준비한 향품을 가지고 무덤에 가서

On the first day of the week, very early in the morning, the women took the spices they had prepared and went to the tomb.

02 돌이 무덤에서 굴려 옮겨진 것을 보고

They found the stone rolled away from the tomb,

03 들어가니 주 예수의 시체가 보이지 아니하더라

but when they entered, they did not find the body of the Lord Jesus.

04 이로 인하여 근심할 때에 문득 찬란한 옷을 입은 두 사람이 곁에 섰는지라

While they were wondering about this, suddenly two men in clothes that gleamed like lightning stood beside them.

05 여자들이 두려워 얼굴을 땅에 대니 두 사람이 이르되 어찌하여 살아 있는 자를 죽은 자 가운데서 찾느냐

In their fright the women bowed down with their faces to the ground, but the men said to them, "Why do you look for the living among the dead?

06 여기 계시지 않고 살아나셨느니라 갈릴리에 계실 때에 너희에게 어떻게 말씀하셨는지를 기억하라

He is not here; he has risen! Remember how he told you, while he was still with you in Galilee:

07 이르시기를 인자가 죄인의 손에 넘겨져 십자가에 못 박히고 제삼일에 다시 살아나야 하리라 하셨느니라 한 대

'The Son of Man must be delivered into the hands of sinful men, be crucified and on the third day be raised again.' "

08 그들이 예수의 말씀을 기억하고

Then they remembered his words.

09 무덤에서 돌아가 이 모든 것을 열한 사도와 다른 모든 이에게 알리니

When they came back from the tomb, they told all these things to the Eleven and to all the others.

10 (이 여자들은 막달라 마리아와 요안나와 야고보의 모친 마리아라 또 그들과 함께 한 다른 여자들도 이것을 사도들에게 알리니라)

11 사도들은 그들의 말이 허탄한 듯이 들려 믿지 아니하나

But they did not believe the women, because their words seemed to them like nonsense.

12 베드로는 일어나 무덤에 달려가서 구부려 들여다 보니 세마포만 보이는지라 그 된 일을 놀랍게 여기며 집으로 돌아가니라

Peter, however, got up and ran to the tomb. Bending over, he saw the strips of linen lying by themselves, and he went away, wondering to himself what had happened.

13 그 날에 그들 중 둘이 예루살렘에서 이십오 리 되는 엠마오라 하는 마을로 가면서

Now that same day two of them were going to a village called Emmaus, about seven miles from Jerusalem.

14 이 모든 된 일을 서로 이야기하더라

They were talking with each other about everything that had happened.

15 그들이 서로 이야기하며 문의할 때에 예수께서 가까이 이르러 그들과 동행하시나

As they talked and discussed these things with each other, Jesus himself came up and walked along with them;

16 그들의 눈이 가리어져서 그인 줄 알아보지 못하거늘

but they were kept from recognizing him.

17 예수께서 이르시되 너희가 길 가면서 서로 주고받고 하는 이야기가 무엇이냐 하시니 두 사람이 슬픈 빛을 띠고 머물러 서더라

He asked them, "What are you discussing together as you walk along?" They stood still, their faces downcast.

18 그 한 사람인 글로바라 하는 자가 대답하여 이르되 당신이 예루살렘에 체류하면서도 요즘 거기서 된 일을 혼자만 알지 못하느냐

One of them, named Cleopas, asked him, "Are you only a visitor to Jerusalem and do not know the things that have happened there in these days?"

19 이르시되 무슨 일이냐 이르되 나사렛 예수의 일이니 그는 하나님과 모든 백성 앞에서 말과 일에 능하신 선지자이거늘

"What things?" he asked. "About Jesus of Nazareth," they replied. "He was a prophet, powerful in word and deed before God and all the people.

20 우리 대제사장들과 관리들이 사형 판결에 넘겨 주어 십자가에 못 박았느니라

The chief priests and our rulers handed him over to be sentenced to death, and they crucified him;

21 우리는 이 사람이 이스라엘을 속량할 자라고 바랐노라 이뿐 아니라 이 일이 일어난 지가 사흘째요

but we had hoped that he was the one who was going to redeem Israel. And what is more, it is the third day since all this took place.

22 또한 우리 중에 어떤 여자들이 우리로 놀라게 하였으니 이는 그들이 새벽에 무덤에 갔다가

In addition, some of our women amazed us. They went to the tomb early this morning

23 그의 시체는 보지 못하고 와서 그가 살아나셨다 하는 천사들의 나타남을 보았다 함이라

but didn't find his body. They came and told us that they had seen a vision of angels, who said he was alive.

24 또 우리와 함께 한 자 중에 두어 사람이 무덤에 가 과연 여자들이 말한 바와 같음을 보았으나 예수는 보지 못하였느니라 하거늘

Then some of our companions went to the tomb and found it just as the women had said, but him they did not see."

25 이르시되 미련하고 선지자들이 말한 모든 것을 마음에 더디 믿는 자들이여

He said to them, "How foolish you are, and how slow of heart to believe all that the prophets have spoken!

26 그리스도가 이런 고난을 받고 자기의 영광에 들어가야 할 것이 아니냐 하시고

Did not the Christ have to suffer these things and then enter his glory?"

27 이에 모세와 모든 선지자의 글로 시작하여 모든 성경에 쓴 바 자기에 관한 것을 자세히 설명하시니라

And beginning with Moses and all the Prophets, he explained to them what was said in all the Scriptures concerning himself.

(24:1-12) 예수 그리스도, 다시 사신 구세주여, 모든 찬송을 당신께 드립니다! 당신은 죽음과 지옥을 이기셨습니다. 당신은 왕의 왕이시며 주의 주이십니다. 용서와 구원이 당신께 있습니다. 당신은 우리를 구원하시고 우리를 하나님 보시기에 거룩하게 만들어 주셨습니다. 당신으로부터 은혜와 평강이 흘러 넘칩니다. 당신 안에, 그리고 당신을 통해 우리는 힘과, 축복과, 풍성한 생명을 얻습니다. 모든 하늘과 땅이 당신을 부활하신 하나님의 아들, 이 땅의 구원자라 선포하게 하소서!

그들은 말하네, 음부에 삼킴 당했네, 죽음이 이겼네. 그러나 무덤 속에 계신 그분을 붙드네, 생명의 아들, 삼일 만에 다시 사셨네! 이제 끝났다, 그분이 이루셨다. 생명이 죽음을 이겼다. 예수 그리스도가 이겼네!

"승리자 (Victor)" / 제이미 오웬스-콜린스(Jamie Owens-Collins, c. 1975)

(24:13-32) 내가 얼마나 자주 당신의 임재를 놓치는지 모릅니다. 주여, 나의 심령의 눈을 뜨게 하소서. 내가 인생의 고속도로에서나 샛길에서나 나와 동행하시는 하나님을 볼 수 있게 내게 단순함과 믿음을 주소서. 당신이 내게 말씀을 열어 주실 때 내가 매일 당신의 음성을 들을 수 있게 하소서. 내가 식탁에서 친구들과 함께 떡을 뗄 때 당신의 임재를 느끼게 하소서. 당신이 가까이 계실 때 언제든 내 안에서 나의 심령이 불타게 하소서.

하나님께서 고통과 위로와 의무 가운데 임재하지 않으시는 순간은 없다. 우리 안에, 우리 주변에 일어나는 모든 일들, 그리고 우리의 의도로 일어나는 모든 일들은 그분의 신성하신 행위를 수건으로 덮고 감춘다. 그분의 행위는 가장 실제적이고 분명히 존재하지만 눈에 보이지 않는다. 그래서 그 결과 우리는 늘 놀라고 그 일이 지나간 뒤에야 그분의 행위였음을 깨닫게 된다. 우리가 수건을 찢고, 더 민감하고 주의를 기울인다면 하나님은 계속해서 우리에게 그분을 드러내실 것이다. 모든 상황 속에서 우리는 이렇게 말해야 한다: 이는 주님이시다; 모든 상황 속에서 우리는 하나님께로부터 받은 선물을 찾아야 한다 ... 하나님의 끝없는 보살피심으로 말미암아 그분은 매순간 우리에게 필요한 것을 주신다.

J. P. 드 코사드(J. P. de Caussade, 1675-1751)

주여, 우리의 눈을 여소서. 우리가 예수를 보기 원합니다. 그분께 다가가 그분을 만지길 원합니다. 그리고 그분께 사랑한다고 말하길 원합니다. 주여, 우리의 귀를 여소서. 우리가 듣게 하소서. 주여, 우리의 눈을 여소서. 우리가 예수를 보기 원합니다.

"우리의 눈을 여소서(Open our eyes)"
밥 컬(Bob Cull, c. 1976)

30

[누가복음 24:28-53]

28 그들이 가는 마을에 가까이 가매 예수는 더 가려 하는 것 같이 하시니

As they approached the village to which they were going, Jesus acted as if he were going farther.

29 그들이 강권하여 이르되 우리와 함께 유하사이다 때가 저물어가고 날이 이미 기울었나이다 하니 이에 그들과 함께 유하러 들어가시니라

But they urged him strongly, "Stay with us, for it is nearly evening; the day is almost over." So he went in to stay with them.

30 그들과 함께 음식 잡수실 때에 떡을 가지사 축사하시고 떼어 그들에게 주시니

When he was at the table with them, he took bread, gave thanks, broke it and began to give it to them.

31 그들의 눈이 밝아져 그인 줄 알아 보더니 예수는 그들에게 보이지 아니하시는지라

Then their eyes were opened and they recognized him, and he disappeared from their sight.

32 그들이 서로 말하되 길에서 우리에게 말씀하시고 우리에게 성경을 풀어 주실 때에 우리 속에서 마음이 뜨겁지 아니하더냐 하고

They asked each other, "Were not our hearts burning within us while he talked with us on the road and opened the Scriptures to us?"

33 곧 그 때로 일어나 예루살렘에 돌아가 보니 열한 제자 및 그들과 함께 한 자들이 모여 있어

They got up and returned at once to Jerusalem. There they found the Eleven and those with them, assembled together

34 말하기를 주께서 과연 살아나시고 시몬에게 보이셨다 하는지라

and saying, "It is true! The Lord has risen and has appeared to Simon."

35 두 사람도 길에서 된 일과 예수께서 떡을 떼심으로 자기들에게 알려지신 것을 말하더라

Then the two told what had happened on the way, and how Jesus was recognized by them when he broke the bread.

36 이 말을 할 때에 예수께서 친히 그들 가운데 서서 이르시되 너희에게 평강이 있을지어다 하시니

While they were still talking about this, Jesus himself stood among them and said to them, "Peace be with you."

37 그들이 놀라고 무서워하여 그 보는 것을 영으로 생각하는지라

They were startled and frightened, thinking they saw a ghost.

38 예수께서 이르시되 어찌하여 두려워하며 어찌하여 마음에 의심이 일어나느냐

He said to them, "Why are you troubled, and why do doubts rise in your minds?

39 내 손과 발을 보고 나인 줄 알라 또 나를 만져 보라 영은 살과 뼈가 없으되 너희 보는 바와 같이 나는 있느니라

Look at my hands and my feet. It is I myself! Touch me and see; a ghost does not have flesh and bones, as you see I have."

40 이 말씀을 하시고 손과 발을 보이시나

When he had said this, he showed them his hands and feet.

41 그들이 너무 기쁘므로 아직도 믿지 못하고 놀랍게 여길 때에 이르시되 여기 무슨 먹을 것이 있느냐 하시니

And while they still did not believe it because of joy and amazement, he asked them, "Do you have anything here to eat?"

42 이에 구운 생선 한 토막을 드리니

They gave him a piece of broiled fish,

43 받으사 그 앞에서 잡수시더라

and he took it and ate it in their presence.

44 또 이르시되 내가 너희와 함께 있을 때에 너희에게 말한 바 곧 모세의 율법과 선지자의 글과 시편에 나를 가리켜 기록된 모든 것이 이루어져야 하리라 한 말이 이것이라 하시고

He said to them, "This is what I told you while I was still with you: Everything must be fulfilled that is written about me in the Law of Moses, the Prophets and the Psalms."

45 이에 그들의 마음을 열어 성경을 깨닫게 하시고

Then he opened their minds so they could understand the Scriptures.

46 또 이르시되 이같이 그리스도가 고난을 받고 제삼일에 죽은 자 가운데서 살아날 것과

He told them, "This is what is written: The Christ will suffer and rise from the dead on the third day,

47 또 그의 이름으로 죄 사함을 받게 하는 회개가 예루살렘에서 시작하여 모든 족속에게 전파될 것이 기록되었으니

and repentance and forgiveness of sins will be preached in his name to all nations, beginning at Jerusalem.

48 너희는 이 모든 일의 증인이라

You are witnesses of these things.

49 볼지어다 내가 내 아버지께서 약속하신 것을 너희에게 보내리니 너희는 위로부터 능력으로 입혀질 때까지 이 성에 머물라 하시니라

I am going to send you what my Father has promised; but stay in the city until you have been clothed with power from on high."

50 예수께서 그들을 데리고 베다니 앞까지 나가사 손을 들어 그들에게 축복하시더니

When he had led them out to the vicinity of Bethany, he lifted up his hands and blessed them.

51 축복하실 때에 그들을 떠나 [하늘로 올려지시니]

While he was blessing them, he left them and was taken up into heaven.

52 그들이 [그에게 경배하고] 큰 기쁨으로 예루살렘에 돌아가

Then they worshiped him and returned to Jerusalem with great joy.

53 늘 성전에서 하나님을 찬송하니라

And they stayed continually at the temple, praising God.

말씀을 설명하시는 주님

누가복음 24:25-27, 45 예수님은 구약 성경 본문을 사용해 그분의 고난, 죽음, 부활에 대한 사람들의 질문에 대답하셨다. 오늘날 예수님을 따르는 자들도 여전히 성경에 통해 예수님과 그분이 하신 일의 진리를 안다. 우리에게 지혜를 주시고 우리를 이끌어 주시고, 우리에게 안식과 또 셀 수 없는 다른 축복을 주시는 주님의 거룩하신 말씀으로 인해 그분을 높이자.
마치 엠마오로 가던 길 예수님을 만났던 두 사람에게 일어났던 것처럼 말씀은 우리의 슬픔을 기쁨으로 바꾸어 줄 수 있음으로 인하여 기뻐하자.

오 주님, 이 글로 쓰여진 당신의 말씀이라는 놀라우신 선물로 인하여 당신을 찬양합니다. 말씀을 신실하게 따르시고 또 이를 가르치셨던 예수님의 모습을 우리에게 보여주심에 감사드립니다. 그분이 당신의 말씀에 대해 가지셨던 깊은 사랑과 관심을 우리에게도 채워 주소서. 우리가 말씀을 이해하게 하셔서 당신의 진리를 다른 이들에게 가르치게 하시고 이 땅에 당신의 복음의 기쁜 소식을 선포하게 하소서. 아멘.

(24:36-49) 주여, 당신의 교회를 오늘 새롭게 하소서. 당신의 평화로 오셔서 우리의 모든 의심을 제거해주소서. 우리의 마음을 열어 주셔서 우리가 말씀을 이해할 수 있게 하소서. 우리를 성령의 능력으로 채워 주셔서 우리가 당신의 부활의 증인이 되고, 회개를 전하는 자들이 되며, 용서를 전하는 이들이 되게 하소서.

세상은 아직 그리스도께 완전히, 그리고 전적으로 헌신하는 사람들과 함께 하나님께서 무엇을 하실 수 있는지, 그들을 위해 무엇을 하실 수 있는지, 그들을 통해 무엇을 하실 수 있는지, 그리고 그들 안에 무엇을 하실 수 있는지 보지 못했다.

헨리 발리(Henry Varley, 1835-1912)

이제 하늘이여 기뻐하라! 땅은 노래를 시작하라! 세상과 그 안에 있는 모든 것들은 승리를 외치네; 모든 보이는 것들과 보이지 않는 것들아 기쁨의 노래를 부르라; 그리스 주께서 부활하셨다, 우리의 기쁨은 끝나지 않으리.

"부활의 날 (The day of resurrection)"
다마스쿠스의 요한 (John of Damascus, 8세기)
존 M. 닐(John M. Neale, 1818-1866) 역

예배에 대한 깊은 이해로
하나님을 더 깊게 경험하는
예배 매거진

고기 잡는 사람들:
21세기의 복음전도 예배
(Worship Evangelism)

– 팀 켈러 *(Timothy Keller)*

예배는 단순히 전통을 존경하거나 문화를 따르는 것에 대한 것이 아니다. 이해하기 쉬운 예배를 통해 불신자들이 매력을 느끼게 해서 그들이 개인적으로 참여를 할 수 있도록 돕는 것이다.

성경에 기록된 '하나님을 찬양하라'는 명령에는 곡조나 리듬이 포함되어 있지 않다. 가사를 얼마나 반복해야 하는지도, 어느 지점에서 감정적 강세를 둬야 하는지에 대해서도 설명하고 있지 않다. 공동기도에 대해서도 기도문을 써야 하는지, 구어로 해야 하는지, 즉흥적으로 해야 하는지 성경은 언급하지 않는다. 따라서 우리가 예배에 구체적인 형태를 부여하기 위해서는 성경이 아무런 답 없이 열어 놓은 빈칸을 채워야만 한다. 그렇게 하려면, 전통과 이해력과 사람들의 문화적 감성과 우리 자신의 개인적 선호도를 고려해야만 할 것이다. 비록 우리 자신의 선호도에 대한 의존을 우리가 피할 수 없을 지라도, 그것이 강요가 되어서는 안 된다.(롬15:1~3을 참고하라) 그러나 만약 우리가 전통과 문화 모두를 고려하는 이 쉽지 않은 작업에 실패한다면, 우리는 자의든 타의든 그저 자신을 위로하기 위해 음악을 선택하는 꼴이 될 것이다.

| 구도자에게 민감한 예배

복음전도 예배를 위해 제안된 모델은 "구도자에게 민감한 예배"(이하 구도자 예배, 역주)로 일컬어왔으며, 독특한 유형의 불신자들의 관심을 끌도록 기획되었다. 그러나 많은 젊은 목회자들은 구도자 예배가 하고 있는 몇 가지 것들이 오히려 그들 세대들의 구도자들을 예배와 멀어지게 한다고 말한다.

1. 이 모델은 합리적, 몰역사적, 최신 세계관을 과잉 적용한다. 소위 예배를 대학교육을 받은 백인 베이비 붐 세대로 교외 거주하는 사람들이라는 전형적으로 너무 좁고 일시적인 유형의 불신자들에게 맞춰왔다. 점차로 증가하고 있는 다민족 도시민으로, 보다 덜 합리적이거나 덜 문어 중심적이지만 더 세속적인 세대들은 이들과 같은 유형의 불신자그룹이 아니다.

2. 이 모델은 예배에 조명, 밝은 음악과 분위기, 접근하기 쉬운 목소리와 나이트클럽이나 TV쇼 같은 분위기를 만드는 드라마틱한 설정을 사용하여 초월성을 제거한다. 그러나 사실 이 세대는 경외감에 굶주려있다.

3. 이 모델은 역사 및 전통과의 연결점을 버리고, 모든 문화를 참조하여 현대적인 것을 지향한다. 설교 예화부터 교회 장식까지 교외의 쇼핑몰이나 사무용 건물 분위기로 세팅한다. 그러나 이 세대들은 뿌리 깊은 오래된 것에

굶주려 있고 고대와 근대가 어우러져 있는 것을 좋아한다.

4. 이 모델은 품위와 기술적 탁월함, 전문성과 관리기술을 강조한다. 그러나 이 세대들은 진정성과 공동체에 굶주려 있다.

5. 이 모델은 합리성과 실제적인 방법론을 강조한다. 그러나 이 세대들은 이야기와 인격에 굶주려 있다.

| 문제가 있는 두 모델

구도자 친화적인 예배 운동(SFS: Seeker Friendly Service)을 옹호하는 대부분의 사려 깊은 사람들도 순수한 형태의 "구도자 예배"는 실제로 예배가 아니라는 사실에 동의하고, 믿기로 결심한 새 신자를 구도자 예배에서 빼내어 매주 일반 성도들이 드리는 예배를 드리도록 이끈다. 한편 비평가들은 일반적으로 교회의 주된 예배를 기존 성도들 즉 세상으로 나가서 복음을 전하는 사람들을 갱신하고 교화하는 장소로 본다. 이 두 모델을 다음과 같은 도식으로 그려볼 수 있다.

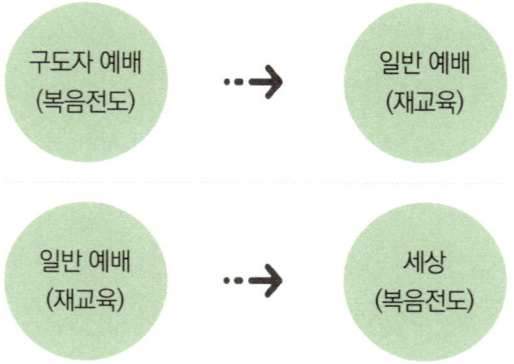

이 두 모델에는 실제적인 문제가 존재한다. 구도자 친화적 예배 모델(SFS)은 매우 사치스러워서 새 신자를 구도자 예배에서 진짜 일반 예배로 흡수하기가 쉽지 않다는 점이다. 그렇다고 해서 메인 예배를 구도자 중심으로 돌리면 일반 성도들은 영적 결핍을 느끼게 될 것이다. 다른 한 편으로 위의 비평가들은 최근 전도가 효과적이지 않은 교회에게 그 어떤 대안도 제시하고 있지 못하다는 비난을 피할 수 없을 것이다. 다음의 한 비평가의 글은 매우 전형적이다.

"우리(구도자 친화적 교회)가 세상을 꾀어 교회에 와서 복음을 듣도록 노력하는 것과는 반대로, 신약성경은 잃은 자들을 향해 세상으로 들어가 하나님을 예배하는 영향력 있는 교회를 선포한다.(사도행전을 참조하라) 진정한 부흥은 역사적으로 다음의 사실을 증명해 왔다. 부흥하고 건강한 교회는 스스로 각성한 사람들을 통해 잃어버려 죽어가는 세상을 향해 나아갔다." 각주1

이 관점은 우리가 좋은 예배를 드리는 한, 복음주의는 스스로를 지킬 것이라고 설명한다. 그러나 부흥의 역사는 또한 선교에 혁신이 있었다는 사실을 우리에게 보여준다.

대각성(The Great Awakening)은 두 명의 주목할 만한 혁신자를 남겼다. 복음주의 진영의 조지 휫필드(George Whitefield)와 기존 종교 조직 내의 존 웨슬리(John Wesley)가 그들이다. 많은 이들이 구도자 예배를 예배가 아니라 오락이라고 비판하며, 대신에 과거의 대 부흥을 살펴보라고 요청한다. 그러나 그들은 조지 휫필드(George Whitefield)가 군중을 그 자신만의 "구도자 프로그램"을 가지고 매료시킨 것은 비평하지 않는다. 그는 호소력에 있어서 당시로서는 비교할 수 없이 탁월한 설교를 통해 사람들을 야

외 집회로 이끌었다. 그의 유머와 이야기들, 드라마틱하게 표현되는 설명들과 믿기 힘든 웅변술은 수 만 명의 사람들을 매료시켰다. ^{각주2} 그 당시 그는 한 사람의 연예인과 같았다. 그의 집회는 예배도 아니었고 예배를 대치하지도 않았지만, 확실히 대각성에 매우 중요한 역할을 했으며, 그리스도인들에게 복음을 전하도록 연결하는 중요한 장소가 되었다. 그의 집회는 실제로 정해진 도시 도처에서 일주일에 하루가 아니라 매일 모였다.

횟필드(Whitefield)의 복음전파는 굉장히 공격적이고 열정적이었다. 그의 설교는 초월적이고 거룩하신 하나님에 대해 말하고 있었지만 생생하고 인기가 있었다. 그의 대중 집회는 오늘 날의 구도자 예배가 특징으로 가지고 있는 많은 것을 공유해주었고 오늘 날과 비슷한 수많은 비판들을 불러 일으켰다. 횟필드(Whitefield)와 웨슬리(Wesley)가 단순히 설명을 잘하는 설교자가 되거나 역사적 예배를 갱신하는 것을 통해 부흥의 도구가 된 것은 아니었다.

어쨌든 다시 위의 두 모델 문제로 돌아와 보자. 이 두 모델이 가지고 있는 주요한 문제는 신학적인 것이다. 그들 모두는 예배가 전혀 복음 전도적이 될 수 없다는 전제를 가지고 있었다. 나는 이것이 잘못된 전제임을 보여 줄 생각이다. 교회들은 자신의 "주 종목"이라고 할 수 있는 '복음전도 예배'를 위해 두 가지 즉, (a)다수의 다양하고 창의적인 심지어 매일(매 주가 아니라)의 구도자-중심의 이벤트들과 (b)성경 공부를 위한 집중모임과 부흥과 갱신을 위한 협력기도를 보충하며 최선을 다할 것이기 때문이다.

하나의 해법: 복음전도 예배

신학적 기초

"하나님께서는 이스라엘의 열방을 초청하여 당신의 영광을 선포하도록 참여시키신다. 시온은 세계 예배의 중심지가 될 것이다"(사 2:2~4, 56:6~8)

"이 일이 장래 세대를 위하여 기록되리니 창조함을 받을 백성이 여호와를 찬양하리로다... 여호와의 이름을 시온에서, 그 영예를 예루살렘에서 선포하게 하려 하심이라 그 때에 민족들과 나라들이 함께 모여 여호와를 섬기리로다"(시 102:18, 21~23)

시편 105편은 성도들이 복음전도 예배에 가담할 것을 직접적으로 명령하고 있다. 시편 기자는 그들에게 도전하고 있다. "그(하나님께서)가 하는 일을 만민 중에 알게 할지어다."(1절) 어떻게 그럴 수 있는가? "그에게 노래하며 그를 찬양하며 그의 모든 기이한 일들을 말할지어다."(2절) 이와 같이 시편은 성도들이 지속적으로 믿지 않은 열방 앞에서 하나님을 노래하고 찬양하라고 명령한다.(시47:1; 100:1~5도 살펴보라.) 하나님께서는 모든 열방 앞에서 찬양을 받으시고, 그의 백성들에게 찬양을 받으시는 것처럼 열방들도 하나님을 찬송하는 자리로 호출되고 있다.

베드로는 이방인 교회를 향해 말한다,

"그러나 너희는 택하신 족속이요 왕 같은 제사장들이요 거룩한 나라요 그의 소유가 된 백성이니 이는 너희를 어두운 데서 불러내어 그의 기이한 빛에 들어가게 하신 이의 아름다운 덕을 선포하게 하려 하심이라"(벧전2:9)

이것은 이스라엘에게 명령하신 것과 같은 증인의 자리(복음전도 예배)로 교회도 똑같이 명령받고 있음을 우리에게 알려준다. 핵심적인 차이점은 구약성경에서는 세계 예배의 중심이 시온산이지만, 오늘 날은 예수 그리스도를 영과 진리로 예배하는 곳은 어느 곳이나 가능하다는 점이 다를 뿐이다.(요4:21~26) 우리가 도착한 곳은 하늘의 시온이다.(히12:18~24) 다른 말로, 이제 부활하신 주님께서 자신의 백성들을 복음전도 가운데 그의 찬송을 부르도록 보내고 계시면서, 동시에 열방이 성도와 천사들이 부르는 천국의 영광송에 참여하도록 부르고 계신다. 예수께서는 구속받은 자들 가운데 서 계시며 하나님을 찬양하도록 우리를 이끄신다.(히2:12) 심지어 하나님조차도 구속된 그의 백성들 가운데 서서 즐거이 부르며 기뻐하신다.(습3:17)

| 성경 속의 실례 연구

"그러므로 온 교회가 함께 모여 다 방언으로 말하면 알지 못하는 자들이나 믿지 아니하는 자들이 들어와서 너희를 미쳤다 하지 아니하겠느냐 그러나 다 예언을 하면 믿지 아니하는 자들이나 알지 못하는 자들이 들어와서 모든 사람에게 책망을 들으며 모든 사람에게 판단을 받고 그 마음의 숨은 일들이 드러나게 되므로 엎드리어 하나님께 경배하며 하나님이 참으로 너희 가운데 계신다 전파하리라"(고전 14:23-25)

여기서 바울은 방언의 잘못된 사용에 대해 말하면서, 방언을 말하는 것이 불신자들이 "그리스도인들이 미쳤다"(23절)고 말할 요인이 될 수 있음을 호소하고 있다. 예배는 외부인들(불신자)도 이해할만한 것이어야 함을 바울은 주장하고 있다. 그는 말하기를, 불신자나 진리를 배우지 못한 사람들이 들어오면 예배가 교화적 분위기로 바뀌게 되어 "모든 사람에 의해 자신이 죄인이라는 사실을 확신하게 되고, 모든 사람에 의해 책망을 받게" 된다.(24절 원문의 NIV를 직역, 역주) 이러한 확신을 가능하게 하는 것은 무엇일까? "그 마음의 숨은 일들이 드러나게" 되는 것이다.(25절) 이것은 주위의 예배자들에 의해 그가 오랫동안 알고자 노력했던 마음의 비밀이 하나님 안에서(그에게는 예상치 못한 장소에서) 드러나게 된다는 것과 예배가 그의 마음의 일을 보여 준다는 것을 나타내는 것일 수 있다. 결과적으로 그는 "엎드리어 하나님께 경배하며 '하나님이 참으로 너희 가운데 계신'다고 전파"하게 된다.(25절)

| 사도행전 2장

성령이 다락방에 있는 자들에게 임하셨을 때, 큰 무리가 모인다.(6절) 왜냐하면 제자들이 하나님을 찬양하는 소리를 들었기 때문이고("우리가 하나님의 큰일을 말함을 듣는도다"), 이 예배가 "우리의 각 언어로" 드리는 것이었기 때문이다.(11절) 이와 같이 처음에 이들은 대단히 흥미로워졌다.("다 놀라며 당황하여 서로 이르되 이 어찌 된 일이냐 하며" 12절), 그리고 이후 깊이 확신하게 된다.("그들이 마음에 찔려 물어 이르되… '형제들아 우리가 어찌할꼬?' 37절)

| 비교

위의 두 이야기 사이에는 명백한 차이점이 있다. 고린도전서 14장에서

대화는 현장에서 곧장 일어난다.(이것은 확실히 가능성이 있다.) 사도행전 2장에서 불신자들은 자신들의 동요에 믿는 자들이 무관심한 것 때문에 흔들렸지만(12절), 실제 대화는(37~41절) 베드로가 복음을 설명한(14~36절) "집회 이후"에나 시작되어 어떻게 개인적으로 그리스도를 영접할 수 있는지를 보여준다.(38~39절) 두 이야기에 나오는 방언이 다른 것이라는 사실이 종종 지적된다. 학생들은 보통 두 이야기 속의 방언과 예언에 대한 가르침에 너무 주의를 기울이느라, 두 이야기가 가르치고 있는 예배와 복음전파에 대해서는 간과한다. 이 이야기들을 통해 몇 가지 사실을 배울 수 있다.

1. 불신자들이 그리스도인들의 예배에 참석할 예정이라는 사실이다. 사도행전 2장에서는 흥분 가운데 진행된 대화의 전개로 이런 일이 일어나고 있다. 고린도전서 14장에서는 불신자의 친구(그리스도인)가 개인적으로 초청한 결과인 것 같다. 14장 23절에서 바울은 불신자들과 진리를 배우지 못한 사람들(문자적으로 한 사람의 구도자 - "이해하지 못하는 누군가") 모두가 예배에 참석하길 기대하고 있다.

2. 그리스도인들이 부르는 찬양은 불신자들이 이해할만한 것이어야 한다. 사도행전 2장에서는 이것이 기적을 통한 하나님의 개입으로 발생한다. 고린도전서 14장에서는 사람의 계획과 노력으로 일어난다. 지역 교회는 불신자의 참석에 맞추어 예배를 조정해야 한다고 바울이 직접적으로 말한 것을 빠뜨릴 수 없을 것이다. 우리가 하나님을 기쁘시게 하려면 불신자들이 우리의 예배에 대해 느끼거나 생각하는 것을 질문해서는 안 된다고 주장하는 것은 잘못된 이분법이다.

3. 불신자들은 이해하기 쉬운 예배를 통해 확신을 하고 개종할 수 있다. 고린도전서 14장에서는 예배 도중에 이런 일이 일어난다. 그러나 사도행전 2장에서는 집회 이후 보충되고 복음이 전해졌다. 하나님께서는 우리가 하나님을 예배하는 소리를 세상이 우연히 엿듣게 되길 바라신다. 하나님께서는 그의 백성들이 단순히 자신들만 예배드리는 것이 아니라 열방 앞에서 찬양할 것을 명령하신다. 우리는 단순히 복음을 그들에게 전달하는 것에 머무르지 말고 그들 앞에서 복음을 축하하고 기념해야 한다.

실제적인 과제

1. 불신자들을 예배로 이끌라

교인 수를 세는 것은 잘못이 아니다. 이 일은 실제로 두 번째 순위여야 하지만, 거의 모든 이들이 최우선 순위로 생각한다. 불신자들이 예배에 참석해야만 그 이후에야 "복음전도"를 시작할 수 있다고들 믿는다. 그러나 그 반대가 사실이다. 불신자들은 전도하기에 알맞게 예배를 미리 준비하지 않는 한 초청되지 않는다. 불신자가 참석하는 유일한 길은 그리스도인들의 개인적인 초청을 통해서이다. 시편의 내용과 같이, "열방"을 찬양의 자리로 나오라고 직접 초청해야만 한다. 그러나 불신자들을 연결하고 초청하도록 고무하는 주요한 요소는, 접근하기 쉬운 예배와 그 질에 달려 있다.

그리스도인들은 본능적으로 교회의 예배가 그들의 불신자 친구들에게 매력을 줄 수 있는지 아닌지를 안다. 성숙한 그들 자신에게 맞는 좋은 예배가 있다 할지라도, 자신들의 불신자 친구들이 그 예배를 싫어할 수도 있음을 알고 있다. 그러므로 진전 없는 나쁜 사이클이 계속 된다. 목회자들은 오직 성도들만 만나기 때문에 예배를 외부인이 알기 쉽게 만들기가 힘들다. 그나마 교회에 출석하는 그리스도인들은 과거에 자신들이 교회에 적응하는 데 어려웠기 때문에(비록 훈련되어 교화되었을지라도) 회의적인 불신자 친구들을 교회로 데려오려고 생각하지 않으며, 그들이 감명을 받을 거라고는 더더욱 생각하지 않는다. 그렇기 때문에 새 식구가 아무도 오지 않고 그로 인해 목회자들은 오직 그리스도인 청중만을 대상으로 설교한다. 이런 식의 이야기가 끝없이 쳇바퀴 돌듯 계속 진행된다. 그러므로 성도들이 불신자들을 예배로 데려오게 하는 최선의 방법은 마치 열두 명에서 수 백 명의 회의적인 구경꾼들이 예배에 참석한 것처럼 예배를 드리는 것이다. 당신이 그와 같이 예배를 드린다면, 결국 실제로 그들이 예배에 참석하게 될 것이다.

2. 예배를 불신자들이 이해할 수 있도록 만들라

우리의 목표는 불신자들을 편안하게 만들려는 것이 아니다.(고전 14:24~25 혹은 행2:12,37에 보면 그들은 마음에 찔림을 받았다!) 우리의 목표는 그들이 이해할 수 있게 되는 것이다. 우리는 그들의 마음의 비밀(고전14:25)을 드러내는 설교를 해야 한다. 그 의미는, 불신자들이 왜 믿지 않는가가 아니라 그들의 마음이 어떨 지를 기억해야 한다는 의미이다. 어떻게 그럴 수 있는가?

A. 일상생활 언어로 드리는 예배와 설교

우리의 설교를 지역 색이나 불신자들의 환경에 맞게 만들어 과장한다는 것은 쉽지 않은 일이다. 우리 자신에게 이해되는 말로 설교를 구성하는 것은 세속적인 사람들이 관심을 두지 않는 문제들에 기초를 두는 것과 같다.

소위 교회의 소그룹 밖에서는 아무런 의미를 가지고 있지 않은 개념과 문장을 사용하는 것과 같다. 그러므로 불필요한 신학적 혹은 전도 용어를 피하고, 기본적인 신학 개념들을 주의 깊게 설명하라. 죄의 고백, 찬양, 감사 등등. 설교 속에 지속적으로 기꺼이 불신자가 물을 수 있는 질문들을 사용하라. 기독교에 대해 어려움을 느끼는 사람들에게 공손함과 공감을 가지고 말하라. 설교를 작성할 때, 특별히 회의적인 불신자들이 회중석에 앉아 듣고 있다고 상상해보라. 필요한 여담과 정의들, 특별한 설명들도 추가하라. 의심과 믿는데 어려움을 겪는 사람들의 귀를 가지고 예배에 대해 말해지는 모든 것에 귀 기울이라.

B. 사역을 하면서 예배를 설명하라

목회자의 수다가 주는 위험이 있기 하지만, 예배의 새로운 영역을 전문 용어를 빼고 간단하게 한 두 문장으로 설명하는 것을 배우라. 예를 들어, 기도와 고백 시간을 소개하기 위해 다음과 같이 말하라. "우리가 우리의 죄를 고백할 때, 우리는 죄책감에 빠지지 않고 그것을 다루게 됩니다. 만약 여러분이 자신의 죄를 부인하면, 여러분은 죄책감으로부터 결코 자유로울 수 없게 될 것입니다." 아프리카 계열 미국인 교회에서 종종 하는 방식처럼, 예배의 의미를 설명하는 간단한 "종교적" 대화로 예배를 시작하는 것도 좋다. 이런 방법으로 예배에 처음 참석한 사람들을 계속해서 가르치라.

C. 직접 다가가 말하고 불신자들을 환영하라

"믿음에 확신이 없는 사람들"에게 자주 말하라. 그들에게 여러 가지 여담을 제공하고 심지어 그들의 심중의 언어를 사용하라. 그리스도인의 삶과 신앙에 대한 그들의 거부가 스스로를 거부하는 것보다 나음을 분명하게 설명하라. 그들의 어려움에 대한 진정한 공감을 표현하라, 심지어 그들의 이기심과 불신앙 때문에 그들을 진지하게 도전할 때조차도 말이다. 눈물로 충고하라(문자적이든 비유적이든). 그들의 거부가 가지고 있는 가치가 무엇이든 항상 인정하라. 불신자들이 당신이 그들의 거부를 이해하고 있다고 느끼는 것은 아주 중요하다. : "나는 이미 지쳐버렸어요. 고장난지 오래에요.", "어떻게 내 삶이 사랑의 하나님이 만든 작품일거라고 생각할 수 있죠?", "기독교는 족쇄 같아요.", "느낌이 좋잖아요, 그게 잘못된 것일 리 없어요.", "더 이상 지탱할 힘이 없어요.", "내 인생은 전혀 가치 있게 느껴지지 않아요. 저는 너무 나쁜 사람이에요.", "그냥 믿을 수가 없어요."

D. 높은 수준의 미적 경지를 계발하라

예술의 힘은 사람들이 그것을 주목하게 한다는 것이다. 훌륭한 예술은 상상력을 통해 영혼을 움직이는 자체 메시지를 가지고 있고, 이성에 호소하기 시작한다. 왜냐하면 예술은 사고를 유연하게 만들기 때문이다. 예배에서 음악과 설교의 질은 전도 효과에 주요한 영향력을 가지고 있다. 대부분의 교회에서 음악의 질은 좋지 않거나 형편없다. 그러나 그것이 기존의 믿는 자들에게는 영향을 끼치지 않는다. 예술적으로 형편없을 지라도 그들은 믿음으로 찬양 가사나 곡을 의미 있게 받아들인다. 더욱이 그들은 보통, 예배 인도자나 음악연주자들과 개인적인 친분이 있다. 그러나 진리에 대한 확신이 없고, 워십 리더와 개인적 친분이 없는 불신자들은 지루하거나 형편없는 실력에 짜증이 날 것이다. 탁월한 미학(美學)은 불신자들을 수용하지만, 좋지 않거나 형편없는 미학은 그들을 배제한다. 대부분의 교회에 있는 낮은 수준의 예술성은 계속해서 참석하는 내부 인들(성도들)만을 보장할 것이다. 보다 긍정적으로 말해, 좋은 예술이 가지고 있는 매력은 불신자들을 교회로 이끄는 주요한 역할을 할 것이다.

E. 자비와 정의의 행위를 세상에 알리라

우리는 교회의 공적인 자존심이 곤두박질치고 있는 시대를 살고 있다. 대부분의 불신자들과 구도자들에는 그럴듯한 말보다 교회의 행위가 더 중요하다. 많은 도시의 지도자들은 "말 뿐인" 교회를 공동체에 기여하는 가치 있는 존재로 보기보다 지불해야 할 비용으로 보고 있다. 영향력이 있는 교회가 자비와 정의의 행위에 깊이 참여하게 되면, 불신자들은 다음과 같이 말하게 된다. "교회 없이는 우리는 이 같은 일을 할 수 없어요. 교회가 그들과 상관도 없는 이들에게 해 온 봉사를 통해(사실, 이 일을 하려면 모두가 세금을 더 내야했지만 말이죠.) 우리 공동체가 엄청난 유익을 얻고 있어요." 자비의 행위는 복음의 말에 신뢰를 준다.(행4:32~33) 그러므로 복음전도 예배는 반드시 행위 사역(deed ministry)을 위한 헌신을 강조하고, 이루어낸 것들을 보고하고 간증하며 기도하는 것을 통해 세상에 알려야 한다. 자비의 사역(mercy ministry)을 위한 헌신을 따로 분리하여 성만찬 사역에 추가하면 좋겠다. 이런 방법은 사람의 마음에 심겨진(이것은 우리를 넉넉하게 만든다.) 복음의 영향력과 세상을 위해 쏟아 넣는 삶의 영향력을 불신자들에게 전달한다.

F. 복음을 명확하게 만들 수 있는 방법으로 성례를 제공하라

침례식(Baptism)의 경우, 특히 성인들의 침례식은 비록 예배가 복음전도를 목적으로 하고 있더라도 더욱 의미 깊고 중요하게 준비되어야 한다. 침례를 받은 사람이 개인적인 간증을 하거나 문답을 할 기회를 제공할 수도

있다. 침례의 의미는 명확하게 제시해야 한다. 침례를 받는 사람에게 감동과 기쁨, 개인적인 흥분이 주어져야 한다. 성만찬도 회개나 전환을 유도하는 의식이 될 수 있다. 그 의미를 잘 설명하면, 불신자들은 그리스도와 동행하는 것과 자신을 위해 사는 삶의 차이점을 알게 될 것이다. 성만찬은 각 개인을 다음의 질문과 만나게 할 것이다.: "여러분은 지금 하나님과 어떤 관계인가? 하나님과 괜찮은가?" 한 개인이 영적인 자산을 갖도록 돕는 이보다 더 효과적인 방법은 없다.

G. 은혜를 설교하라.

믿는 자들과 불신자 모두가 들어야 하는 단 하나의 메시지는 구원과 양자됨이 오직 은혜로 주어진다는 것이다. 신학의 구체적인 항목들을 가지고 그리스도인들을 교육하는 데 너무 많이, 너무 자주 집중하는 예배는 지루하고 출석한 불신자들을 혼란스럽게 할 수 있다. 예를 들어, 양자됨(adoption)에 대한 설교는 일반적으로 청중이 말씀과 예수님의 권위는 믿고 개인적 도덕의 자율성은 믿지 않는다고 가정한다. 다른 말로 양자됨은 "교리 D"이고 이것은 "교리 A, B, C"의 기초이다. 그러므로 교리 ABC를 이해하지 못하거나 믿지 않는 사람에게는 그러한 설교가 설득력이 없고, 심지어 이상하기까지 할 것이다. 이것은 우리가 하나님의 전체 말씀을 설교해서는 안 되고, 기독교의 기초(ABC)에만 주안점을 두어야 한다는 것을 의미하는 것은 아니다.

만약 이에 대한 반응이 "그렇다면 그리스도인들은 지루해할 텐데요"라면, 그것은 복음을 오해한 것이다. 자유와 은혜로운 칭의, 그리고 양자됨의 복음은 우리가 천국에 들어가는 길일 뿐 아니라, 그리스도를 닮아 성장하는 길이다. 디도서 2장 11~13절은 오직 은혜의 진정한 구원 메시지가 우리를 거룩한 삶으로 이끈다고 말하고 있다.: "모든 사람에게 구원을 주시는 하나님의 은혜가 나타나 우리를 양육하시되 경건하지 않은 것과 이 세상 정욕을 다 버리고 신중함과 의로움과 경건함으로 이 세상에 살고 복스러운 소망과 우리의 크신 하나님 구주 예수 그리스도의 영광이 나타나심을 기다리게 하셨으니." 많은 그리스도인들이 영적 성장에 실패하거나 침체기에 빠져있는데 그 이유는 잘못된 동기로 거룩해지려고 하기 때문이다. 그들은 스스로에게 다음과 같이 말하며 유혹을 거절한다. 즉, "하나님께서 나를 품으실 거야," "사람들이 알게 될 거야," "아침에는 내 자신이 참 싫어," "그건 내 자존심을 상하게 하는데," "그건 다른 이들을 다치게 할 텐데," "그건 법에 금지된 건데 - 걸리지도 몰라," "그건 내 원칙에 맞지 않아," "내가 나쁘게 보일 테지." 이들 중 몇 몇은 혹은 이 모두는 진실일 테지만, 디도서에 따르면 충분치 않다. 오직 하나님의 은혜, 복음의 논리만이 작동한다. 디도서는 그것이 우리를 가르치고 우리와 논쟁한다고 말한다.

그러므로 믿는 자들과 불신자들 모두 들어야 하는 유일한 기본 메시지는 은혜의 복음이다. 그것은 양 그룹 모두에게 직접적으로 적용될 수 있다. 기본적으로 도덕적인 설교들은 믿는 자든지 불신자든지 오직 한 그룹에만 적용될 것이다. 그러나 그리스도중심의 설교는 믿는 자들을 성장시키고 불신자들에게 도전을 준다. 만약 주일 예배와 설교가 기본적으로 복음전도를 목표로 하면, 기존 성도들은 지루할 것이다. 교육에 목표를 두면, 불신자들이 지루하고 혼란스러워할 것이다. 그러나 은혜로 구원하신 하나님을 찬양하는 것에 목표를 두면, 두 그룹 모두에게 유익하다. 즉, 내부인(성도들)을 교육할 뿐 아니라 외부인들(불신자들)을 도전할 것이다.

3. 헌신으로 이끌라

우리 교회의 경험에 따르면, 실제로 불신자들은 예배 중에 두 가지 기본적인 방법으로 "그리스도와 접촉"한다. 몇 몇은 예배가 진행되는 동안 그리스도와 접촉하고(고전 14:24~25), 다른 이들은 아주 특별하게 보충을 해주어야 한다.

A. 예배 중에

그리스도를 영접하도록 초청하는 최적의 시간은, 예배 중 성찬식에 잔이 분배되고 있을 때이다. 우리는 다음과 같이 말한다. "만약 당신이 지금 그리스도를 통해 구원받아 하나님과의 구속적 관계에 있지 않다면, 떡과 포도주를 먹거나 마시지 말기 바랍니다. 그러나 떡과 포도주가 주변에 분배되고 있을 때 그리스도를 붙잡으십시오. 당신 주위의 사람들이 음식을 받아들이듯이 마음에 그리스도를 영접하십시오. 그런 후에는 즉시 이곳으로 나오시거나 가까운 직원 혹은 목회자에게 당신이 한 일을 말씀해주십시오. 그러면 다음에는 하나님의 자녀로서 성찬에 참여하실 수 있도록 저희가 돕겠습니다."

예배 중에 헌신할 수 있도록 이끄는 다른 방법은 설교 후 침묵의 시간을 주는 것이다. 그들이 그리스도를 영접하도록 돕기 위해 회개/결단의 기도를 목회자가 할 수도 있다.(혹은 예배순서를 알리는 주보에 인쇄하라.)[각주3] 때로 막간이나 설교 후의 헌금과 마지막 찬송 사이에 음악을 연주하면 좋을 것이다. 이것은 그들이 생각할 시간을 갖고 자신이 들은 것에 반응하여 기도로 하나님께 헌신할 수 있도록 여유를 제공한다. 그러나 만약 설교자가 설교를 마치고 매우 짧게 기도한 후 곧바로 마지막 찬송이 이어지면, 그들이 확신을 가지고 헌신할 수 있는 시간이 없다.

B. 예배 후에

사도행전 2장은 "집회 후" 즉 예배 후의 상황을 우리에게 보여준다. 12절과 13절에 따르면, 몇 사람들이 사도들의 찬양과 설교를 듣고 조롱하지만 다른 이들은 이를 막으며 묻는다. "이 어찌 된 일이냐?" 그런 다음 베드로가 복음을 특별히 설명하자 두 번째 질문이 터져 나온다. "형제들아 우리가 어찌할꼬?"(37절) 이에 베드로는 어떻게 그리스도인이 되는 지를 아주 특별하게 설명했다. 역사적으로 이것이 매우 효과적임이 입증되어왔다. 확신을 가진 구도자들이 하나님의 임재 안으로 나왔고, 그들은 매우 잘 배울 뿐만 아니라 마음을 잘 연다. 그들 중 많은 이들이 소그룹에 참여하거나 다음 주일에 나오게 되길 바란다. 그들은 "놀라거나 당황"할 수 있지만(행2:12), 철은 뜨거울 때 내리치는 법이다. 하나님께서 그의 선택하신 자를 반드시 이끄신다는 가르침을 의심하는 것이 아니다. 한 영혼의 개종이 우리의 능력에 달려있지 않다는 것을 아는 것은 전도할 때 우리가 여유를 가질 수 있게 해준다. 그러나 웨스트민스터 신앙고백이 말해주듯, 하나님께서는 대개 두 번째 요인 즉, 일반적인 사회-심리적 절차를 통해 일하신다. 그러므로 구도자들과 다음 미팅을 즉시 약속하면, 그저 그들을 보내는 것보다 더 말씀의 열매를 잘 보존할 수 있게 된다.

예배 후에는 예배실 앞에 한 명이나 그 이상의 돕는 자들이, 다양한 질문을 가지고 찾아오는 구도자들을 위해 기도하고 대화할 수 있도록 대기하는 것이 좋다. 둘째로, 예배 후 설교자와의 간단한 질문-답변 시간을 근처의 다른 방이나 혹은 바로 그 장소에서 가질 수 있다. 셋째로, 한 개나 두 개의 학급 혹은 소그룹을 구성해 이들의 더 특별하고 다양한 질문(설교 내용이라든지, 자신들과의 관련성, 신앙생활에 대한 신뢰성 등)에 대처할 수 있다. 예배 후 모임에는 노련한 평신도 전도자들이 계속 함께 해야 하며, 이들의 영적인 질문에 답하고 다음 단계를 위한 안내를 제공해야한다.

각주1 John H. Armstrong, "The Mad Rush to Seeker Sensitive Worship," Modern Reformation(January/February 1995), 25.

각주2 Harry S. Stout, The Divine Dramatist: George Whitefield and the Rise of Modern Evangelicalism(Eerdmans, 1991).

각주3 예를 들어, "하늘 아버지, 믿기 전보다 제가 더 연약하고 더 죄인임을 인정합니다. 그러나 당신의 아들 예수님을 통해 제가 이전에 희망했던 것보다 더 사랑받고 수용될 수 있게 되었습니다. 예수께서 제가 살아야 될 삶을 사셨고, 제가 빚진 채무와 벌을 대신 갚아주셔서 감사합니다. 이제 예수님의 이름으로 저를 받아주세요. 저의 죄로부터 돌이켜 예수님을 구세주로 모셔 들입니다. 아멘."

> **팀 켈러 (Timothy Keller)**
> 맨해탄(Manhattan)에 있는 리디머장로교회(Redeemer Presbyterian Church)의 담임목사이다. 그는 또한 'Redeemer City to City'의 대표로 뉴욕(New York)과 다른 세계 도시들에서 새로운 교회들을 시작하고, 도시 문화 속의 신앙에 대한 저술과 자료를 출판하고 있다.

02 Worship Magazine

Big 5

— 벤 야거 *(Ben Yarger)*

예배 인도를 하게 되면, 음악만이 아닌, 사람과 같은 많은 것들을 다루게 된다. 각종 다양한 일들이 사람들로부터 찾아온다. 큰 일들, 작은 일들, 안 좋은 일들, 민감한 주제들, 좋고 나쁜 태도들, 질병들, 사망, 가족들, 의견들 등. 그 밖에 무엇이든, 모든 면에서 적용 될 수 있다. 예배인도자가 되는 것은 상사나 주인이 되는 것과 유사하다. 본래 직원들이 있지만, 그들처럼 대하지는 못한다. 대부분의 교회들은 예배팀을 위해서 봉사자들과 함께 일을 한다.

참고: 아래는 내가 스스로 생각해내고 사용하고 있는 지침들이다. 언제든지 필요할 때 참고하는 체크리스트이다. 이것들을 생각하게 된 이유는 내가 예배인도자로서, 목사로서 너무나 많이 실패를 했었기 때문인데, 그래도 나는 이 일을 통해 배워가고 앞으로 나아가려고 한다.

| 예배인도자의 Big 5 (나만의 언어로)

1. 마음 – 사람들을 사랑해야 한다.

    나는 지금껏 방문했던 모든 곳에서 예배팀 범위 안의 많은 "문제들" 또는 그 문제에 당면해 있는 교회 자체들을 보았는데, 예배인도자 혹은 어느 리더가 되기 위한 이 첫째 "규칙"을 준수하면 해결 될 수 있는 일이다. 당신이 팀 일원들을 사랑하지 않는다면, 당신이 왜 예배인도자인지 나는 다소 확신이 서지 않는다. 매몰차게 들리겠지만, 솔직하게 말이다.

    이 문제들에 몇 가지 사항들이 기인될 수 있다. 예배인도자가 겪는 일들은 기본으로 돌아오게 한다. 사소한 일들이 제대로 다루어지지 않았을 시에는 일이 커질 수 있는데, 그 이유는 팀을 "사랑"하지 못하기 때문이다. 팀의 일원이 리허설에 늦을 수도 있고, 찬양이나 찬양이 연주되는 방식에 공감하지 않을 수 있다. 잘못된 장비를 사용할 수도 있고, 당신에 대해서 험담을 하는 등. 내가 말한 바와 같이, 예배인도자에게 팀으로 부터 직접적으로 오는 일들이 많이 발생할 수 있는데, 그것에 당신은 어떻게 대처하는가? 타임아웃으로 처벌하는가? 팀이 보는 앞에서 야단치는가? 자신의 주장을 위해 얼마동안 그들 "일정을 중단" 시키는가? 아니면... 그들을 사랑하는가? 당장은 그 행위를 묵살하고, 그들과 커피를 마시기 위해 데려가서, 나의 경우는 레드불을 사주는데, 그들의 삶이 어떤지 담소를 나누는가? 가정생활은 어떤지? 교회는? 직장은? 나는 예배팀 일원의 불량한 태도나 무례함이 오히려 섬기는 자들의 삶을 해석해주고, 보살피고, 이끌어 주고, 도리어... 사랑해 줄 수 있는 굉장한 기회인 것을 자주 발견한다.

    나는 과거 예배인도자들이 규칙 목록과 지침들을 내놓고 예배팀 일원들에게 팀에 들어오기 위해서는 서명을 해야 한다는 것을 본적이 있다. 이렇게 함으로써, 예배인도자는 그 서류에 "가려졌다"고 느껴, 규율을 어겼을 시, 예배

인도자는 서류를 꺼낼 수 있는 "권리"로 그들이 규율을 어겼음을 보여주며, 그로부터 몇 주간, 한 달, 혹은 얼마 동안이든 예배팀에 참여하지 못하게 한다. 내가 최초로 얘기하는데, "내가 이것을 해보았다!" 그리고 먹히지 않는다. 팀과의 관계를 쌓는데 피해를 입힌다. 관계는 첫째 사랑, 두 번째 신뢰와 공감(음악적&우정)으로 세워지고, 세 번째 계약에 기반 하지 않는 것이다. 제일 먼저 그들 얼굴에 계약서를 들이미는 순간, 당신은 팀에서 일으키고 있는 한 사람과 쌓을 수 있었던 강력한 관계의 기회를 망친 것이다.

요점은? 당신이 예배팀을 이끌 때, 가장 먼저 그들을 사랑해야 한다는 것이다. 그럴 때 앞날의 많은 문제들을 해결하며 애초에 문제들이 발생하지 못하도록 방지 할 수가 있다. 이러한 사랑으로 팀에게 접근하는 사례들을 더 원한다면, 예수님께서 만나신 모든 사람에게 어떻게 접근하셨는지를 살펴보라.

2. 열정

이전에 차트 순위를 차지하는 유명한 밴드 콘서트를 갔었다. 나는 쇼를 보기 위해 꽤나 신이 났었다. 쇼를 관람하면서 신나하지 않는 사람들 중 한명인데도 말이다. 나는 음악 장비를 좋아하고 밴드를 아주 가까이 보는 것을 좋아하기 때문에 내가 가장 앞자리 티켓을 구매하고 있음 것을 눈치 챌 것이다. 나는 방방 뛰고 하지는 않는다. 한번 씩 몸을 흔들기는 하지만 말이다. 쇼가 시작되고, 불이 꺼지고, 큰 소음과 함께 쾅, 불빛, 연기, 밴드, 커튼이 젖히며 우리는 간다! 난 큰 미소를 띠고 신이 나있다! 리드하는 가수는 가사를 큰 소리로 내뱉으며 기타를 치는데... 그런데... 그는, 글쎄, 무언가 이상하다. 무언가 빠졌는데 열정이다. 그는 마치 그곳에 있기 싫은 듯 했고, 마치 이 곡들을 수천 번 부른 모습 이였다, 거의 그랬을 것이다. 조금도 과장하지 않고 실망이었다. 그는 자신이 부르는 가사에 전혀 감동이 없는 듯했고, 그 곳에 있는 자체를 귀찮은 듯 보였다. 나는 그의 음악을 응원 하고 즐기기 위해 왔었기 때문에 이것에 대해 화가 났었다. 티켓을 위해 지불한 값도 꽤나 되었는데, 그의 태도는 나의 경험을 완전 망쳤었다.

이제 내가 왜 이 얘기를 하는지 알았으면 한다... 예배인도자로서, 우리는 매 순간 연주에 열정을 다해야 한다. "하지만 벤, 이건 단조로워, 나는 이 곡들을 수없이 불렀고 리허설을 수천 번도 했다고!" 사실이다. 적어도 연습이나 했었기를 하하... 하지만, 단연 진부해 진다. 우리에게! 그렇지만 뒷자석에 앉아있는 저 분은 어쩌고 말이다. 한 주간 모든 것을 잃게 되어, 난생 처음으로 교회에 와서 자신을 위해주는 누군가가 있는지 알고 싶어 하고 무언가를 찾고 있다. 그가 소망, 믿음, 신뢰, 사랑, 인도하심, 용납, 용서 등의 곡들을 인도하고 있는 당신을 바라보는데 너무 오래된 곡이고 딱히 연주할 기분이 아닌데 단지 목사님이 시켜서 "내 일을 하는 것 뿐"인 자세로 얼굴이 찌푸려져 있다면, 당신은 뒷좌석에 앉아있는 그를 완전히 놓친 것이다. 그가 찬양하는 당신을 보는데 그곳에 있고 싶어 하지 않아하는 사실을 느낄 때 그는 생각할 것이다, 저기 찬양하는 사람도 신경 쓰지 않는데, 그럼 왜 내가? 라고. 이 이야기는 사실이다. 이전에도 일어났었고 다시 당신에게 일어날 수 있다. 당신이 부르는 곡에 열정이 없었으므로, 그를 도로 다시 문 앞으로 인도한 샘이다.

열정은 노래와 음악을 초월한다. 여기서 열정은, 당신이 하고 있는 일이 더 큰 무언가에 속해있음을 이해하는 것을 말한다. 예배인도자는 큰 그림에 있어 열정적이야 한다. 생명들이 구원받고, 사람들이 치유 받고, 교회 운동이 일어나는 것에. 만일 당신이 교회의 비전과 미션에 열정이 있다면, 주일에 목회자가 "목마른 사슴"(낯이 익지 않다면, 아주 오래된, 수년전 교회에서 부른 외우기 쉽지 않은 멜로디임)을 부르도록 부탁할 때, 죽을 듯이 그 곡을 연주해야 할 것이다. 난 목사님이 다시는 "목마른 사슴"을 요청하지 않으시도록 기도를 하였을까? 그랬다고 생각하겠지만! 그런 일이 있다면, 나는 분명히 좋은 이유가 있었다고 확신하기에, 그 곡을 연주할 것이고 또 훌륭하게 연주할 것이다. 어쩌면 목사님은 그 주에 오랫동안 교회를 나오지 못했던, 이 찬양을 가장 좋아하는 특정한 사람이 온다는 것을 알고서 다시 이 곡이 그의 마음에 계기가 되어 그리스도께로 나아오기를 바라며 연주하기를 원했던 것일 수 있다.

예배인도자가 자신들이 하는 일에 열정이 없을 때는, 그것이 나타난다. 책처럼 읽을 수가 있다. 예배인도자의 태도는 회중이 가사와 연주되는 곡들의 가사를 받아들이는데 영향을 줄 수 있으며, 당신이 무대에 존재하는 이유 2가지가 있다. 하나는 회중을 잠시라도 음악의 거리를 통해서 하나님의 보좌로 인도하기 위해서다. 둘은 회중의 마음을 메시지를 듣기위해 준비하기 위해서다. 만일 당신이, 예배인도자로서 그것이 준비되지 못했고, 기도나 가사로 내뱉는 말들에 열정을 못 느낀다면, 다시 회중에게 건네기 이전에 자신을 체크해 보길 바란다. 목회자와 얘기해서 당신이 가졌던 열정을 잃게 되었음을 알리고, 그 열정을 회복하기 위해 함께 힘쓰거나, 잠시 자리를 물러나서 다른 이가 리드하게 하는 것이 맞을 수 있다. 그래야 다시 이끌어낼 수가 있다. 이는 건강한 것이다. 처벌이 아니다. 모든 예배인도자는 쉼이 필요하다.

목사님들... 3개월마다 예배인도자들에게 휴식을 제공하는 것이 좋습니다. 그들이 숨을 쉬게 해주십시오. 만일 교회의 예배인도자 자리가 계속 교체되는 상황이라면 살펴볼 필요가 있습니다. 제가 찬양목사를 채용하는 교회를 보았고 그곳에 있었는데, 시간이 지나면서 그들이 예배인도자 자리를 맡고 있는 와중에 청소년 지도자, 관리 담당자, 소그룹 리더, 기술 담당자, 창조예술 감독 등을 맡고 있었습니다. 이것이 해가 될 수 있고, 좋았던 결혼 생활이나 가정생활에 손상을 입힐 수가 있습니다. 좋은 예배인도자가 되기 위한 이들의 수고에 아픔을 주는 것은 말할 것도 없습니다. 각자 맡은 자리에서 100백퍼센트를 쏟을 수가 없게 됩니다.

3. 인내

　예배팀 뮤지션이 되는 것이 때로는 스트레스일 수 있다. 사람마다 다르지만 말이다. 예배팀 일원 중에 싱글이면서 할 일이 크게 없고 시간이 있어서 연주하고 노래하고 돕는 일을 좋아하는 사람들이 있다. 그리고 대부분의 사람들은 풀타임 직장들이 있고, 자녀와, 추가적인 업무들, 힘들게 하는 상사, 힘들게 하는 자녀들, 가정생활의 부담 등이 있다. 이들을 인내해주어라. 그들은 매우 귀하며 파트타임 일을 하며 교회에서 예배를 인도하고 싶어서 당신의 사무실에서 거의 거주하고 있는 20살 기타 연주자처럼 돌봄이 필요하다.

　교회 밖에서 많은 일들을 감당하고 있는 사람들은 가끔 늦을 때도 있다. 가끔 스스로 연습하지 못하고 준비되지 못한 채 오기도 한다. 우리는 연주할 곡이 무엇인지 보고 들어보고 자신의 파트를 연습하기 위해 "플래닝 센터"를 확인해야 하는데 그렇지 못한 그들을 어떻게 대하고 있나? 음.. 그건 힘든 질문이지만, 여기에 답이 있다. 인내해야 한다. "그렇지만 얼마나요? 그들은 전혀 연습을 하지 않는데요!" 알지요. 너무도 잘 알지요. 나는 리허설 때 벽에 머리를 박은 적도 있는데 그 이유는, 멋진 기타 파트를 넣지 못해서다. 끝내주는 기타 파트가 삽입된 새 곡을 들어보기나 했을까? 아니, 심지어 리허설에도 늦는다. 이럴 때 어떻게 대하는가? 인내로.

　이것은 "마음"과 매우 연관이 있다. 나는 우리 기타 연주자들을 사랑한다. 때로는 쫓아내고 싶을 때도 있지만, 그들을 사랑한다. 왜 그들이 준비되지 못하고 늦었을까? 난 여기서부터 출발한다. 곡에 끝내주는 기타 파트가 꼭 있어야 할까? 있어도 되고 없어도 된다. 있으면 좋다. 다른 기타 연주자가 대신 칠 수 있나? 아마도. 내가 어느 정도 대신 칠 수 있을까? 아마도. 혹은, 지금부터 주일사이에 그들이 터득할 수 있지 않을까. 물론! 그렇지만, 이대로 갈 수는 없고, 그들과 있다가 얘기를 해볼까. 리허설 때 말고. 그러지 않아도 된다. 그들은 벌써(당연히) 팀을 실망시킨 것에 조금 쑥스러워 한다. 하지만 사랑과 인내로, 우리는 실수를 덮어주고 이것을 통해 배우고 앞으로 나아가면 된다. 여기서 팀 일원을 향한 더 깊은 유대와 존중, 그리고 사랑이 작용하게 된다. 이렇게 한다면, 내가 약속하건데, 그들이 당신과, 팀, 그리고 모두의 시간들을 이해하고 존중하기 시작할 것이다.

"팀원이 끊임없이 늦거나 끊임없이 준비되지 않으면 어떻게 합니까?" 가장 먼저 인내하라. 이것을 먼저 실천하고, 그 다음, 만일 그들이 깨닫지 못하거나, 혹은 그들이 전혀 연습과 준비가 되지 않고, 행사와 리허설에 지속적으로 늦는데 굉장한 뮤지션이거나 싱어라면, 그때는 개인적이고, 진솔한 대화를 나눌 때이다.

주요 질문들:
요즘 어떻게 지내? 가족들은 어때? 영적인 삶/생활은 어때? 직장은 어때?

그들이 얘기하게 하라: 그들이 답을 해주기도 전에 당신이 답을 찾을 수도 있다. 팀의 한 일원이 늦거나 준비되지 못하는 문제를 겪고 있다면, 팀 전체에 피해를 입게 된다. 보기에 좋지 않고, 리허설 때 시간이 낭비되고 전체 사운드에 문제를 일으킬 수 있다. 나는 팀 일원이 고의적으로 팀을 방해하면서 음악적 탁월함을 추구하는 노력을 상상할 수가 없다. 그런다면, 팀에 속할 수 없는 명백한 근거가 된다. 비록 이러한 경우라도, 그 사람과 얘기하면서 사랑과 인내와 지혜를 보여주어라. 그들의 마음에 파고들어서 그들이 지금 어디에 있는지 찾아내서 사랑을 보여라. 두 번째 기회를 주어 인내를 보여라, 지금 팀에 속하는 것이 그들과 팀에게 좋을지 분별해줌으로 지혜를 나타내라. 만일 그들이 단순히 바빠서 몫을 감당할 수 없는 것이라면 당장은 가정이나 직장 혹은 각자의 일에 집중해야 하고 이 사람이 적합한 때에 돌아올 때까지 팀은 앞으로 나아가게 하라.

그렇지만 절대 문을 닫지는 말라. 회복되지 못할 이는 없다. 예수님이 우리를 절대 포기하지 않으셨기에 우리도 누군가를 그들의 재능으로 섬기는 일을 포기해서는 안 된다. 당신이 제대로 절차를 따랐는데, 그들이 팀에 있을 인연이 아니라면, 알아서 일들이 진행 될 것이다. 그와 동시에, 변경사항을 목회자분께 공지하여라. 그 사실을 듣고 목회자나 소그룹 리더가 회복 과정을 돕기 위해 나설지도 모른다. 이것은 열정과 마음의 본질로 돌아가게 한다. 우리는 사람들을 그리스도께로 인도하고 그리스도의 사랑을 보여주기 위해 존재한다. 팀 일원이 이러한 문제들을 끼치는 일들이 벌여지고 있다면, 현직 소그룹 리더나 목회자에게 이 일들을 알리는 것이 그 사람을 생각하는 일이다. 문 밖으로 데려가면 안 된다. 우리는 인간 사업 중으로, "양"을 돌보는 책임이 따른다.

인내는 다음과 같이 예배팀 외부 스텝 및 다른 일꾼들과도 유용하다:
- 목회자 (당신이 좋아하지 않는 곡을 부탁하는).
- 유치부 담당자 (당신이 놀라운 찬양의 순간을 보내고 있는데, 정해진 시간을 넘기기 힘들어서 평소보다 아이들을 2분이나 일찍 내보내어 난데없이 40명의 아이들이 뒷문으로 엄마 아빠를 소리쳐 부르며 뛰어 들어오게 하는).
- 회계담당자 (올해 당신의 예산이 적어서 원했던 새로 나온 인이어 모니터를 구매할 수 없다고 하는).

이것들은 내가 보고 들은 실제적인 사례들이다. 자신을 살펴보아야 한다. 인내하라, 흥분하지 말라. 여기서 중요한 건 사람들이다.

다른 스텝 멤버들과 인내함으로 내가 생각지도 못한 부분이 가능하게 되는 것을 발견하게 된다. 멤버들이 당신의 세트 리스트에, 일상 업무에, 계획에 말도 안 되는 책략을 던질 수도 있다. 그렇지만 그것들이 오면, 숨을 크게 들이쉬고 당신이 계획한 것이 크게 중요하지 않다는 것과 당신이 대부분의 것들을 수용할 수 있는 자임을 알아야 한다. 당신과 그 밖에 여러 스텝들은 한 팀이다. 항상, 항상, 항상 큰 그림을 바라보아라. 그런 책략들이 당신에게 올 때 미쳐버릴 수 있는 충동을 다스리는데 도움이 된다.

4. 겸손

당신이 예배인도자이고, 그리스도인이라면 이것이 기초적인 것들이라서 간략히 다루고자 한다. 겸손하라. 당신은 더 큰 뜻, 더 큰 그림, 더 큰 팀에 속해 있다. 당신은 그 무언가에 속했다. "그" 무언가가 아니다. 당신이 예배인도자거나 어떤 면에서든지 리더라면, 리더는 겸손에서부터 시작된다. 리드하기 위해선 먼저 섬겨야 한다. 리더십 그 자체는 섬김이다. 예수님께서 모든 이들을 섬기시는 대표적인 본보기셨다. 그분은 사랑과 긍휼을 보이셨고 작은 먼지 한 점 같은 이 땅을 걸으신 최고의 리더이시다.

이것은 당신에 관한 것이 아니다. 물론 당신이 무대 중앙에서, 전심을 다해 노래하고, 모두가 바라보고 있고, 조명과 이런저런 일이 있겠다. 과거에 내가 항상 함께하고 이끌었던 예배팀에게 했던 말이다: 우리는 2가지 이유 때문에 연습을 하고 몇 시간 동안 뛰어가게 연주해서 최고의 사운드를 내고자 한다.

1. 우리는 왕 중의 왕에게 연주한다. 낼 수 있는 한 가장 좋은 소리를 왜 내고 싶지 않겠는가? 그분은 우리에게 최고의 청중이다. 게다가 음악과 노래하는 은사를 주셨다. 그분께 10배라도 돌려드려야 하지 않겠는가(달란트 비유)?

2. 우리는 보이지 않기 위해서 탁월한 연주와 낼 수 있는 최고의 소리를 내는

것이다.

　보이지 말라. 이러한 일이 실현되려면, 팀이 리허설을 하고, 낼 수 있는 최고의 소리를 내고, 뛰어나게 연주하고, 음을 맞추고, 리더를 따르고, 언제 연주하고 하지 말아야 할지 파악하고, 좋은 성품을 가지고, 시간에 맞춰 오고, 일찍 오고, 준비되어 있어야 한다. 보이지 않는 것은, 내 의견에는 필수다. 무슨 뜻인가? 회중이 예배팀을 바라볼 때, 그들의 초점이 곧바로 하나님의 보좌로 향하는 것이다. 우리에 관한 것이 아니다. 그분에 관한 것이다. 우리는 좋은 태도와 열정을 가지고 연주해야 지루해하거나 심통이 나있고 혼란스러워 하는 우리의 모습을 보며 의아해 하는 일이 없기 때문에다. 우리는 회중이 틀린 코드나 놓친 부분, 또는 튜닝이 잘 안된 기타, 또는 음정이 맞지 않고 말실수를 한 가수 때문에 방해받지 않게 하기 위해 뛰어나게 연주한다. 우리는 충분히 회중을 찬양으로 인도할 만큼 눈에 뛰게 하되, 물러서서 열정을 가지고 전심으로 연주하고, 뛰어나게 연주한다. 그렇게 해야 우리가 만들어낸 환경에서 방해 받지 않고 찬양과 함께 그리스도의 몸으로서 그분의 임재로 들어가게 된다.

5. 집중

　예배인도자는 집중해야 한다. 한 주간 동안, 리허설 때와 주일 아침. "그러면 무엇에 집중해야 하는가요?" 무엇보다 먼저 예수님께 집중하라. 그런 다음, 팀에게 집중하고, 목사님, 스텝, 당신의 업무, 교회의 미션과 비전에 집중하라. 항상 팀, 스텝, 교회에 무슨 일이 벌어지고 있는지 알고 있어라. 장거리 근무를 하지 말고, 그것이 괜찮을 거라 생각지 말라. 괜찮지 않다. 주의하라. 기도에 집중하라.

　팀, 스텝, 교회를 위해 항상 간절히 기도하라. 한 주간 회중들을 놓고 이 곡들이 그들을 더 하나님께로 가까이 이끌도록 기도하라. 세트리스트를 놓고 기도하라, 하나님께서 적합한 세트를 정할 수 있게 하나님께 도움을 구하라. 스텝을 인지하고 그들을 놓고, 그리고 할 수 있거든 그들과 함께 기도하라.

당신의 업무에 집중하라.

  미리 계획을 세웠나? 기획위원회(Planning Center)가 혹은 사용하는 어느 것이든 최소한 다음 2주간의 계획들로 준비되었나? 사람들은 스케줄에 넣었나? 통화하고 문자를 보내서 세트리스트가 정해졌다고 사람들에게 알렸나? 곡이 변경된 것을 모두에게 알리는데 본분을 다했는가? 이번 주말이 다가오기 전에 목사님과 다뤄져야 할 제목들로 연락해보았나? 기술팀은 준비가 되었나? 시작, 정지, 영상, 찬양 및 가사 변경에 문제가 없나? 콘티는 이미 보내주었나?

  폰에 알림을 설정해서 자신이 컴퓨터나 태블릿을 사용하게 되는 시간에 이메일과 문자를 보내고, 전화를 걸고, 기술 팀, 목회자, 및 조수가 있다면 그들에게 사전확인을 하고 플래닝 센터 업데이트 등을 기억해서 할 수 있도록 하라.

  예를 들어,

  월요일은 당신의 스케줄 및 세트 리스트 날.

  화요일은 알림 확인 하는 날- 곡 변경사항 알리고, 사람들을 체크한다.

  수요일은 자신의 파트에 어려움이 있는 뮤지션 혹은 싱어들과 일대 일로 작업 하는 날.

  리허설 전 목요일은 다시 전체 곡들을 살펴보고 한 주간 놓쳤던 것들을 팀을 위해 기록해 주는 날.

  당신이 언제나 준비돼 있어야 한다는 것을 명심하라. 팀의 자세, 열정, 인내가 당신의 것들을 반영한다. 당신이 잘 해야 한다.

  우리가 예배인도자로서 이러한 의견들을 관철하고 적극적으로 실행한다면,

하나님 나라의 위대한 일들을 이뤄갈 수 있다. 어려운 것들이 아니고, 매우 보람 있는 일이다. 나는 위 방법들을 활용 해보아서 되는 것을 확인했다. 여러 번 해내지 못한 적도 많지만, 그 때가 하나님께서 나타나시고 나의 삶에 행하시는 때이다. 그래서 나는 그분을 사랑한다.

    우리가 모두 여기에 함께 하고 있다.

> **벤 야거 (Ben Yarger)**
>
> 나이는 스물아홉이며 인디아나 주 북부지역에 사랑스러운 아내 카일리와 살고 있다. 그는 지금까지 15년간 예배인도자로, 찬양목사로 활동하고 있다. 사람들과 음악, 그리고 그것이 사람들의 삶에 끼치는 영향에 대한 열정이 있고, 이 글이 예배인도자 혹은 찬양목사로서의 여정과 리더십의 여정을 걷는 이들에게 도움이 되기를 소망하고 있다. 그는 자신을 위해서 지침서를 적었고 그것 또한 사람들에게 도움이 되기를 소망하고 있다.

예배인도자의 5가지 가장 중요한 기술들

– 스탠 엔디콧 (Stan Endicott)

예배인도자들은 25~30년 전 "음악 사역자"들로 알려졌었다. 그들의 기술들은 대개 독주, 합주, 4분음표를 포함한 노래, 찬양대 및 오케스트라 지휘에 집중되어 있었다. 그 당시 요구되었던 기술들은 전반적으로 특정한 것들에 제한되어 있었다. 2016년으로 넘어와서는 무엇이 변화되었는가? 우선, 그 역할이 대표적으로 예배인도자 혹은 찬양목사로 표현되고 있다는 것이다. 음악 사역자라는 명칭은 아마 이번 주에도 복도에서 들리지 않을 것이다. 확실히 음악과 연주법은 변형되었다. 그리고 기술은 모든 것들을 변화시켰다. 그러나 가장 큰 변화는 오늘날 예배 인도자들이 전문가(specialist)와는 반대로 일반 만능인(generalist)이 되어야 한다는 것이다. 내가 설명해 보겠다.

| 일반 만능인의 등장

마케팅 리더 마이클 베어는 이와 같이 말한다.

이제 컨텍스트를 제공하고, 창의성을 촉진하고 길러내며, 모든 이들의 발전을 돕고, 올바른 결과에 주목하는 일반 만능인을 찬양할 때이다. 일반 만능인은 컨텐츠만이 아닌 컨텍스트를 이해하고 있다. 이 세상의 모든 전문가의 컨텐츠는 제대로 된 컨텍스트에 넣지 않고는 의미가 없다. 그리고 그 컨텍스트는 일반 만능인들에 의해 제공되는 경향이 있다. 일반 만능인의 풍부한 지식은 새로운 돌파구들과 기술들을 기존의 발상에 결부시키는 것을 돕는다.

이러한 일반 만능인에 대한 개념은 "박식가(polymath)"라는 용어와 대등한다. 수학교사 이름 Poly를 말하는 것이 아니다. 박식가는 폭넓은 지식이나 학문을 갖췄다거나 어느 주제에 대해 많은 것을 알고 있는 사람이다. 박식가를 전형적인 르네상스인이라 생각할 수 있겠다. 예를 들어, 레오나르도 다빈치를 상상해보라. 그는 위대한 아티스트였을 뿐 아니라 엔지니어, 발명가, 수학자였고 그 밖에도 많았다. 한 사람의 지식이 다방면의 많은 분야들을 다루고 있다면, 그는 박식가이다. 그리스어로 '폴리메스(Polymaths)'는, "많이 배웠다"이다. 그래서 찬양사역은 2~3가지 특정 전문기술을 요구하던 것에서 복합적인 기술에 대한 폭 넓은 이해를 가진 사람을 불러내는 것으로 옮겨졌다. 그렇다. 높은 수준의 숙달이 필요한 기술들도 있겠지만, 당신은 "큰 그림"이 되어야 한다. 따라서 박식가가 등장한다. 이 새로운 역할의 또 다른 명칭은 워십 프로듀서, 워십 설계자, 혹은 경력목사이다. 그러면 이러한 예배인도자의 5가지 가장 중요한 기술들은 무엇일까?

| 일반 만능인

음악, 시각예술, 컨텐츠 개발, 비디오그래피, 성경적 통찰력, 조명 등을 포함한 모든 창조적인 과정을 통해 주제를 개발한다. 여기서 개발되어야하는 기술은 영화제작가와는 많은 차이가 있다. 박식가는 모든 점들을 잇는다. 목적은 호기심, 창의력, 영감을 모든 필수적인 예술 형태와 연결하고, 구체적인 섬김의 경험으로 갈 수 있도록 아비 혹은 교육목사와 긴밀히 협력하는 것이다.

| 인적 개발가

사람들을 성장시키는 일이 사역에서 가장 시간이 많이 소모되는 부분일 수 있다. 이것은 실제로 "봉사자"들과 스텝의 범주에 속한다. 그러나 사람을 첫 도입에서 핵심 팀원으로, 가능하면 팀 리더로 세우는 것은 대단한 스킬이 필요하다.

당신의 팀은 환영받고, 흥미를 돋우며, 도전받고, 자원을 받고, 누리고, 감명을 얻고, 팀에 속했다는 것과, 분명한 역할이 있는 것과, 사랑받고, 지도받고, 축하받고, 존귀히 여김 받고, 정비되고, 가장 중요하게는 자신을 필요로 한다는 느낌을 반드시 받아야 한다. 아마도 사역에서 가장 가치 있는 네 단어는 "절 도와주시겠습니까?"이다. 이 간단한 네 단어는 생명과 의미와 목적과 누군가에게 속했다는 느낌을 가져다준다. 그러니 묻는 법을 배우라. 초청하는 법을 배우라. 찾는 법을 배우라. 다가가는 법을 배우라.

| 영적인 목자

여러분 모두는 목자의 성경적 개념을 알 것이다. 목자는 양에게 관심을 갖는다. 양들을 먹이고, 보호 받고, 돌보아야한다. 사역은 시간 경쟁이다. 찬양목사들은 성경을 읽고, 기도하고, 어려움에 처한 사람들과 함께 해주고, 경건치 못한 태도와 직면하는 등 여러 목록사항들이 있다. 그러나 많은 때에 양을 돌보는 일이 찬양목사들의 우선순위 목록의 끝부분을 차지한다. 그러나 우리는 양 떼를 돌보는 목자가 되어야 함을 기억하자.

여러분은 자기를 위하여 또는 온 양 떼를 위하여 삼가라 성령이 그들 가운데 여러분을 감독자로 삼고 하나님이 자기 피로 사신 교회를 보살피게 하셨느니라 (행 20:28

| 코치

현재의 문화에서 거의 모든 상황에 코치가 있는 듯하다. 운동선수, 가수, 외

과의사, 배우, 강사 모두 코치가 필요하다. 좋은 코치는 사람들로 정체기를 맞지 않게 한다. 또한 코치는 학생들이 보지 않는 부분을 본다. 코치는 세심한 안목을 갖추었다. "사람의 마음에 있는 모략은 깊은 물 같으니라 그럴지라도 명철한 사람은 그것을 길어 내느니라" (잠언 20:5)

코치는 사람들이 목표와 잠재력을 발휘하도록 돕는다. 코치는 그들이 누구이고, 어디로 가고 싶은지를 알도록 도와준다. 코치는 좋은 질문을 해주지만 더 중요하게는 경청한다. 코치는 사람들로 하여금 새로운 방식으로 창조적인 생각을 하도록 지도한다. 코치는 사람들이 자신의 공헌을 훨씬 더 깊이 이해하게 하는 동시에 고유한 관점에서 사물을 보고 느끼는 데 도움을 주는 자신의 일과 사역을 사랑하도록 격려한다. 코치는 힘을 실어주고, 안내하고, 전적으로 매달린다.

| 비저너리

비저너리는 미래의 모습에 대한 원초적 생각을 가진 사람이다. 그리고 예배 인도자로서 비저너리는 교회나 목회자의 전반적인 "비전"의 맥락 안에서 자신의 사역에 비전을 제시한다. 이 기술은 개척자가 되어 문화와 교회의 전체적인 패턴을 주시하는 것을 내포한다. 그러나 비전너리의 가장 큰 도전은 비전을 알아내고, 단순하게 하며, 이를 명백히 전달할 줄 아는 것이다.

그러므로 다른 이들의 개발자이자, 양떼를 돌보기 위해 살고, 자신을 코치로 여기고, 당신의 사역에 비전을 제시하는 일반 만능인이 되어 나아갈 것을 고려해보라.

> **스탠 엔디콧 (*Stan Endicott*)**
> Slingshot Group의 공동설립자로 두드러진 팀들을 세워나가기 위해 지역교회와 협력하고 있다. 그는 오늘날 수백 명의 젊은 리더들을 코치하고 멘토했으며, Slingshot의 코칭 부서를 이끌고 있다. 스탠과 Slingshot에 관해 더 알고 싶다면 slingshotgroup.org을 방문해 보길 바란다.

04 Worship Magazine

자신의 실수를 통해 배우라

– 코디 데빈포트 *(Cody Davenport)*

나는 30년간의 세월동안 내가 약간의 지식을 얻었다고 믿고 싶다. 사역에 대해서, "장성한" 자로서의 삶에 대해서, 음악가로서의 삶에 대해서, 그리고 대게 밴드나 오하이오 주 풋볼에 대한 부질없는 사실들에 대해 말이다. 그렇지만 솔직히 대부분은 애초에 잘못된 길을 택했던 것에서 얻게 된 것들이다. 그렇기에 동일한 실수들을 범하지 않도록 나의 오류들을 읽고 배우길 바란다!

나는 내 자산이 예배인도자인줄 알았다.
당신은 예배인도자가 아니다.

그렇다, 충격일지 모르지만 당신은 아니다. 당신의 목회자가 예배인도자다. 그가 바로 당신이 속해있는 사역을 인도하도록 부름 받은 자이다. 그는 이 교회를 향한 비전을 품고 있고, 이 교회를 위해서 추진해 가고 있다. 예배당에서 당신은 그의 오른팔인 것이다. 또는 어느 쪽이 우위인가에 따라 왼팔일 것이다. 당신은 그와 함께 일하고 전체적인 비전을 성취하기 위해서 그를 위해 일을 한다. 당신의 팀이나 사역을 향한 비전을 갖지 말라는 말이 아니지만, 그러한 비전이 목회자로부터 시작된 전체적인 비전 아래로 합해져야 함을 명시하라. 그렇지 않은 경우, 함께 가기 위해 당신의 비전을 변경하거나 내려놓아라. 매우 단순하게도 당신이 목회자의 비전에 굳이 득이 되지 않는 것들을 밀어붙이려 한다면, 그것은 오로지 권위를 가로채고 논쟁을 일으키는 것처럼 보일 뿐이다. 합당한 마음으로 일을 하고 있다고 생각될지라도 목회자에게 충성하지 못하는 모습으로 비춰질 것이고 그런 일은 없어야 할 것이다. 목회자에게 직접 얘기하며 자신의 상태를 전하고 단절의 원인을 살피어 거기서부터 출발하라.

나는 내가 대단한 사람인 줄 알았다.
디바(Diva)가 되지 말고 종(Servant)이 되어라.

나는 장비들을 설치하고 분리하는 환경에서 지금껏 거의 8년을 있었고, 그 이전에는 워십밴드와 함께 집회를 다녔는데 그 말은 수도 없이 설치하고 해체하는 일을 했다는 것을 의미한다. 우리 모두는 각기 다른 환경에서 섬기고 있고 다른 임무들이 있지만, 주당 45시간이 되는 근무시간 중에서, 당신이 무대에서 예배를 인도하는 시간은 1.35% 정도가 된다. 이것은 3시간의 예배인도로, 한 주에 8번의 예배를 인도하지 않는 이상, 우리 모두는 꽤나 시간이 넉넉하다. 혹시 그렇게 많이 하는 사람이 당신이라면 축복한다. 내가 말하고자 하는 것은, 당신이 무대에서 강한 영향력을 끼치지만, 무대 밖에서 영향을 끼칠 수 있는 시간이 더 많다는 것이다. 나는 그것이 주일 아침에 실현할 수 있는 작은 일들이라 생각된다. 기기들을 설치하고, 해체하고, 자신의 장비들을 들고, 다른 이들이 장비 나르는 것을 돕고, 코드선을 설치하고 감고, 당신의 사운드와 기술팀 사운드에 친숙해지고, 일찍 오는 등 섬기는 리더가 되어라. 당신이 뛰어나다는 생각의 올무에 빠지지 말라. 그렇지 않다. 이렇게 하면 당신이 좋은 일꾼들을 모집하고 유지하게 해준다. 왜냐하면 당신이 섬기는 리더십으로 이끌 때, 그들도 공연이 아닌 섬기는 일을 원할 것이기 때문이다.

나는 상처를 잘 받았었다.
디자이너, 비디오그레퍼, 창조예술 역할을 맡은 이들에게: '너무 감정적으로 반응하지 말라.'

나는 당신이 어느 정도 예술적이지 않고는 예배인도자가 될 수 없다고 말할 수 있다. 기본적으로 '창조예술' 역할에 참여하는 자로써 말이다. 예술성이 동반 되면서, 당신은 자신이 창조한 것에 있어서 소유권을 가지게 된다. 나는 단순히 우리가 아는 그래픽, 영상, 세트장 디자인 등만을 의미하기보다 무대와 예배 흐름 혹은 조명과 같은 것을 의미한다. 말하자면, 이러한 것들에 대해 질문 받고, 비평받고, 제지를 당했을 때 우리 안에 있는 예술가가 이를 기분 나쁘게 받아들이는 데, 그 이유는 우리가 창조해낸 '작품'이었기 때문이다! 조언하자면, 너무 예민하게 굴지 말고 오히려 조언과 충고를 환영하면 상함을 넘어 최종 결과물에 더 유익을 줄 것이다. (파피루스 글꼴이 포함되지 않았다는 한에서). 다른 팀원의 의견을 참고하면서, 당신은 더욱 대중의 관심을 얻게 하는 결과를 창출해 낼 수 있게 된다. 이것이 때로는 최종 결과물을 응집력 있고 탁월하게 만드는데 더 많은 수고가 필요하지만 당신은 도전적인 것을 갈망하는 예술가이지 않는가?

나의 예술적인 세계관은 거의 갇힌 환경에 의해서 생겨났었다.
친구를 사귀어라 (교회 밖에서)

나는 교회를 위해 일하고 교회 내에서 일을 한다. 그렇기 때문에 나는 예수님을 알지 못하는 사람들을 많이 만나지 못한다는 사실을 발견한다. 복음 전파의 일을 하는 사무실과 일터에서 시간을 보내기에 '일반' 사무실이나 일터와는 많이 다르다. 나는 사무실 이외의 제3의 장소가 당분간 나의 영역이 되기까지 마음을 먹어야 한다. 사람들의 이름들과 적어도 그들의 지인이 될 수 있는 장소 말이다. 나는 이 일을 할 때 보통 2가지 숨은 동기를 마음에 품는데, 첫째는 내 믿음을 공유하기 위해서고, 두 번째는 세상의 관점을 얻기 위해서다. 당신이 크리스천 세계에 있을 때나 '거품'처럼 모여 있으면서, 그 안에서만 일하려는 경향이 있다. 그랬을 때 문제는 당신이 타 기독교 미디어와 비교되는 좋은 미디어를 창출하는 것으로 끝내게 되는데 거품을 통해 터지면서 세상에 들어가는 순간, 눈에 띄지 않게 되거나 단번에 나빠지게 된다. 그래서 작가, 디자이너, 비디오그래퍼와 같이 예술에 관련된 분야에 있는 사람들을 열심을 내어 찾고 당신의 것들을 보여주어라(그리고 그들의 것들을 보여 달라 청하라). 찢겨질 것을 예상하고, 귀담아 듣고, 상처 입지 말라. 이것이 당신이 만들어내는 예술에 열매를 맺게 할 뿐만 아니라, 하나님께서 당신에게 맡기신 은사와 재능들을 통해 누군가에게 복음을 나눌 수 있는 길을 열게 되는 것이다.

> **코디 데빈포트 (Cody Davenport)**
> 동북 오하이오 주의 토박이로 언제나 음악에 대한 열정을 가지고 있다. Liberty University를 졸업했고 약 10년간 사역 중에 있다. 아내 라레의 남편이자 두 자녀(하퍼와 타이투스)의 아버지다. 대학 이후, 버지니아 주 블랙스버그에 위치한 Northstar Church에서 찬양목사로 섬겼으며 최근 플로리다 주 사라소타에 이주하여 Lakewood Ranch Baptist Church 에서 예술예배 목사로 섬기고 있다.

05 Worship Magazine

칼 아래에서:
성경 속의 희생과 오늘날의 예배

- 글렌 펙키엄 *(Glenn Packiam)*

한번 상상해보자

한 아버지가 그의 가족들에게, "주님께 예배드리러 갈 시간이다."라고 말한다. 그러자 젊은 아들은 들판으로 나가서 어제 아버지가 함께 표시해놓은 어린 송아지를 데려온다. 그때 어린 소녀는 슬픈 눈을 하고 어머니의 치맛자락을 꼭 잡으며 말한다. "송아지는 이제 막 세상 밖으로 나왔는데, 왜 벌써 죽여야 하나요?" 소녀의 아버지는 소녀에게 '이 다음 송아지에게는 너가 직접 이름을 지어주고 돌볼 수 있지만, 이 첫 송아지는 주님께 속한 것이라 어쩔 수 없다'고 말한다. 이제 아들은 송아지를 뒤따르게 하고, 아버지와 제사장에게로 걸어간다. 그리고 송아지는 도살된다. 구슬프게 짖는 소리와 칼날이 움직이는 소리가 아버지와 아들과 제사장을 휘감는다. 그때 누군가가 시편을 읊조리며, 노래하고, 찬양한다. 송아지는 제단 위에 올려지고, 불이 그 사체를 집어삼킨다. 송아지는 완전히 못 알아볼 정도가 되어버렸고, 그것을 태우는 향기는 위로 올라간다. 얼마 뒤 제사장이 송아지로부터 지방을 잘라내었다. 다시 돌아갈 시간이 되자 아버지는 아들의 손을 잡는다. 집에 돌아가자 소녀가 가장 먼저 그들을 맞이한다. 아버지와 아들의 얼굴에는 땀과 흙이 묻어있고, 어두운 적 빛의 얼룩도 있다. 서서히 소녀는 다시 울기 시작한다.

우리는 구약 시대의 제사가 상당히 원시적인 방법이며 진노하시는 하나님의 화를 가라앉히기 위한 종교적인 방법이라고 생각할 수 있다. 그리고 '우리는 저런 동물을 죽이는 어리석은 짓은 안 해도 된다'는 생각을 전반적으로 가지면서 안도의 한숨을 쉬기도 한다. 사실 매번 저런 행동들을 해야 한다는 것은 얼마나 힘든 일이겠는가? 그리고 얼마나 잔혹하고 비인간적인가? 이렇게 우리는 구약시대의 제사구조가 굉장히 율법적이고 공격적이라는 생각을 가지면서, 동시에 그런 것들이 오늘날 우리에게는 적용되지 않는다며 기뻐하곤 한다.

그러나 구약시대에 대한 이러한 관점들에 몇 가지 문제점이 있다. 지금부터 하나하나 살펴보도록 하자.

1. 구약시대의 제사가 멀리 계신 하나님의 진노를 풀어드리기 위한 것이었을까?

간단하게 대답하자면, '그렇지 않다'고 말할 수 있겠다. 하나님께 제물을 바치는 관습은 이스라엘이 만들어낸 것이 아니다. 제물은 고대 시대부터 내려오는 관습을 따라한, 그저 당연하게 여겨지던 하나의 관습이었을 뿐이다. 마치 어떤 사람에게 관심을 표현할 때 꽃을 주는 것처럼 말이다.

그러나 여호와께서 제물을 바치는 관습을 '만들어'(invent)내지 않으셨지만, 이스라엘에게 제사 제도에 대한 형태는 주셨다. 이 제사의 모든 지침은 여호와가 백성과 맺으신 언약이었다. 이스라엘에 율법을 주시기 전, 하나님은 아브라함을 통해 언약을 맺으셨다. 구약에서 전하는 순서는 먼저 '언약'이고 그 후에 '구원'(출애굽)이며 그 다음이 '가르침'(토라 전수)이다. 하나님이 아브라함에게 언약을 주셨고, 이미 하나님의 백성이 된 사람을 모세를 통해 애굽에서 건져내셨고, 제물을 바치는 방법을 포함한 가르침들을 이미 구원받은 하나님의 백성인 이스라엘에 주신 것이다.

제물은 하나님과의 관계를 확고하게 만들지 않는다. 그저 관계를 비출 뿐이다. 가족 관계를 생각한다면 조금 쉽게 이해될 것이다. 당신의 자녀는 당신에게 속해 있다. 자녀가 무엇인가를 해서 자녀가 된 것이 아니라, 자녀는 당연히 그 자체로 당신에게 속해 있는 것이다. 자녀가 곤경에 빠진다면, 당신은 아마 자녀를 구하러 갈 텐데, 이것은 자녀가 당신에게 속하게 하려고 구하러 가는 것이 아니다. 이미 당신의 자녀이기에 구하는 것이다. 그리고 자녀에게 서로 싸우지 않고 착하게 놀라고 가르치거나, 식탁에서 자세를 똑바로 하라고 가르치는 것은 이미 당신의 아이들이기에 가르치는 것이다. 이웃집 아이들에게는 이 같이 할 수는 없을 것이다. 물론 하고 싶으실 수도 있겠지만 말이다. 또한 당신의 자녀가 당신에게 선물을 준다면, 선물을 받았기에 그 자녀가 당신에게 속하는 것은 아니다. 그것은 그저 여러분과의 관계를 더 확신하게 하는 행동일 뿐이다.

풀러신학대학원(Fuller Theological Seminary)의 구약학 교수인 존 골딩게이(John Goldingay)는, "제물은 하나님과 사람과의 관계를 성립시키는 것이 아니라, 표현이자 발전이며 치유의 한 행동이다"라고 말했다. 이스라엘에게 제물은 하나님의 백성이 되는 길이 아니라, 그저 하나님의 백성으로서 삶의 방법이었다는 것이다.

더 나아가, 레위기(구약성경에 있는 제사 제도에 관해 가장 많이 언급하고 있는 책)에서는 하나님의 화가 언급되지 않았다. 즉, 제사는 원래 (혹은 전혀) 여호와의 화를 푸는 것과 전혀 관계가 없다. 그럼, 아마 다음과 이어지는 질문이 등장할 것이다.

2. 그러나 제사는 죄 때문에 드리는 것이 아닌가?

다시 간단하게 대답하자면, 이 역시 '아니다'라고 대답할 수 있겠다. 레위기 1-7장에는 다양한 종류의 제사와 제물들, 그리고 그 제사를 드리는 다양한 상황에 대해서 전하고 있다. 레위기 1-2장에 나오는 소제(grain offering)와 전제(whole offering)는 여호와께 헌신을 표현하는 것이고, 레위기서 3장에 나오는 화목제(fellowship offering 혹은 well-being offering)는 감사를 드리는 것이며 다른 사람들과 함께 음식을 나누는 것이다. 레위기서 4-5장에 나오는 '정결제'(purification offering)도, 가끔 '속죄제'(sin offering)로 번역되기는 하지만 죄를 해결하기 위한 것이라기보다는 죄의 결과로 생긴 얼룩을 씻는 일에 더 가깝다고 할 수 있다. 예를 들면, 비행기에서 커피를 당신과 당신 옆에 앉아있는 사람에게 쏟았을 경우를 생각해 보자. 고의가 아니지만, 일단 옆 사람에게 사과를 할 것이다(고의였다면 정말로 사과해야 한다). 그렇지만, 그 상황에서는 사실상 당신의 옷과 옆 사람의 옷에 진 얼룩에 대해 고려해야 한다. 즉시 냅킨으로 흘린 커피를 빨아들여야 한다. 마찬가지로, 레위기는 때로는 의도하지 않게 우리 행동에 의해 얼룩져서 '깨끗하지 못한' 상황에 대해 정리해 준다. 그리고 마지막으로, 레위기서 6-7장에 죄로 고통 받는 관계를 바로 잡는 '배상제'(reparations offering) - '속건제'(guilt offering)라고도 번역 되는 - 가 있다. 그런데 커피 쏟은 이야기로 다시 돌아가서, 당신의 옷에 묻은 얼룩보다 더 큰 문제가 있다. 바로 옆 사람의 옷에 묻은 얼룩이다. 이때 '배상'(reparations)은 옆 사람 옷을 드라이클리닝 하는 돈이라고 생각할 수 있다. 그래서 이 제사가 죄와 가장 직결된 제사라고 할 수 있다. 그리고 일년 중, 하루 온 종일을 죄를 씻음 받기 위해 보내는 날이 있다. 바로 레위기서 16장에 나오는 대속죄일(The day of Atonement)이다. 이날은 여호와와 사람과의 관계를 바로 잡는 날이라고 할 수 있다.

| 뉘앙스

즉, 제사는 경우에 따라 다른 의미를 가져올 수 있다. 골딩게이의 저서 Atonement Today에서, 그는 제사를 통한 능력을 꽃을 주는 오늘날의 문화와 비교하여 좀 더 다르게 표현하고 있다.

"하나님께 드리는 선물로써 구약의 제사는 꽃을 주는 것과 같은 의미를 부여한다. 감사의 제사는 하나님께서 개입하신 부분에 대해 감사를 표현하는 것이다. 전제는 동물의 모든 부분을 다 포기하고 드림으로써, 그 사람이 하나님께 헌신한다는 것을 표현한다. 속죄제와 속건제는 죄의 얼룩을 깨끗하게 씻을 수 있고, 실수를 만회할 수 있다."

3. 이 모든 것이 구약의 하나님에 대해 어떻게 이야기하고 있는가?

여호와와 제사에 대한 이야기에서, 성경 첫 부분에 등장하는 것 중 하나가 사람을 제물로 쓰는 것이다. 아마 어렸을 때부터 교회를 다닌 사람이라면 아브라함과 어린 이삭의 이야기를 알 것이다. 그런데 그 이야기 중간에 있는 굉장히 전율을 일으킬만한 이야기를 놓쳤을 수도 있다. 하나님이 정말로 아버지에게 아들을 죽이라고 했을까?

만약 이 전율을 일으킬만한 부분을 놓쳤다면, 이 이야기의 중점을 놓친 것과 다름이 없다. 그렇다. 하나님은 아브라함을 시험하고 계셨다. 그러나 여호와께서 분명 아브라함에게 그렇게 하라고 하셨다. 원래 아브라함은 우상을 만드는 사람의 아들이었다. 하나님이 사람을 제물로 바치라고 한 것은, 심지어 자식을 바치라고 한 것은, 고대 사회에서 그다지 드문 일은 아니었을 것이다. 그 예로, 가나안인들은 사람을 제물로 바쳤다. 아마 이 방법이 가장 헌신을 잘 표현하는 방법이라고 생각했을 것이다. 즉, 달리 말하자면, 여호와는 아브라함이 알아들을 수 있는 방식의 언어로 아브라함에게 말씀을 하신 것이다. 아브라함만이 알 수 있는 헌신 방법을 여호와께서 아브라함에게 말씀하신 것이다. 그런데 이 이야기의 절정은 하나님께서 아브라함에게 이삭을 바치고 하신 부분이 아니라, 하나님이 아브라함에게 하지 말라고 하신 부분이다. 여호와를 예배하는 자들은 노트에 이 사실을 적어야 할 것이다. "여호와는 몰렉과 같지 않다. 여호와는 사람의 피를 원하는 게 아니다! 어린 양을 제사를 위해 주는 분이시다."

하나님은 영원히 한결같은 분이시다

여호와는 심지어 '제사'이 없이도 이스라엘의 죄를 '짊어 지셨다'(carry). 제사는 죄의 삯과 얼룩을 깨끗하게 해주지만, 여호와의 용서를 가능하게 해주지 않는다. 오로지 여호와는 그의 '온전한 자비와 충만한 사랑'으로 용서하신다. 구약성경에서 '정결함'(cleasing), '덮어줌'(covering), '짊어짐'(carrying)으로 나타난 죄에 대한 하나님의 응답을 보면 더 잘 이해할 수 있을 것이다(이 세 단어는 골딩게이의 핵심주제이기도 하다). 커피 쏟은 이야기를 생각할 때, 당신은 당신의 얼룩을 '정결케'해야 한다. 그 얼룩을 '덮고', 휴지로 흘린 커피를 빨아들이고, 옆 사람에게 드라이클리닝 비용을 지불할 수 있다. 하지만 결과적으로, 그 옆 사람은 화를 내지 않는 것을 선택하면서 그 얼룩을 - 그 결과를 - 짊어지고 가게 된다(여행하는 도중에는 다른 바지가 없기 때문에 화를 낸다고 해도 소용이 없다). 이처럼 비용을 준다고 해도 옆 사람의 은혜가 필요한 것이다. 마찬가지로, 제사가 얼룩을 씻어내고 잘못을 덮을 수는 있지만, 오직 은혜의 하나님만이 그 죄의 무게를 짊어지실 수 있다. 그래서 구약은 항상 사람들의 죄를 짊어지신 하나님에 대해서, 출애굽 당시 제사를 드리지 못했을 때에도 죄를 짊어져주신 하나님에 대해서 이야기한다(Goldingay, OT

Theology, Vol.2, p 125~126).

이렇게 죄를 짊어져주시는 구약의 하나님을 생각해 본다면, 하나님이 예수님을 보내신 것이 그렇게 충격적인 것이 아니라, 당연한 방법으로 기대할만한 것임을 알게 된다. 여호와는 항상 우리의 죄를 짊어져 주신다. 언제나 제사를 준비해 주셨고, 예수님을 보내서 "단 한번에" 해결해주셨다. 그렇다면, 이제 다음 질문이 나올 것이다.

4.그렇다면, 오늘날 우리의 예배에서 제사는 어떤 의미를 갖고 있는가?

아마 우리가 할 수 있는 것들을 생각하게 될 것이다. 찬양, 율동, 훌륭한 음악적 기능, 혹은 순종의 삶을 하나님께 기쁘게 바칠 수 있는 것들이다. 그것들은 분명 진실한 것이다. 구약시대에서 속죄가 아닌 감사 제사를 생각해볼 때, 그 예배의 본질은 제사의 의미를 진심으로 이해하는 데에 있다. 즉 여호와께서 예배를 위한 제물, 여호와의 축복에 대한 결과인 동물이나 곡식들을 항상 준비해주신다고 생각해볼 때, 우리가 드릴 수 있는 것은 바로 '모든 것'이다. 곧 우리의 삶 전부이다.

| 오직 예수 안에서

하지만 신약과 위대한 교회의 신학자들은 이 모든 것이 예수님을 통해서만 가능하다고 조심스레 언급한다. 구약시대의 제사 구조의 필수 요소들은 성전과 제사장, 제물이었다. 그런데 복음서와 이를 가장 잘 설명하는 히브리서에서는 예수님이 이 셋의 역할을 다 하신다고 전한다. 그러므로 우리는 성직자에 대해 말하기 전에 예수님의 성직에 대해서 알아야 하고, 우리의 몸이 하나님이 거하시는 성전이 되기 전에 하나님이 온전히 거하시던 예수님의 몸이 성전이었음을 알아야 한다.

마찬가지로, 우리가 예배에 바치는 봉헌을 하기 전에, 예수님이 봉헌의 제물이 되심을 반드시 알아야 한다. 물론 예수님이 제물 되심은 다들 아는 바이지만, 예수님은 그저 속죄의 제물에 그치시는 것이 아니라, 우리가 드리는 예배의 주인이시다. 예수님은 자신의 모든 삶을 아버지의 손에 맡긴 '전제'와도 같은 분이시고, 자신의 피와 살을 우리의 양식으로 떼어주신 '화목제'와도 같은 분이시다. 예수님은 그분의 보혈로 우리의 죄를 깨끗이 씻어주신 '정결제' 같은 분이시며, 여호와와 우리와의 관계를 바로 잡아주시는 '속건제'같은 분이시다.

| 우리의 예배 신학을 다시 점검해보기

예배에서 우리의 제물은 예수님을 통해 이루어진다. 그런데 이 사실은 "예배는 하나님이 누구인가에 대한 우리의 답변이다."라는 유명한 말에서 경험하게 되는 우리의 한계를 극복하게 해 준다. 사실 우리의 답변은 기쁜 봉헌이 될 수 없다. 오직 예수님을 통해서만이 찬양과 기도를 드릴 수 있고, 깨어진 삶이 완전한 제사가 될 수 있고, 축복이 될 수 있고, 온전해질 수 있고, 하나님께 기쁨이 될 수 있다. 우리의 삶을 바쳐야 할 예수님을, 우리를 위해 고난 받으시고 다시 일어나신 예수님을, 우리의 제사장이시고 성전이신 예수님을 알지 못한다면, 우리를 하나님의 산 제물로 바칠 수 없다.

이제 다음과 같은 마지막 질문을 해볼 수 있겠다.

5. 그렇다면, 어떻게 우리의 예배 안에서 이런 사실을 알맞고, 상징적이면서 구체적으로 표현할 수 있을까?

(한숨) 정말로 예수님은 우리의 제사장이시고, 예배의 제물이시자 우리가 드리는 찬양과 봉헌의 대상이심을 표현할 수 있는 표적이나 행동, 아니면 비슷하게라도 드러낼 수 있는 것이나, 혹은 읽을 수 있는 방법이 있다면…….

아, 잠깐……. 있다! 교회가 탄생할 때부터 기독교인의 예배에서 가장 한 가운데를 차지했던 것이지만, 안타깝게도 선택 항목으로 바뀌어버린 것이 있다. 한 때는 예배의 가장 절정이었으나 - 아직도 천주교나 동방 정교회, 그리고 어떤 프로테스탄트들도 참여하기는 하지만 - 대부분의 예배에서 금방 휙 지나가버리는 2분 정도의 '요소' 정도로 인식되는 것이 있다. 사람들이 그냥 크래커 한 조각과 약간의 포도주를 플라스틱 컵에 마시는 시간, 곧 성찬식이다. 우리는 모두 성찬식이 중요한 것을 알고 있다. 그래서 적어도 일 년에 네 번은 한다. 그러나 솔직히 왜 중요한지는 잘 모른다. 이것이 위에 말한 바를 굉장히 잘 상기시켜주는 의식인데도 말이다.

| 궁극적인 제물과 예배의 만남

아니면, 이 성찬식은 하나님께서 타락하고 얼룩진 이 세상에 우리의 죄를 짊어질 제물, 곧 아들을 보내 주신 것과, 아들의 피로 우리의 죄를 한 번에 씻어주시고 덮어주신 것을 고백하고 선포하는 의식일까? 오직 성찬대 앞에 서야만 '우리가 드리는 예배와 봉헌이 예수님 안에서 이루어지지 않는다면 아무 의미가 없음'을 깨닫게 된다. 이렇기 때문에 성찬식은 예배에서 가장 절정의 순간 여겨져야 한다. 찬양은 축하하고 기념할 수는 있지만, 맹세나 서약이 될 수는 없다. 성찬식에서의 서약만이 예수님 안에서 이루어지는 우리의 속죄와 제사를 고백하게 하며 예수님 안에 속하게 한다.

> **글렌 펙키엄 *(Glenn Packiam)***
> 콜로라도 스프링(Colorado Spring)에 있는 뉴라이프교회(New Life Church)의 지교회 중 하나인 뉴라이프 다운타운(new life DOWNTOWN)의 수석 목사이며 스피리츄얼 포메이션(Spiritual Formation)에서도 목회를 병행하고 있다. 최근에 집필한 Lucky: How the Kingdom Comes to Unlikely People(David C. Cook, 2011, 행운: 어떻게 가망 없는 사람에게 하나님의 왕국이 임했을까)를 비롯하여 많은 책을 썼다. 또한 데스퍼레이션 밴드(Desperation Band)의 공동 설립자이자 작곡가 겸 솔로가수로 활동하고 있다.

만남(Encountering)

– 데이브 윌리엄슨 (*Dave Williamson*)

솔직히 고백한다. 오늘 아침 교회에 가고 싶지 않았다. 이번 주 내내 끝이 보이지 않게 일해야 했기 때문이다. 계속해서 잠옷과 슬리퍼를 신은 채, TV에서 설교하는 찰스 스탠리(Charles Stanley) 목사의 설교를 보며 예배드리고 싶었다.

하지만 주말을 집에서 보낸 적은 거의 없다. 온라인 예배 대신 '살아 있는' 목사님의 가르침을 받는 것은 내 삶의 좋은 경험이 된다. 덧붙여 말하자면, 내 아내는 이미 출발할 모든 준비를 마쳐놓고 있었다. 나는 옷을 입고 차에 탔다.

| 내게 말하지 마라

11시 11분이 되자, 예배 인도를 담당한 조나단 알렌(Jonathan Allen) 목사는 찬양을 시작했다. 그들은 정말 멋지게 찬양한다. 주변을 둘러보니 모두 깊이 예배에 빠져들었고, 나 역시 눈물이 흘렀다. 그러던 중 조나단 목사가 말했다. "저희가 당신을 위해 찬양을 부르겠습니다. 당신은 잠잠하게 하나님께서 하시는 말씀을 들으세요." 그렇게 묵상하며 왜 내가 여기 왔는지 확신할 수 있었다. 그렇게 나는 하나님과의 만남을 경험했고, 내 모든 것은 변화되었다.

| 첫 번째 반응

기독교인의 모든 삶은 하나님에 대한 반응이다. 그가 누구인지, 그가 어떤 일을 하셨는지에 대해 우리는 삶으로 반응하는 것이다. 따라서 우리의 삶이 예배다. 하나님의 말씀을 듣지 않고 추측하는 것은 우리를 혼란에 빠뜨린다. 하지만 대개 무대에서 우리가 하는 말은 무엇인가? "다시 찬양합시다!", "더 크게 외치세요!", "손뼉 치세요!", "춤춰도 됩니다!", "소리 지르세요!" 물론 이것은 모두 성경이 말하는 다양한 악기다. 하지만 우리와 하나님 사이에 대화하는 것보다 더 중요한 것이 있을까?

만약 우리의 목표가 예배 안에서 하나님과의 진실 된 교제를 만들어가는 것이라면, 그것은 어떻게든 이루어질 수 있을까? 물론이다. 일반적으로 계획에 의존하지 않고 나아갈 때 만남은 이루어진다. 예배를 계획하고 인도하는 사명자로서의 우리는 성도들에게 하나님의 음성을 들을 수 있는 시간과 공간을 제공해야 한다. 이제 그 몇 가지 조건에 관해 이야기해보겠다.

| 단독으로

단독으로 찬양하는 것은 사람들에게 하나님과 교제할 수 있는 기회를 주는 이점을 가진다. 당신의 팀원들은 단독으로 찬양할 수 있는 은사를 지녔다. 그들의 은사가 발휘될 기회를 제공하자. 설교 시간에 특정한 테마로 찬양하는 것 역시 좋은 아이디어라 할 수 있겠다. 나는 '내게 있는 모든 것을'(I Surrender All)이 불리며 설교가 효과적으로 전달되는 것을 경험했다.

| 악기들

더 길게 악기를 사용하라. 단독으로 기타를 연주하거나, 키보드 등 어떤 것이라도 악기만으로 연주하는 것이다. 찬양을 시작할 때나, 한 절을 악기만으로 연주하는 것도 좋을 것이다. 다만 연주자는 연주(Play)로 기도(Pray)해야 한다는 사실을 잊지 말아야 한다. 그들은 단순히 연주하는 것이 아니라, 하나님의 은혜를 사람들에게 전달하는 사명을 감당하고 있다.

| 조용히

조용히 반응하는 시간을 갖자. 이 시간은 가장 위험함과 동시에 가장 효과적인 시간이다. 물론 모든 조용한 시간이 충만하게 채워진 것은 아니다. 우리가 직접 인도하지 않았다면.

| 찬양대(성가대)가 인도하는 침묵

중세 시대에 사용된 찬양으로 예배를 인도해보자. 하나님을 흠모하며, 화려함 없이 위를 향해 직접 부르는 찬양으로 말이다. 성가대는 워십리더로서의 자기 모습을 찾는데 도움을 받을 수 있을 것이다. 그 어떤 공연보다 강력하게.

| 계속해서

이제 마무리하자. 예배인도자인 당신은 하나님의 목소리에 귀 기울여야 하고, 성도들이 예배를 통해 그 음성에 반응하도록 도와야 한다. 영과 진리 안에서 자연스럽게 진행되는 예배(요 4장)는 하나님의 음성을 듣고 그에 반응하는 시간을 포함해야 한다. 우리 예배에서 살아계신 하나님을 만나도록 하자. 홀로 찬양받으시기에 합당하고, 우리를 변화시킬 수 있는 하나님을!

데이브 윌리엄슨 *(Dave Williamson)*
목사, 프로듀스, 편곡자이며, "God's Singers"의 저자이다. worshipleadingchoir.com

식탁의 회복

- 레너드 스윗 박사 *(Dr. Leonard Sweet)*

오늘날 우리가 살아가는 이 순간 인류를 위협하는 괴물들을 쫓아버릴 "은총알(silver bullets, 은으로 만든 총알로, 악마를 쫓아버린다는 의미가 있다)"이나 "금망치(golden hammers)" 같은 것은 없다. 그러나, 우리가 단 하나를 행한다면, 이 한가지가 우리가 살아가는 바로 이 세계에 드라마틱한 변화를 일으킬 수 있을 것이다. 그 한가지는 바로 이것이다. 식탁을 회복하는 것. 식탁을 모든 가정, 교회, 공동체의 가장 거룩한 가구로 만드는 것이다.

이 한가지는 우리 가정과 교회가 오늘날 직면한 최고의 문제를 거의 틀림없이 드러낼 것이다. 우리 자녀들, 공동체 세계에 믿음을 재현할 수 없는 우리의 무능이 바로 그것이다. 서구 사회(좌, 우, 중간 할 것 없이 모든)의 기독교는 메마르고 소진된 종교가 되었으며, 하나님과 생명에 대한 새로운 것들을 우리에게 말해주는 능력은 생명력 없는 반복과 인습적인 구속, 우리가 속해 있는 세계에 실효성 있는 반응을 제공할 수 없는 진부한 모방(pastiche) 속에서 소비되고 말았다. 번식의 위기를 맞이한 종에게는 여지없이 "멸종"이라는 이름이 부과된다.

| 재난적인 메뉴

우리가 그동안 이러한 번식 문제에 직면하여 공표했던 지배적인 수단들은 교회에 적용하고 응용하기 위한 전략과 새로운 방법론들을 고안하는 것이었다. 이것은 문제에 대한 오진인데, 온전한 치유는 병에 대한 올바른 진단 없이는 불가능하다. 다시 말해, 범주화의 오류는 재앙에 가까운 오류인 것이다. 그리고 우리의 현재적 상태는 재난적이라고 말할 수 있겠다.

이 시대 문화의 주 언어가 이야기와 이미지, 내러티브(narrative)와 은유(metaphor)(이 둘을 합쳐 내러포(narraphor)라고 할 수 있다.)인 상황 속에서 가정들과 교회는 번창해야 한다. 그러나 21세기 시대에 우리가 자신을 발견하는 엄밀한 의미의 자국어인 기독교의 모국어가 이야기와 이미지일 때 "현대 기독교"는 단어에 기반하고 절이 뒷받침하며 원칙이 추동 하는 진리를 위한 템플릿을 배반한 것으로 기독교인들보다 더 "현대적"인 양상을 보여준다. 이것은 기독교 믿음 그 자체의 링구아프랑카(lingua franca, 모국어를 달리하는 사람들이 상호이해를 위하여 습관적으로 사용하는 언어)이자 모국어이기도 한 것이다.

우리는 정체성의 위기를 겪고 있다. 정체성 문제를 말할 때조차, 우리는 기독교적인 "세계관"이나 "성경적 가치" 혹은 "기독교적 원칙"에 의거해서 정체성을 구축하고자 한다. 정체성은 내러티브 형성을 요구한다. 인간들은 내러티브적인 정체성을 위해 연결된다. 우리는 가치, 원칙, 버팀목 같은 것이 아닌 이야기 위에서 강한 자기 정체성을 구축할 수 있다. 내러포(narraphor)만 오직 세포의 불꽃을 점화시키고 그 불을 함께 불러모으며 연결시킬 수 있는 것이다.

| 영양적 가치를 상실한

    기독교의 독특함은 식탁에서 일어나는 이야기와 이미지 위에서 지어지고 형성된 정체성에 기인한다. 기독교는 식탁 주위에서 만들어졌다. 연단이나 제단, 책이 아닌 식탁과 음식인 것이다. 복음에 대한 최고의 정의가 바로 이것이다. "예수님은 나쁜 사람들에게 좋은 음식이시다." 예수님에 대한 비평가들은 예수님에 대한 풍자적인 말들까지 만들어냈다. "먹기를 탐하고 포도주를 즐기는 사람이요 세리와 죄인의 친구로다"(마 11:19). 다음은 세 문장으로 된 구약 말씀이다. "그들은 우리를 죽이려 했다. 우리는 살아남았다. 함께 먹자!" 세 다음은 세 문장으로 된 신약 말씀이다. "나는 너를 사랑한다! 내가 너를 용서하노라! 함께 먹자!!"

    우리 기독교는 그 자체를 음식과 식탁의 견지에서 정의하는 종교이다. 예수님의 탄생 이야기에서 마구간에는 식탁이 있었다. 예수님은 그분께서 말씀하신 복음의 이야기로 인해 죽임을 당하셨는데 성경 신학자 로버트 캐리스(Rober Karris)는 "예수님께서는 그분께서 먹으셨던 방식 때문에 죽임을 당하셨다."고 표현한다.

    기독교의 정수는 평범한 식탁에 새로운 이야기와 새로운 먹는 방식을 가져온다는 것이다. (그리고 새로운 만찬 초대 손님들도 말이다.)

    그러나 우리는 식탁을 잃어버리고 음식을 음식 이외의 것으로 축소해버린 역사 안에서 자신을 발견한다. 기독교에 생명력과 활기를 다시 불어넣기 위해서는 식탁을 회복해야 한다. 우리 공동체나 자녀들에게 더 이상 믿음을 전파하고 재생산할 수 없는 지점으로부터 우리 가정에 힘을 북돋우고 기독교의 자연 감소율에 반전을 가져오는 지점에 이르기 위해서 해야 하는 가장 중요한 일은 식탁을 회복하는 일이다. 예수 그리스도를 높여드리는 일 외에 우리가 사는 세계를 더 나은 곳으로 만들기 위해서 할 수 있는 최고로 중요한 일은 식탁을 회복하는 일인 것이다.

| 최고의 명약

모든 가정집에서 가장 중요한 가구는 무엇일까? 그것은 소파나 침대, 케이블 TV가 아닌 바로 식탁이다. 식탁에서는 음식과 이야기들이 한 사람에게서 다른 사람에게로 건네어지며 우리 각 사람은 식탁 자리에서 우리가 누구이고 어디에서 왔으며, 어떠한 가능성을 지녔고 누구에게 속해있고 무엇을 위해 부름 받았는지 등을 알 수 있다. 가장 빨리 가장 커다란 변화를 일으킬 수 있는 그 한가지는 무엇일까? 식탁을 회복하는 것이다.

슬프게도, 미국인들(USAmericans, 미국 출신의 북미인들)은 이제 더 이상 함께 식탁을 공유하지 않는다. 우리는 식탁을 잃어가고 있다. 우리는 하루 5번의 식사 중에서 1끼니를 차 안에서 해결한다. 4명 중에서 1명은 매일 한끼를 패스트푸드로 먹는다. 대다수의 미국 가정들의 경우에 함께 식사를 하는 횟수는 일주일에 5회 이하이다. 우리는 식탁을 잃어가고 있다. 60년 전, 평균 저녁 식사 시간은 90분이었지만 오늘날은 12분 이하에 불과하다. 게다가 저녁을 함께 하는 횟수도 점점 더 빈도수가 줄어가고 있는 것이다. "함께 하는 만찬"은 거의 TV 앞에서 이루어진다. 부모가 자녀들과 의미 있는 대화에 소요하는 시간이 주당 평균 38.5분이라는 사실도 놀라울 것이 없다. 미국 가정들은 대략 이와 비슷한 시간을 패스트푸드 식사에 소비하고 있다.

코디 딜리스트래티(Cody C. Delistraty)는 최근 월간지인 애틀랜틱(The Atlantic)의 공상과학 문학을 발췌하여 식탁의 상실이 "육체적, 정신적, 정량적으로 관측가능한 부정적 영향력"을 가진다는 사실을 발견했다. 대중 문화는 일련의 TV 프로그램 안에서 과학을 모방하며, 이것은 식탁에서 기도하는 가정들을 특징으로 한다. (덕 다이너스티(Duck Dynasty), 블루 블러드(Blue Bloods) 등)

| 삶을 위한 런치패드(Launch-Pad)

요약하자면 햄 스파게티를 혼자 먹는 것보다 잼과 토스트 식빵을 함께 먹는 것이 더 낫다. 오트 퀴진(haute cuisine) 진수성찬을 혼자 먹는 것보다 간단한 음식을 함께 먹는 것이 더 낫다. 함께 먹는다는 것은 식탁에 모인 모든 이들을 동등하게 해주며, 식탁이 모든 관점에서 더욱 다양할수록 하여 불평등의 분리적 관계를 치유할 수 있는 것이다.

모든 부모, 그리고 자녀들은 처음 세상에 태어나 말을 뗀 순간과 마지막 임종의 말을 소중히 여긴다. 하나님께서 우리에게 말씀하셨던 첫 말씀 또한 중요하다. 성경에서 보여지는 최초의 명하심은 하나님께서 처음으로 말씀하셨을 때이다. 하나님께서 처음 말씀하신 바는 바로 "자유롭게 먹으라(여호와 하나님이 그 사람에게 명하여 이르시되 동산 각종 나무의 열매는 네가 임의로 먹되, 창 2:16)"였다.

성경 속에 나타난 마지막 계명은 하나님께서 마지막으로 말씀하셨을 때였다. 하나님의 입으로 말씀하신 마지막 말씀은 "자유롭게 마시라(또 원하는 자는 값없이 생명수를 받으라 하시더라, 계 22:16)"였다.

성경에는 책버팀(bookends)이 있다. 이러한 책버팀들은 우리를 향한 하나님의 최초, 그리고 최후의 계명이다. "자유롭게 먹고, 자유롭게 마시라." 그리고 이 두 계명 사이에 있는 모든 것들은 태블릿이 아니다. 그것은 테이블인 것이다. 이 식탁 위에는 스낵, 스모가스보드(smorgasbord, 온갖 음식이 다양하게 나오는 뷔페식 식사로 먹고 싶은 것은 먹고 아닌 것은 남기는), 테이크아웃

용 패스트푸드가 아닌 식사가 차려진다. 이 식탁에는 인생의 과정을 담은 식사가 차려지며, 우리는 세상의 떡이시며 구원의 잔이신 예수 그리스도께 감사를 드리는 심령으로 식탁을 기념한다.

예수님께서는 우리의 식사권이 아니시다. 예수님께서는 우리의 만나이시고 내일이시다.

우리가 이것을 어디에서 배울 수 있는가? 바로 식탁에서이다. 한 식탁에 함께 둘러앉아 서로의 얼굴을 바라보며 좋은 음식, 좋은 대화, 좋은 웃음, 좋은 이야기들에 관해 나눌 때 이보다 더 좋은 것은 없을 것이다. 살아감, 사랑, 존재와 같은 삶의 가장 중요한 질문들에 대한 답은 예수님께서 머리 되신 성찬의 식탁에서 가장 잘 드러날 것이다.

* 함께 식사를 하는 경우

· 마약을 하지 않으며 건강하고 지적이며 친절한 성품을 가진 자녀들을 양육하는 부모들을 위한 제 1의 요소는 … "가족 단위의 저녁식사를 자주 함께하는 것"이다.

· 어린 자녀들의 언어 형성에 있어서 놀이를 포함한 다양한 가정 행사보다 더욱 큰 영향을 미치는 것은?…"가족과 저녁식사를 자주 함께하는 것"이다.

· 청소년기의 소녀들이 겪는 식습관 장애를 방지하기 위한 최고의 예방책은?…"긍정적인 분위기"가 담긴 "가족과 저녁식사를 자주 함께하는 것"이다.

· 과체중 문제를 겪지 않는 아이들을 판별하는 가장 큰 예측 변수는? … "함께 식사를 하는 것"이다.

· 향후 고등학교와 대학교에서 높은 학업 성취도를 보일 초등학생을 판별하는 가장 큰 예측 변수는? … "함께 식사를 하는 것"이다.

· 11세에서 18세 자녀들의 우울증과 자살에 관한 생각들의 발생율을 낮추는 것과 연관된 가장 큰 변수는? … "가족과 저녁식사를 자주 함께하는 것"이다.

· "정서적이고 행동적인 문제를 덜 겪고 감정적으로 높은 안정도를 가지며, 다른 이들에 대하여 도움이 되고 신뢰를 주는 행동 양식을 수반하며 삶에 대한 만족도가 높은"자녀를 원한다면, 당신이 필요한 것은…"가족 단위의 저녁식사를 자주 함께하는 것"이다.

레너드 스위트 (Dr. Leonard Sweet)

현대 문화에 관해서 가장 풍성하고 영향력 있는 책, 블로그, 기사, 설교문의 기고가이다. 그는 NWLC(National Worship Leader Conference)의 정규 교수진이다. 세계적으로 영향력 있는 것으로 평가 받는 페이스북과 트위터를 운영 중이다. 드류신학대학(Theological School of Drew University)에서 'E 스탠리 존스 복음학과장(E. Stanley Jones Chair of Evangelism)'직을 지내고 있으며, 조지 폭스 대학(George Fox University)의 방문교수(Visiting Distinguished Professor)로 재직 중이다.

하나님의 정의를 기리는 찬양하기

– 마크 로버츠 (Mark Roberts)

예배와 사회적 정의와 같은 주제와 관련된 문제를 곰곰이 생각해보던 중, 어떤 실험을 해볼까 하는 생각이 들었다. 그래서 CCLI에서 상위 50위 안에 드는 찬송가들의 가사 전문을 읽으며, 사람들이 노래를 통해 하나님의 정의를 어떤 식으로 기리고 있는지를 살펴보았다. 가사들을 조사해보니, 충격적인 결론이 나왔다. 바로, 사람들이 하나님의 정의를 기리지 않는다는 것이었다. 우리가 가장 사랑하고, 가장 자주 부르는 찬송가 대부분에서 하나님의 정의에 대한 얘기는 조금도 찾아볼 수 없다. '정의'란 단어가 나온 노래는 세 곡이었다. 그 중 단 한 곡만이(정확히 '정의'라는 단어를 사용하지는 않았지만) "이곳에 당신의 왕국을 세우소서"라며 하나님의 정의를 사회적 정의라는 주제로까지 발전시켰다. 아래는 노래 가사의 일부다.

사로잡힌 영혼들을 자유로워지고
상처입은 사람들, 아픈 사람들, 가난한 사람들이 평화를 누리는 모습을 보

기 위해

천국의 큰 뜻을 위해 우리의 삶을 내려놓으니

이 곳에 당신의 왕국을 세우소서

어둠의 세력이 두려워하도록

전능한 손을 보여주소서

우리의 길과 땅을 고쳐주소서

달리 말해, CCLI 상위 50위 안에 드는 찬송가 중에 하나님의 정의를 주요 주제로 다루는 노래는 없다는 얘기다. 이를테면 하나님의 왕국과 같은 단어가 나와서 사회적 정의를 직접적으로 가리키는 것처럼 보이는 경우에도, 대부분은 하나님을 세상을 정의로 다스리는 분이 아닌 '나의 왕'이라 칭하며 주제를 개인의 범위로 축소시키고 있다.

성경에 담긴 정의

이토록 정의라는 주제가 소홀히 다뤄진다고 해서 무엇이 문제가 된단 말인가? 하나님의 정의를 기려야 하는, 그 이유를 몇 가지 꼽아보겠다. 첫째, 찬송가 50곡을 살펴봤던 것과 같은 실험을 시편으로 해보아라. 처음부터 50편까지의 시편을 보거나 무작위로 50편을 꼽아보면, CCLI 인기 50곡을 살펴봤을 때와는 놀라우리만치 대비되는 결과가 나올 것이다. 시편 7:6은 하나님이 일어나 '공의'를 실현해달라는 요청을 담고 있다. 시편 9:16에서는 "주님은 공정한 심판으로 그 모습 드러내신다"고 명시되어 있다. 시편 11:7은 "주님은 의로우셔서, 정의로운 일을 사랑하는 분"이라 선언한다. 시편 33:5에서도 "주님은 정의와 공의를 사랑하시는 분"이라 나온다. 시편 전체가 이와 같은 식이다. 명백하게도, 하나님은 시편에서 찬양과 숭배만이 아니라 정의에도 중요한 의미를 부여했다. 그러므로 우리가 찬양을 할 때에도 정의 또한 중요하게 다뤄야 한다.

| 정의 위에 세워지는 예배

둘째, 선지자 이사야를 통해서 분명히 드러나건대 하나님은 정의가 실현되고, 또 이를 기리는 찬양을 매우 흡족히 여기는 분이다.

"내가 기뻐하는 금식은, 부당한 결박을 풀어 주는 것, 멍에의 줄을 끌러 주는 것, 압제 받는 사람을 놓아 주는 것, 모든 멍에를 꺾어 버리는 것, 바로 이런 것들이 아니냐? 또한 굶주린 사람에게 너의 먹거리를 나누어 주는 것, 떠도는 불쌍한 사람을 집에 맞아들이는 것이 아니겠느냐? 헐벗은 사람을 보았을 때에 그에게 옷을 입혀 주고..."(이사야서 58:6-7)

이처럼 정의를 중요시 여기는 하나님의 정신이 부재한 예배를 드리면서, 어떻게 우리가 감히 공의를 실천하는 그 분을 섬기는 사람이라 할 수 있겠는가?(마가복음 6:8)

| 양인가, 염소인가?

셋째, 마태복음 25:31-46에서 예수님은 신성한 사람의 아들로서 왕좌에 올라 모든 민족들을 두고는 그들을 판결하게 될 날에 대해서 얘기한다. 예수님의 말에 따르면 정의를 행한 자들은 마땅한 보상을 받는다.

"너희는, 내가 주릴 때에 내게 먹을 것을 주었고, 목마를 때에 마실 것을 주었으며, 나그네로 있을 때에 영접하였고, 헐벗을 때에 입을 것을 주었고, 병들어 있을 때에 돌보아 주었고, 감옥에 갇혀 있을 때에 찾아 주었다 할 것이다"(25:35-36)

예수님은 백성들에게 정의와 연민을 베푸는 것이 곧 그에게 행하는 것과 마찬가지라 했다. 만약 예배를 드리며 이 점을 간과한다면, 무슨 수로 성경에 나오는 것과 같이 하나님을 섬기는 법을 배울 수 있겠는가?

| 하나님의 정의를 찬양하라

하나님이 원하는, 그리고 예수님이 기뻐할 그런 예배를 드리기 위한 최선의 방법 중 하나는 적극적으로 하나님의 정의를 기리는 찬송가와 기도문을 도입해서 이를 정기적으로 예배에 활용되도록 하는 것이다. 그렇게 하면, 사람들은 노래하고 기도할 때만이 아니라 상실과 해체의 시기에도 자유를 찾거나 고통을 겪을 때는 물론 다른 사람을 먹이고, 환대하며, 옷을 입히고, 돌보아주고, 찾아갈 때에도 하나님을 기리게 되리라. 시편을 모범으로 삼아 예배에 활용할 노래를 작곡한다면, 성경에 완전히 충실한 예배의 모습을 발견할 수 있을 것이다. 이는 우리에게 더없이 친숙하면서 하나님의 정의를 갈급히 바라는 이 세상에 더없이 필요한 예배일 게 분명하다.

> **마크 로버츠** *(Mark Roberts)*
> 레이티 리뉴얼(Laity Renewal)의 디지털 미디어 재단(Digital Media of Foundations) 이사이다. 블로그: patheos.com/blog/markdrobers. 매일의 묵상을 thehighcalling.org에서 제공한다.

창조성을 발산하기: 4가지 E로 시작하는 원칙들

– 팀 휴즈 (Tim Hughes)

"만약 어떤 사람이 호흡을 앗아 갈만한 놀라운 진리에 대해 지루한 방식으로 이야기하거나 쓰거나 노래하거나 그린다면 그것은 아마도 죄일 것이다." 존 파이퍼(John Piper)

하나님께서 사랑하셔서 오시고 구원하신 흥미롭고 폭발적이며 감동으로 가득하고 마음을 앗아가는 이야기를 진부하고 일상적인 것으로 바꾸어버린다면 교회에게 있어 그것은 비극일 것이다. 성령으로 가득하며 예수님께서 오셔서 주신 생명의 온전함 안에서 살아 있는 사람들로서, 우리는 이 지구상에서 가장 창조적이고 혁신적이며 풍부한 상상력을 가지고 있으면서 기뻐하는 사람들이 되어야 한다. 우리가 드리는 예배에는 교회의 4개의 벽을 뚫고 나아가 갈급한 필요에 있는 세계에 닿을 수 있을 만큼 다양성과 풍성함이 있어야 한다. 창조가 하나님의 본성임을 생각하면 특히 더욱 그렇다. 창세기 1:1은 "태초에 하나님이 천지를 창조하시니라"로 시작된다. 그분께서는 가장 위대하고 거룩한 예술가이시다.

그러므로, 우리가 지루하며 예측 가능한 진부한 모임을 피하면서 어떻게 창조성을 발산하는 것 안에서 자랄 수 있는 것일까? 4가지 간단한 실천적인 단계를 다음에서 소개한다.

1. 탐험하라(Explore)

위대한 예술가, 디자이너, 명문장가, 작곡가들은 질문하고 기이히 여기며, 창조성이라는 과정에 자신을 희생하는 등 탐험을 할 준비가 되어 있다. 그러나, 이러한 탐험의 본성은 시간을 소비하는 것이다. 창조성은 10%의 영감과 90%의 땀이라는 말이 있다. 말콤 글래드웰(Malcolm Gladwell)은 그가 저술한 도서인 열외자(outlier)에서 그 분야에서 비범해 지기 위해서는 연구와 실천에 1만 시간을 들여야 한다고 제안한다.

2. 표현하라(Express)

위대한 예술은 열정적이고 가슴에 감동을 주는 표현들로 가득하다. 러시아 소설가인 표도르 도스토예프스키(Fyodor Dostoyevsky)는 "오직 가슴만이 귀중한 것이 무엇인지를 발견할 수 있다."고 언급했다.

창조성은 정직하고 진실하고 꾸미지 않은 그대로의 것이어야 한다. 우리는 사고, 감정, 희망들의 정통적인 표현을 모색하며, 가장 깊은 심중에 있는 감정들과 변화를 위한 열망을 이끌어 낸다. 우리가 이러한 방식으로 인도할 때, 예배의 가슴 울리는 예배의 표현들로 우리와 함께 합류하게 될 것이다.

3. 실험하라(Experiment)

다음으로, 우리는 실험을 하기 위한 용기를 가져야만 한다. "실수를 한 번도 해보지 않은 사람들은 새로운 것을 아무것도 시도해 보지 않은 사람일 것이다."라고 알버트 아인슈타인(Albert Einstein)은 말했다. 창조적인 사람들로서, 우리는 항상 새로운 아이디어들과 일하는 방식들을 포용해야 할 것이다.

그럴 때에만, 우리는 심오하고 새로운 아이디어들을 우연히 발견하게 될 것이다. 우리는 자신들이 위치한 안전지대로부터 나와서 위험을 감수하는 창조성을 가질 수 있도록 스스로 기운을 북돋을 필요가 있다. 만약, 우리가 상자 밖에서 사고하고 새로운 아이디어를 위해 노력하지 않는다면, 우리는 절대로 진정으로 우리의 사역을 발전시킬 수 없을 것이며, 단 시간 내에 많은 것들이 진부해질 것이다.

4. 평가하라(Evaluate)

창조성은 아이디어를 생성하는 것에 관한 것만이 아니라, 판단과 결정을 내리는 것까지를 포함한다. 거의 대부분의 모든 창조적인 사역은 완성되기 이전에 수정, 개발, 변화와 같은 엄격한 과정들을 거친다. 프랑스 소설가인 에밀 졸라(Emil Zola)는 "예술가는 재능 없이는 아무것도 아니지만, 그 재능은 작품 없이는 아무것도 아니다."라고 말한 적이 있다. 모든 위대한 창조성에는 어떠한 것이 효과가 있을 것이며, 어떠한 것이 개선되어야 할 지에 대한 평가 과정이 필요하다. 만약 모든 지역 교회가 창조력의 성소가 되고 하나님의 영광을 위해 새롭고 놀라운 예술을 창조한다면 얼마나 멋진 일이 될 것인가? 만약 우리가 우리 안에 계신 성령의 사역을 반영하는 예술을 사람들이 멈추어 듣게 할 만큼 창조적인 방식으로 만든다면 얼마나 훌륭한 일인 것인가? 우리의 창조성에 반영된 하나님의 영광을 일부라도 보기를 원하는 마음으로 사람들이 교회에 모여드는 그러한 날들이 되돌아온다면 얼마나 좋을 것인가? 살아갈만한 가치가 있는 비전이고 꿈이 바로 이러한 것들이다!

팀 휴즈 (Tim Hughes)

"빛 되신 주(Here I Am to Worship)", "해피 데이(Happy Day)", "십자가 서있네(The Cross Stands)" 같은 곡들의 작곡가이다. 국제적인 워십 훈련 및 자료 센터인 '워십 센트럴'의 공동 창립자이다.(Worshipcentral.com)

10 Worship Magazine

새로운 환경에서
견고하게 시작하기

- 로리 놀랜드 *(Rory Noland)*

질문 : 이제 막 새로운 교회에서 섬기게 되었고 성도들과 정말 잘 지내고 싶어요. 이번 가을, 새로운 교회에서 사역을 시작하게 될 예배 인도자들을 위해 해주실 조언이 있으실까요?

답변 : 첫째로, 새로운 자리에 가게 되신 것을 축하드립니다. 거기에서 오랫동안 풍성한 열매 맺는 사역을 하시기를 소망합니다. 새로운 환경에서 견고하게 시작하기 위한 몇 가지 제안을 드리고자 합니다.

1. 배움의 자세를 갖기

과거에 이 교회에서 효과를 발휘했던 것이 무엇이었는지 알아보세요. 주요 리더들에게 가장 좋아하는 예배 코러스가 무엇인지, 평상시에 가장 좋아하는 찬송이 무엇인지 물어보세요. 이렇게 기존에 교회에서 효과가 입증된 고전적인 곡들과 새로운 찬양을 함께 도입해보세요. 교회에 특별한 의미를 가진 곡이 어떤 것인지, 그 이유는 무엇인지 알아보세요. 어떤 음악적 스타일이 효과 있는지와 어떤 스타일은 그렇지 않은지에 대해서 알아보세요. 당신이 알아야 할 전통이나 절기별 의식에 관해서 물어보세요. 성도들에 대해서 잘 알게 될 수록 그들을 더욱 효과적으로 인도할 수 있을 것입니다.

2. 교회의 다양한 활동에 참여하기

가능한 빨리 소그룹에 참여하세요. 다양한 교회의 사회적 활동에 참여하셔서 단상 위에서만 보는 "그 새로운 인도자"라고 인식되는 대신 성도님들께 당신에 대해서 알 수 있는 기회를 많이 드리세요.

3. 겸손하기

새로운 교회에서 사역하게 된 예배 인도자로서 겸손함을 표출한다면 사랑 받을 수 있을 것입니다.(겸손은 가장할 수 없을 것이기에, 겸손이 필요하다면 신뢰할만한 친구들과 하나님 앞으로 나아가도록 하세요.) 자신감이 있는 것은 좋지만, 당신이 새로 온 사람이라는 것을 기억하시고 잘 배우려는 자세를 가지세요. 모든 것을 엄격히 당신만의 방식으로 하기를 주장하면사 사적인 어젠다를 강요치 마세요. 당신은 교회에 섬기기 위해 존재하는 것이므로 목회자, 장로님들, 동료 직원들로부터 받는 제안과 수정에 마음을 활짝 여세요. 냉담하고 방어적이고 건방진 태도를 피하시고 대신에 겸손하고 개방적이고 접근하기 쉬운 태도를 가지세요. 이러한 접근법은 교회가 아닌 다른 환경에서도 효과가 있을 것입니다.

4. 자원해서 섬기는 성도들에 대해 알기

처음부터 자원해서 섬기는 성도들과 관계를 형성하는 것이 중요합니다. 당신은 밴드 리더일 뿐 아니라, 목자이며 또한 목회자라는 사실을 기억하셔서 그들을 개인적으로도 알도록 하세요. 예배 후, 리허설 전, 점심이나 커피를 마시는 시간에 일대일로 만나세요. 저녁 식사에 초대하시거나 경기를 함께 관람해보세요. 주님을 어떻게 만나게 되었는지, 교회에 출석한지는 얼마나 되었는지, 교회에 대해서 가장 감사하게 생각하는 바는 무엇인지를 알아보세요. 직업이나 취미에 대해서도 질문해 보세요. 기혼인지, 배우자를 어떻게 만났고 자녀들은 있는지를 질문하면서 섬기는 이들에 대해 알아가세요. 하나님께 예수 그리스도의 마음과 서로에게 경청할 수 있는 "귀"를 달라고 해보세요.

5. 목사님께 지속적으로 조언 받기

때때로 목사님께 당신이 하고 있는 것들에 대해서 평가를 부탁해보세요. 목사님께서는 비록 음악인이 아닐지라도 당신보다 성도들의 선호도에 대해서 더욱 잘 아실 것이며, 당신에게 있어 신뢰할만한 지표가 되어 주실 것입니다. 지난 주 예배에 대해서 말씀해 달라고 할 수도 있겠지만, 다음과 같이 더욱 광범위한 질문들을 한다면 더 좋을 것입니다. 예를 들면, 다음과 같은 질문들입니다.

- 교회에 부임하여 적용한 변화들이 너무 속도가 빠르거나 느린 것은 아닐까요?
- 저의 찬양 선곡이 충분히 깊이 있고 다양한가요?
- 리더십에 있어 부족한 영역이 있는지요? 이러한 영역들이 발전하기 위해서 조언해주실 점이 있으신가요?

즉, 당신의 사역에 대해 목사님께서 의견을 말씀하시도록 초청해 보세요.

6. 전임자에 대해서 말할 때는 항상 존중하는 태도를 갖기

당신이 지금 교회를 섬기기 이전에는 누군가 다른 전임자가 있었을 것입니다. 그분에 대해 말할 때는 항상 존중하는 태도와 긍정적인 언사를 표출하세요. 새로운 절차, 비전, 아이디어를 당신이 새롭게 도입하고 있다고 해서, 기존의 방식이 좋지 않았거나, 혹은 "구식"이었다고 폄하하지 않도록 하세요. 당신이 현재 인도할 예배 사역의 자리가 그 교회에 마련되어 있는 것은 전임자의 리더쉽과 헌신 덕분임을 기억하세요.

> **로리 놀랜드** *(Rory Noland)*
> 하트 오브 더 아티스트 사역(Heart of the Artist Ministries, heartoftheartist.org)의 디렉터이며, 하늘에서와 같이 땅에서도 워십(Worship on Earth as It Is in Heaven)을 포함한 3권의 도서를 저술한 저자이기도 하다.

예배 사역 안에서 영성과 감성의 건강을 유지하기

– 존 치섬 (John Chisum)

예배 리더 자신들 이외의 단지 소수의 사람만이 완벽히 효과적인 예배 사역에 대해 이해한다는 것은 도전이 되는 사실이다. 우리들 중 대부분은 가정과 직장에서 정신 없이 다양한 과업을 수행하면서 믿음의 공동체를 찬양 안에서 매주 섬기고 성도들, 목회자들, 음악가들, 싱어들, 주로 그들의 필요에 대해 종종 목소리를 내는 우리 주위를 둘러싼 사람들의 필요와 선호도를 관리하고자 시도한다. 그러나, 우리 자신의 영적이고 감성적인 건강을 다른 이들을 섬기는 과정에서 소홀히 한다면 어떤 일이 발생할까? 균형잡힌 삶을 유지하면서도 훌륭한 예배 인도자가 여전히 될 수 있는 것일까?

| 스트레스는 발생한다

하나님은 인간들이 스트레스를 다룰 수 있도록 만드셨다. 아담을 에덴 동산에 두셨을 때 아담은 적절한 정도의 일을 부여 받았다. 그는 동물의 이름을 명명하고 하나님의 명하심 하에 동산을 가꾸었다. 아담과 이브는 그분의 명하심을 기뻐했고 태초의 환경 안에서 하나님과의 우정을 바로 가까이에서 직접적으로 느꼈다. 아담이 하나님의 명령에 불순종하기로 선택했을 때 죄와 죽음(여기서 과도한 스트레스를 생각해보라)이 들어왔고 하나님의 판단은 에덴(Eden)으로부터 그들의 추방을 낳았으며, "수고하여야" 그 소산을 먹을 수 있도록 명하셨다(창 3:17). 아담, 감사합니다.

그렇다면, 스트레스는 나쁜 것이 아니라 죄의 전후에 나타난 창조물의 요점이라고 할 수 있다. 금이나 붕괴 없이 매일 일정한 교통량을 유지하도록 지어진 샌프란시스코(San Francisco)의 금문교(Golden Gate Bridge)와 마찬가지로 우리는 삶에서 수고할 때 일정 수준의 무게를 감당하도록 지어졌다. 그러나, 많은 예배 인도자들은 금이 가고 붕괴되며, 그들에게 과중한 무게게 지워질 때 마모되고 손상되는 표시들을 보여준다. 스트레스라는 것이 인간 타락의 자연스러운 상태라고 주장할 수도 있겠지만, 우리는 여전히 "예배 인도자들로서 우리에게 극심한 스트레스의 상태라고 볼 수 있는 것은 어떤 것인가?"나 "건강을 유지하기 위해 우리는 무엇을 할 수 있는가?"라는 질문을 해볼 필요가 있을 것이다.

아마도 우리는 주마다 겪는 짐으로부터 잠시 물러서서 교회를 통치하심에 있어 더욱 크신 하나님의 계획에 대해서 살펴봐야 할 것이다. 만약 예수님께서 "교회의 머리"(엡 1:22)이시라면, 우리는 예수님의 약속대로 그분의 "멍에가 쉽고" 그분의 "짐은 가볍다"(마 11:29)는 것을 믿어야 한다. 우리가 사역에서 너무나 많은 일을 하고 있다는 생각은 삶이 관리가 잘 안되고, 우리나 우리 가까이에 있는 사람들이 고통을 겪을 때 들게 마련이다. 우리는 그분과 함께 멍에를 매야 하고 우리가 기꺼이 지고자 하는 짐에 있어 그분의 방향성에 주의를 더욱 기울여야 하며, 우리 자신의 필요를 영적, 감정적, 물리적인 측면에서 잘 알고 있어야 한다.

| 3개의 전장

　에덴동산 이후에 지구에 사는 사람들로서, 우리는 스스로가 영적, 감정적, 물리적이라는 3가지 종류의 격전지에 있는 것을 발견하게 된다. 기독교 신자들로서 우리는 영적인 부분에 대해서는 많이 알게 되었지만, 종종 주님 안에서 우리를 강하게 해주는 기도, 개인 예배, 성경 공부, 금식 같은 부분에 대해서는 간과한다. (엡 6:19) 우리는 종종 기독교 라디오의 단편적이고 대중적인 성경에 의존하거나 운전하는 시간에 하나님과의 일상적 교제를 양보한다. 진실한 그리스도 중심된 영성은 동시대 찬양곡의 모든 가사들을 아는 것 그 이상의 것이다. 우리는 찬양 곡조들에 동반하는 고대의 성찬 전례, 텍스트, 고전적인 영적 훈육에 다시 참여할 수 있을 것이다.

　우리의 사멸할 육체, 정신, 영혼 사이에 놓인 불가분적인 관계에 대한 이해를 이야기할 때 거론될 수 있는 몇 가지 도서가 있는데 댈러스 윌라드(Dallas Willard)의 신성한 음모(The Divine Conspiraty, HarperColins, 1998)도 이에 포함된다. 윌러드는 우리 자신을 정신, 영혼, 신체라는 3가지 분리된 요소들로 구분하려는 서구적인 선호도는 성경과는 현저하게 대조를 이룬다고 언급하며, 우리는 이러한 관점에 의해 무기력하게 되는 것이라고 설파한다. 만약 우리가 과식과 운동 부족과 같은 것들로 신체를 방치한다면, 우리는 하나님의 현존을 무시하는 것이다(고전 12:27의 사도바울을 보라). 많은 예배 인도자들은 부적절하게 고통을 받고 있는데, 왜냐하면, 이들이 그들 자신의 육체적인 측면을 간과하기 때문이다. 오늘 산책을 나가보는 것은 어떠한가?

　아마도 스트레스가 주로 일어나는 영역은 감정적인 부분일 것이다. 소진, 우울, 불안, 그리고 다른 많은 징후들은 자체적으로 관리하거나 전문적인 수준의 관리가 필요한 경고 신호들이다. 자동차나 비행기 조종석에 있는 대시보드와 마찬가지로 경고등이 켜지는 데는 종종 이유가 있다. 연료, 기름, 다른 중요한 요소들이 소진되었다는 증후인 것이다. 우리가 우울하고, 매우 스트레스를 받으며 소진된 느낌을 받는 상황이 만성화될 때 기도하는 것만이 능사는 아닐 수 있다. 성경적인 기반이 탄탄한 상담가와 전화를 해보는 것도 적절한 방법이 될 수 있다. 아픔은 불가피하지만, 고통은 선택적이다. 하나님께서는 교회 안에 많은 훌륭한 상담가들을 주셨으며, 이들은 우리가 역동적인 예배 인도자의 소명을 지속하기 위해 필요한 감정적 안정성과 건강을 다시 확보할 수 있도록 도울 수 있는 사람들이다.

긴 과업을 위한 건강

그 누구도 당신의 건강에 책임을 질 수 없다. 나는 당신을 위해 수영을 할 수 없으며, 당신의 심장 근육을 단련하기 위해 대신 나가 뛸 수 없다. 당신 자신이 소파에서 일어나 포크를 내려놓고 체중계 위에 올라가서 운동을 해야 한다. 성경을 직접 펼쳐 읽고 묵상하고 삶의 핵심적인 부분으로 만들어야 한다. 아담은 정원에서 직접적인 하나님의 현존을 양보했지만, 하나님께서는 당신이 성령의 내주하심으로 그분께 다시 참예할 수 있도록 하셨다. 당신이 자신의 심령에 "하나님을 가까이"(약 4:8)할 때이며, 당신을 위해 그를 찾을 때이다. 교회 생활과 예배 사역에는 스트레스가 많이 있지만, 올바른 생각의 견지와 위의 3가지 영역에서 기꺼이 전쟁을 치루고자 하는 의지가 있다면 인내로써 이 경주를 달릴 수 있는 힘과 균형의 상태를 유지할 수 있을 것이다.(히 12:1)

> **존 치섬 (John Chisum)**
> 예배 인도자, 음악 발행인, 프로듀서, 편곡가, 능숙한 작곡가, 임상의, 그MI주의 그랜드 래피즈(Grand Rapids)에서 목회사역을 담당하고 있다. 400개 이상의 찬양곡을 발행한 바 있으며, 캐서드럴(Cathedrals)의 "그가 할 수 있는가? 할 수 있을까? 할까? (Can He, Could He, Would He)"라는 곡이 유명하다.

12 Worship Magazine

완벽한 계획을 위한 5가지 조언

- 아론 스튜어트 *(Aaron Stewart)*

내가 로키 산맥 위에 놓인 수백 피트 높이의 케이블 위에 매달려 있을 때였다. 아무리 멕시코의 정글까지도 가로지를 만큼 견고한 강철 케이블이라 해도 그 상황에 처한 사람에게 계속해서 이어져있는 길고 긴 그 케이블 선은 현기증을 불러일으키기에 충분했다. 그런 것을 알면서도 나는 종종 여행 준비를 직접 하지 않고 대충대충 일하는 여행사 직원들에게 완전히 떠넘길 때가 있었다. 막상 그러고 나면 나의 그런 모습에 스스로 놀라곤 한다. 높고 위험한 곳으로 여행을 떠날 때, 미리 체크하고 계획을 해야 하는데 그 중요한 것을 간과했으니 말이다. 위험한 곳으로의 여행에서뿐만이 아니라, 예배에서도 계획은 중요하다.

사람들이 교회에 올 때, 그들은 예배 인도자인 당신을 신뢰한다. 자신들을 하나님께로 인도해 줄 것이라는 신뢰 말이다. 그 신뢰는 우리에게 최선을 다해 예배를 인도하는 것뿐만 아니라, 그것을 계획하는 과정까지도 요구한다. 만약 우리가 예배 인도의 '공연적 요소'(performance)를 계속해서 발전시키기 원한다면, 다음에 열거 할 5가지 요소를 읽어보라. 그것은 예배를 계획하는 우리에게 큰 도움이 될 것이다.

1. 협력하라(Collaborate)

최고의 계획을 만들기 위해서는 여러 사람의 도움이 필요하다. 당신 혼자서 예배를 계획하려면 많은 시간을 투자해야 하겠지만, 여럿이 예배에 대해 생각한다면 상대적으로 많은 적은 시간에, 더 좋은 계획을 만들 수 있다. 예배 계획의 첫 번째 단계는 어떤 메시지를 전할지, 그 메시지를 보충할 자료로 무엇을 선택할지 선택하는 일이다. 그것은 스스로 해야 한다. 하지만 두 번째 단계에서는 동료들의 도움이 필요하다. 그들과 함께 더 나은 예배를 만들어야 하는 것이다. 설령 예배를 구성하는 일을 당신 혼자 맡아서 한다고 해도 걱정할 것 없다. 지금은 이메일을 활용하여 얼마든지 여러 사람의 도움을 구할 수 있는 시대이기 때문이다. 혼자서 많은 아이디어를 떠올리려고 애쓰지 말고, 여러 사람의 도움을 구하라. 부담감을 느낄 필요는 없다. 도움을 요청받은 그들은 자신이 존중받고 있다고 느낄 테니 말이다. 또한 당신과의 관계가 친밀하다고도 느낄 테니 말이다.

2. 미리 계획하라(Plan Early)

계획을 실행하기에 앞서, 당신과 당신의 동료들은 좋은 아이디어나 선택사항만을 생각할 게 아니라, 그렇게 떠오른 계획들을 차분히 가라앉혀 볼 필요가 있다. 새로운 찬양을 배울 때면, 나는 몇 주 전부터 그 곡을 찾아본다. 그리고 몸에 베일 때까지 몇 번이고 되풀이해 연습한다. 만약 내가 아무것도 모르는 상태로 찬양을 배웠다면, 나는 찬양이 전하고자 하는 메시지에 집중하기보다 곡을 암기하는 데 더 많은 시간을 투자했을 것이다. 이런 맥락에서, 당신과 동료들이 예배에 대해 완전히 준비했다면, 하나님보다 사람이 주목 받게 되는 오류를 줄이기 위해 노력해야 한다. '공연적인 요소'가 예배에 부정적인 영향을 끼치는 가장 큰 이유는 주목 받고 싶어 하는 예배 인도자의 욕심 때문임을 기억하자. 그러니 충분한 연습을 거쳐 예배가 이루어지게 해야 한다. 준비된 예배는 다른 것에 방해받지 않고 하나님의 영광을 선포할 수 있게 해 줄 것이다.

3. 계획하는 과정 속에서의 예배(Worship while Planning)

사람들이 공통적으로 가지고 있는 잘못된 생각이 있는데, 그것은 많은 계획이 성령의 일을 방해한다는 생각이다. 사실은 그 반대인데도 말이다. 충분한 계획을 수립다면 당신은 더 자유롭게 성령의 역사를 따를 수 있다. 당신의 동료들 또한 그것을 따를 준비되어 있음을 알게 될 것이다. 우리는 교회의 성도들이 주일 예배를 침체시키지 않도록 가르쳐왔다. 삶 속에서 드리는 예배를 강조하면서 말이다. 예배 인도자와 마찬가지로 회중들 역시 준비된 것을 따라 계획에 어긋나지 않게 하나님을 예배할 수 있어야 한다. 실수하지 않도록 준비해야 하는 것이다. 물론 예배를 계획하는 것이 완전히 논리적이고 조직적이어야 하는 것만은 아니다. 예배를 준비하고 계획하는 과정 속에 성령님을 초대하여 그분의 도우심을 구하자.

4. 음악 이상의 것(It's more than Music)

'예배 인도자'(Worship Leader)라는 타이틀은 음악 인도자와 같은 의미를 지닌 말이지만, 거기에는 음악 이상의 것들이 포함되어 있다. 인도자의 역할은 지금 드려지는 공적 예배만을 준비하는 것은 아니다. 얼마든지 비디오, 드라마, 시각 예술, 춤 분야에서도 예배를 위한 무언가를 찾아낼 수 있다. 음악을 통해 예배를 드릴 수 있을 만큼 다른 것으로도 예배를 드릴 수 있다는 말이다. 하지만 당신이 예배에 무엇을 더하든 간에, 그것은 예배를 이루는 다른 요소들과 동떨어져 있어서는 안 된다. 잔잔한 비디오 영상을 보여주든지 음악에 맞는 그림을 보여주든지, 그 자체가 아닌 예배와 조화되어 사용되어야 하는 것이다. 그리고 그 모든 일의 중심을 하나님께 맞춰져 있어야 한다.

5. 상업적 도구의 사용(Use Tools of The Trade)

멕시코에서 온 내 친구와 나는 여행을 떠나는 것만큼이나 그것을 계획하는 것에 흥미를 느낀다. 그런 우리 사이에 문제가 발생할 리가 없다. 운 좋게도 지금 우리에겐 많은 도구가 있고, 인터넷도 사용할 수 있다. 그러니 얼마든지 혼자서도 계획을 만들 수 있고 동료들과 대화해가며 예배를 준비할 수 있는 것이다. 활용할 수 있는 좋은 도구들을 모두 사용하자. 그것들은 당신이 높이 들어 올려 멀리 바라보도록 만들어줄 것이다. 하지만 그런 도구들이 사람들을 하나님께로 인도하는 일보다 더 높아져서는 안 된다는 것도 명심하자. 우리가 사용할 수 있는 모든 기술은 우리를 위한 것이어야 한다. 우리 자신과 교회 공동체가 하나님께 집중할 수 있도록 말이다. 그 외의 다른 용도로 이용하는 것은 적절치 못하다.

아론 스튜어트 (Aaron Stewart)

PlanningCenterOnline.com의 공동 창설자이자 제작자이다. 이 사이트는 수천 곳에 달하는 교회들의 예배 계획을 돕고 있다. 이 사역을 시작하기 전, 그는 라스베이거스의 Central Christian Church에서 6년간 예배 담당 목사로 사역하였다.

다양한 예배를 구축하기 위한
4가지 원칙들

– 콘스탄스 체리 (*Constance Cherry*)

제니가 커다란 지하 펠로십 홀에 들어섰을 때, 그녀는 이 예배의 밤이 특별하리라는 점을 느꼈다. 주일 학교 교실의 구획을 정하는데 활용되던 아코디언 스타일의 분리형 벽들이 뒤로 밀려나고 둥근 탁자들이 방을 채웠다. 조명이 꺼지고 초 하나만이 각각의 탁자 위에서 타고 있었다. 성스러운 음악이 잔잔히 뒤편에서 연주되고 있었다. 다양한 연령대의 사람들이 계단 위를 메우면서 특별한 침묵이 흘렀고 그 실용적인 공간은 이제 성소처럼 느껴졌다. 어린 아이들조차 무엇인가 특별한 일이 일어나고 있다는 점을 감지한 듯 보였다.

리더들은 성도들이 서로 탁자에 앉기를 초청할 때 한 사람 한 사람을 반겼다. 제니는 중년의 커플과 합석하기로 했으며, 그들 옆에 의자를 당겨 앉았다. 그녀는 종종 그들을 교회에서 본 적이 있으나 이름은 알지 못했다. 그들은 그녀를 반겨 주었고 미소를 서로 교환했다. 곧 두 명의 남성이 그들의 탁자에 합석했으며, 앉은 자리가 다 채워질 때까지 다른 이들도 왔다. 그 방은 경배하러 모인 자들이 탁자 주위에 모여들면서 기대의 분위기로 채워졌다. 제니는 지극히 평범한 케이크가 하나가 각각의 탁자 위에 놓인 것을 보았으며, 이와 함께 물병과 접시, 물컵이 함께 보였다. 그녀는 이러한 사물들의 단순함에 강한 인상을 받았다.

| 문맥을 창조하기

　워십 리더인 데이빗(David)은 오늘이 예수님께서 만찬을 나누시고 다음 날 사망하시기 전에 제자들에게 힘을 주시고자 하셨던 저녁임을 우리가 기억하는 날인 세족 목요일(Maundy Thursday)이라는 설명으로부터 시작했다. 그 날 밤 복음은 그들이 예수님과 함께 찬양하고 기도를 드렸으며, 함께 다음 몇 시간 동안 예수님을 따른 다는 것이 어떠한 의미인지에 대하여 함께 묵상했다는 사실에 대해서 말해 주었다. 이때는 예수님께서 그들에게 서로 사랑하라는 새 계명을 주셨던 때이기도 했다. 사실, 데이빗은 세족(Maundy)이라는 단어가 라틴어 기원의 만다툼 노붐(mandatum novum)으로 "새 계명"을 의미한다고 설명했다. 거기 경배하러 모인 성도들에게 데이빗이 어떠한 일이 벌어질 것인가를 암시하는 전체적인 그림을 그릴 때 제니는 신속히 참여하였다. 그들도 또한 조촐한 음식을 나누고 동료들을 격려하며 찬양을 부르고 기도를 드리면서 함께 오늘날의 제자들로서 예수님을 따른다는 것이 어떠한 의미인지를 묵상할 것이었다. 그들 또한 예수님이 택하신 12명의 제자들처럼 서로 사랑하라는 새 계명 앞에 도전을 받을 것이다. 오늘 밤은 고대 교회의 역사적인 예배이자 몇 세기를 통해서 지속된 "애찬(愛餐)"을 나누는 날이었다. 다양한 그룹들이 예배를 다양하게 주재한다. 어떤 이들은 주님의 만찬을 나누고 세족식을 거행하며, 다른 전통을 가진 이들은 간단한 음식을 나누고 서로 찬양과 증거를 통해서 열심히 서로 권한다. 오늘 밤, 이들은 후자의 모습을 보여주었다.

| 예수님과 함께 예배드리기

데이빗은 시편의 몇 구절을 읽었으며, 기도를 드리고 부활하신 주님의 임재를 반겼다. 다른 서두 없이, 그는 단순히 찬양 예배를 이끌었다. 제니는 과도한 논평이나 과열된 열기 없이 이러한 행위 속으로 들어가는 것이 얼마나 새로운 가에 대해서 생각했다. 찬양하는 음성은 그녀의 귀에 아름답게 들렸다. 데이빗은 사람들에게 그들이 저녁 내내 바랐던 예배의 행위들을 자유롭게 시작해도 좋다고 이야기했다. 찬양을 하고 싶어한 사람들이 찬양을 부르기 시작하면, 다른 사람들이 여기에 참여했다. 만약 그들이 간증을 하고 싶은 마음이 든다면, 자연스럽게 간증을 시작했다. 제니는 만약 고요 속에 아무런 일도 일어나지 않는다면 어색한 순간들이 되지 않을까 의아히 여겼다. 그러나 데이빗은 그 의아함을 잠잠히 해주었다. 그는 성도들에게 이 거룩한 밤, 긴 정적의 순간도 역시 환영이라는 말을 전했고, 예수님께서 돌아가셨던 전날 밤인 만큼 침묵이 그 자체로 말하도록 하는 것도 괜찮다고 덧붙였다.

제니는 이제까지 겪었던 것 중에서 가장 의미 깊은 회중 워십을 경험했다. 찬양, 간증, 기도, 웃음, 눈물, 가장 좋아하는 성경 구절, 그리고 그렇다, 서로에게 떡과 잔을 나누면서 이어진 형식적인 것을 벗어난 대화가 예배의 다양한 행위들 사이에서 지속되었다. 때때로 데이빗은 노래를 시작하거나 사람들을 다양한 예배 행위로 이끌었다. 또, 때로는 누군가가 자연스럽게 격려의 말이나 고백의 말을 하기도 했으며, 그들이 예수 그리스도를 만났던 순간에 대해서 털어놓기도 했다.

제니는 아이들이 그날 저녁 완전히 몰입해있었다는 사실에 주목했다. 좀 더 나이 많은 성도들은 더 어린 성도들에게 기도를 해주었으며, 그들 주변에 있는 탁자 곁에 모인 성도들은 서로 손을 잡았다. 아이들은 나이에 관계없이 다양한 성도들이 건네는 하나님의 신실함에 관한 이야기들을 들었다. 그들은 그 이야기들을 좋아했다. 예배의 저녁이 끝을 보일 때쯤, 제니는 그리스도를 따르는 사람으로서 크리스천 제자도를 위한 그녀 자신의 헌신 속에서 큰 힘을 얻었다. 그녀는 이러한 시간을 함께 나누게 되면서 공동체에 대한 새로운 사랑을 느꼈다. 그들은 예수님의 제자들처럼 예배를 정적 가운데 남겨두고 집으로 돌아갔으며, 앞으로 놓인 어떠한 것들에 대해서도 공동체 안에서 힘을 얻을 수 있게 된 것 같았다.

| 다양한 예배를 기획하기

우선적으로, 주일 예배는 지역 교회 안에서 회중 예배를 위한 근간이다. 그러나, 이것이 공동체가 예배를 위해 모이는 유일한 경우일까? 아니다, 지역 교회들이 하나님을 섬기기 위한 다양한 상황들이 있다. 교회 역년(曆年)을 기념하는 것은 위대한 기회들로 이끌어준다. 이러한 예배들 중 대다수는 우리가 위에서 묘사한 것처럼 주일 아침 예배 이외의 상황에서 발생한다. 때때로 삶은 회중 예배를 위한 다양한 상황들을 보여준다. 결혼식과 장례식이 떠오른다. 성례/성찬도 예배의 다양한 가능성에 속하는 것들이다. 다양한 상황들 속에서 예배를 드리라. 이렇게 할 때, 매주 드리는 주일 예배와 이들을 다르게 보아야 한다는 점을 고려하라. 특별한 성질을 지닌 다양한 예배를 기획하기 위해서 기억해야 할 4가지 주안점을 다음에서 소개하고자 한다.

첫째, 정확한 중심

특별 예배의 중심은 항상 예수 그리스도 안에서 하나님의 뜻에 따라야 한다는 것을 기억하라. 창조적이 되어라. 그러나, 특별한 예배에 흥미롭고 독특한 가능성들이 다양하게 있다고 할지라도, 창조성을 중요시하여 무심코 하나님께 대한 중심이 흐트러지지 않도록 하라. 다음과 같은 질문을 하면 좋을 것이다. 중심 되는 것을 무릇 중심 되게 지키고 있는가?

둘째, 참여적인 경험

예배를 드리는 자들은 전적으로 참여하는 자들이라는 점을 기억하라. 특별 예배가 프로그램을 만들기 위한 행사들이 되지 않도록 하라. 리더들은 예배자들이 수동적이 되지 않고 예배의 주요한 협력자가 되도록 예배를 기획하고 이끌어야 한다. 가능한 많이 사람들을 참여시키도록 하라. 관망하도록 두기 보다는 특별 예배를 직접 경험토록 하라. 경험은 주로 참여를 통해서 나온다. 이 예배의 다양한 측면에 있어 예배를 드리는 자들이 어떻게 참여하고 있는가를 자문해 보면 좋을 것이다.

셋째, 영성의 형성

회중 워십이 자연스럽게 영성을 형성한다는 점을 기억하라. 예배에서 행해지는 모든 것들은 그것이 부정적이든, 혹은 긍정적이든 예배자들의 믿음에 영향을 준다. 특별 예배를 기획할 때, 이러한 특별 예배를 경험한 결과 어떠한 영적인 형성이 일어나기를 소망하는가를 질문해 보면 좋을 것이다. 기획 단계에서부터 예배의 요소들을 통해 하나님을 더욱 깊이 경험할 수 있는 기회가 되도록 하라.

넷째, 세상을 향한 선교사적 사명

예배는 궁극적으로 사명으로 이끈다는 점을 기억하라. 우리는 예배가 우리에게 주는 것에만 단지 기뻐하는 데에 그쳐서는 안 된다. 우리가 예배를 드릴 때 변화하고, 그럼으로써 복음의 선교사적인 목적을 가지고 살아가는 우리는 하나님을 기쁘게 사랑할 수 있을 것이다. 특별 예배를 기획할 때, 이 예배가 어떠한 구체적인 선교사적 사명을 수행할 것인가? 에 대해서 질문하라.

위에 묘사된 제니가 경험한 예배에 대한 응답은 데이빗이 특히 이러한 핵심 요소들을 기억했기 때문일 것이다. 특별 예배를 창조할 수 있는 다양한 가능성을 탐구하라. 그 가능성들은 무한하다!

콘스탄스 체리 *(Rev. Dr. Constance M.Cherry)*

워십 리더 매거진의 기고자이며, NWLC의 연사이자 워크샵 리더로 활동 중이다. 인디애나(Indiana)주 메리언(Marion)의 인디애나 웨슬리언(Indiana Wesleyan University)에서 예배 및 기독교 사역 부교수로 재직 중인 그녀는 로버트 웨버 예배학 연구소(Rober E. Webber Institute of Worship Studies)의 종신 조교수이기도 하다. 예배 건축가(Worship Architect)에서 예배에 대한 총체적인 탐험으로 잘 알려져 있으며, 최근 특별 예배 건축가(Special Service Worship Architect)를 출판했다. 그녀는 지역 교회에서 음악/예배 목사로 섬겨왔으며, 연합감리교(United Methodist Church, UMC) 목사로 사역했다.

사역의 동기

– 폴 발로쉬 *(Paul Baloche)*

음악 사역이란 확장된 지역 교회라는 것이 내가 아는 전부이다. 20년 전, 나는 아내와 포드 에스코트 차량에 첫째 아이와 모든 소유를 싣고 텍사스로 이주하여 래스트 데이즈 미니스트리(Last Days Ministries)의 일원이 되었다. 아일랜드 가톨릭이신 블루 칼라셨던 장인은 솔직히 달갑지 않게 여기셨다. "집시 같은 기독교 음악을 부르며 전국을 순회한다는 것이 제대로 된 삶인가?!" 우리 가족은 우리가 미쳤다고 생각했지만, 우리는 그것이 어떤 의미이던지 "풀-타임 사역"의 거부할 수 없는 소명을 느꼈다.

그래서 우리는 텍사스로 이주해 키스 그린(Keith Green)과 멜로디 그린(Melody Green) 부부의 오래된 모터 홈(여행·캠프용 주거 기능을 가진 자동차)에 거주하면서 섬길 장소를 찾았다. 그러던 중, 모든 "사역자"들이 다녔던 길 아래 쪽의 지역 공동체를 발견했다. 처음에 우리는 그냥 참석했다. 그리고 우리는 아동 사역, 청소년 사역을 돕기 시작했고 워십 팀을 섬기게 되었다. 기타를 반주한 지 몇 달이 지나서 목사님이 내게 예배가 끝날 무렵 성도들을 위해 기도하는 동안 "여기 와서 몇 가지 찬양을 이끌어 달라"고 말씀했다. 두려움과 떨림으로 나는 마이크에 다가가 최선을 다해 "워십을 인도" 했으나, 내 마음은 이의를 제기했다. "난 단지 기타 반주자일 뿐이야!" 목사님은 내게 다음 몇 주 동안 찬양을 인도해 달라고 계속해서 말씀하셨고, 마침내 "밴드를 조직해서 주님께서 행하시는 바를 보는 일"에 일주일 당 50달러를 제의하셨다.

| 함께 성장하기

그 당시를 회상하면 나를 위한 자리를 흔쾌히 마련해 주신 목사님과 젊고 훈련되지 않았으며, 팀을 이끌고 사역을 조직하는 데 있어 배워야 할 것이 너무나 많은 젊은이를 사랑으로 받아들여 주셨던 성도님들께 크게 감사하게 된다. 순진한 신참의 불편한 성장통을 개의치 않으신 은혜에 대해 영원히 감사할 것이다.

아마도 실패에 대한 두려움에서 나는 한 주 내내 플랫폼에서 몇 시간이고 노래를 부르고 기타를 치며 시편의 기도를 비롯한 기도들을 보이지 않는 하나님께 올려드린다. 이런 때, 나는 다가오는 주일을 상상하며 노래의 흐름을 준비하고 잠재적인 변화들을 예상한다. 나는 기도로 가득한 문구들과 멜로디들이 내 마음에서 떠오르는 것을 종종 느꼈으며, 이것은 초기의 작곡 실험으로 연결되었다. 내가 실험이라고 말하는 이유는 당시에 내가 작곡가라고 느끼거나 스스로를 그러한 방식으로 바라보지 않았기 때문이다. 그러나 나는 때때로 워십이 끝나갈 무렵, 성도님들께 몇 소절을 폐회기도로 주님께 올려드릴 것을 말하기도 했다. 이러한 순간들에 찬양들이 구체화되기 시작했고, 이는 하나님께서 우리 공동체에 대해 행하시는 일의 연대기를 기록하기 위한 좋은 방법처럼 보였다. 나는 CD를 녹음한다거나 내쉬빌로 이주하고 투어를 다니는 등 "크리스천 음악"이라는 사역을 감당하기를 원하는 사람이 상상할 만한 전형적인 길을 비전으로 가져본 적이 없다. 음악을 작곡하는 것은 우리 지역 교회의 여정에 있어 공동체의 기도, 열정적인 경배의 순간들, 사역자들이 메시지나 테마를 전달하는 동안에 배태되는 하나의 표현이 되었다.

| 다른 이들의 경배를 돕기

빨리 감기로 지나간 20년과 6번의 실황 중계 이후, 우리 지역 교회는 꾸준히 내 영적 건강의 닻이자 새로운 찬송에 들어갈 간단한 기도들에 영감이 되어주고 있다. 나는 내 마음에서 "교회의 필터"를 거치지 않고서는 작곡을 마칠 수 없으며, "이 찬양이 다른 이들을 도울 수 있을까?"라는 질문을 던진다. 우리의 동기가 공동체를 섬기는 것이며, 심령이 변화되고 결혼 관계가 돈독해지며 부서진 삶이 회복되는 것을 보는 것이라면, 핵심은 다른 이들의 경배를 돕는 것이 되어야 한다. 끊임없이 이러한 질문을 던짐으로써 우리의 사역 동기를 구별하고 조정하는 것이 중요하다.

예수님께서는 작은 일들에 믿음을 가지라고 말씀하셨다. 이익이나 "승진" 같은 것보다 우리가 우리 자신을 발견하는 상황에서 섬기라고 하셨다. 한 손에는 사역의 꿈을 느슨하게 잡고, 한편으로 믿음을 다해 우리가 있는 장소에서 아무런 조건 없이 섬기는 것 사이에서 섬세한 균형을 이루는 것이다. 나는 특정한 사역을 염두에 두고 마침내 기대에 미치지 못했을 때 그들이 느낄 절망감이 의미 있는 것이라고 생각한다. 그러나 그러한 장소에서 너무 오래 살아간다면 당신의 마음의 샘에 독이 될 뿐 아니라, 당신의 기쁨을 앗아갈 것이다.

| 예배 아티스트

    나는 당신이 리더로서 다른 사람을 섬기는 수단으로 당신의 "예술"을 바라볼 것을 권고한다. 예배목사, 팀 멤버, 작곡가의 경우에, 이것은 당신이 섬기는 지역 교회가 예배의 가장 우선시 되는 장소라는 의미이다. 당신의 교회는 달란트를 받은 다양한 사람들로 가득하다. 중보자, 예술가, 가르치는 교사, 어머니, 아버지, 다혈질, 우울질, 기타 등등. 모든 국가, 민족, 언어, 인격 등을 가로지르는 다양한 배경과 표현 방식을 가진 사람들은 당신의 교회의 몸을 이루고 있으며, 만약 그것이 당신을 위한 하나님의 계획의 일부라면 이들의 다양한 음성들이 예배 사운드와 레코딩 사운드에 전반적으로 표현될 것이다.

    지역 교회의 성도들을 섬기면서 긴 시간이 흐른 뒤 그들의 삶과 관계들에 근간해서 맺어지는 최후의 열매를 보는 것보다 더 나은 것은 없을 것이다. 당신이 하나님과의 관계 속에서 그들을 돕고 있다는 것을 인식하는 것은 당신 자신의 영혼에 양식이 된다. 이것은 예수님께서 베드로에게 물으셨던 "베드로야, 네가 나를 사랑하느냐?... 내 양을 먹이라." 하신 말씀에 대한 건강한 반응일 것이다.

폴 발로쉬 *(Paul Baloche)*
"내 마음의 눈을 여소서"와 같이 최근 대부분의 곡을 그와 같은 사랑과 관계하여 작곡하고 있다. (leadworship.com, @paulbaloche)

예배 사역자에게 필요한 예배의 10가지 필수 요소

– 달린 첵 *(Darlene Zschech)*

예배 사역자로 섬겨온 것은 제 삶에서 가장 큰 영광 중 하나이다. 예배 사역자의 책임을 감당하며 나는 내가 상상했던 것과는 달리 이 자리가 진정으로 요구하는 다른 많은 면들에 눈떴다.

나는 솔직히 팀에서 예배 사역자는 가장 재능이 뛰어나고, 유창하며 천부적인 작가일 필요는 없다고 생각한다. 기술적으로 능숙함은 필요하지만, 예배 사역자가 정말 감당해야 할 것은 '돌봄'에 관한 것이다.

예배 사역자는 "우리가 어떻게 예배해야 하는지?"보다 "우리가 왜 예배하는지?"에 대한 이해를 갖도록 신경 써야 한다. 예배 사역자는 교회의 심장과 존중과 지지의 상냥한 리더십을 사람들에게 전달해야 한다. 예배 사역자는 자신의 팀과 그들의 가족들이 교회를 위해 하는 일 때문이 아니라 그들 모습 그대로 그리고 그리스도 안의 그들의 삶을 사랑해야 한다.

그렇다. 예배 사역자는 먼저는 목자이고, 두 번째가 음악인이다. 진정한 예배자는 기술과 지혜, 그리고 경건한 헌신으로 인도하는 사람이다. 예배 사역자들이 그들의 팀과 함께 나눌 수 있는 교훈적 가르침(teaching thoughts) 10대 원칙(당신에게 맡겨진 이들에게 전해 줄 절대 원칙)을 쓴다.

1. 하나님께 드리는 예배는 거룩하다

하나님은 평범하지 않다. 그렇기 때문에 예배는 공연이 아니다. 우리의 능력들을 증명하는 것도 아니다. 우리가 좋아하는 노래들을 부를 수 있는 기회 또한 아니다. 하나님은 거룩한 하나님이기에 우리가 예배하는 것이다. 그분은 홀로 영광 받으실 분이기 때문에, 그분의 기뻐하심을 위해 창조된 우리가 그 창조주를 예배하고 섬기는 것이다.

2. 탁월함에 관하여 (Regarding Excellence)

우리는 우리의 제사가 진실하고, 마음의 온전함 가운데 왔는지 주의하며 우리의 보물을 가져 온다. 성경에서도 가장 첫 번째 싸움은 제물에 관한 것이었다(창세기 4장). 그리고 이 날에 사람들은 무엇이 참된 예배인지에 관하여 다투고 의견을 달리 했다. 우리가 어떻게 예배를 드린다 할지라도 하나님을 추구하는 우리의 진실한 의도를 하나님께서는 아신다. 그러므로 우리가 예배에서 탁월함에 이르는 것은 하나님을 진실히 추구하는 것에 있다.

3. 진정한 예배의 삶

우리는 정말 많은 것들을 통해 지속적으로 훈련한다. 그러나 예배자로서 진실한 삶을 살아야 하는 개인적 책임은 아무것도 대신할 수 없다. 그래서 당신의 내면의 삶이 드러날 때, 사람들에게 보이는 것과 안 보이는 것 모두 똑같은 당신의 모습이다. 빌 하이벨스(Bill Hybels)는 "Who you are when no one's looking?(아무도 보는 이 없을 때 당신은 누구인가?)"라는 훌륭한 책을 썼다. 당신은 사람들이 알고 있는 모습과 하나님이 개인적으로 아는 그 사람이 같은 사람이 되도록 노력해야 한다.

4. 기쁨으로 주를 섬기라(시편100)

기쁨(Gladness)은 단순한 감정이 아니다. 기쁨은 성령의 열매인 즐거움(joy)의 결과이다. 당신은 문자 그대로 즐겁게 살 수 있다. 즐거움은 다른 것들로 얽매이지 않게 한다.

"그는 자기의 생명의 날을 깊이 생각하지 아니하리니 이는 하나님이 그의 마음에 기뻐하는 것으로 응답하심이니라"(전도서 5:20)

5. 예배는 단지 라이프 스타일이 아니다

예배는 하나님의 장엄함과 위엄에 대한 우리 삶의 반응이다. 그래서 하나의 라이프스타일로서의 예배는 그리스도의 십자가를 가볍게 여기는 것 것처럼 들린다. 우리가 성소에 들어가고 하나님의 실제적인 임재 속에 살도록 하시기 위해 하나님께서는 하나님이 가진 모든 것을 희생하셨다. 그러므로 예배를 하나의 라이프스타일을 선택하는 것으로 치부하지 말라.

6. 새로운 것을 수용하는 문화를 만들라

우리는 레위인들이 여호와 찬송하기를 배워 능숙해졌다는 것을 본다(역대상 25:7). 이것을 위해 비교하거나 능숙해지려고 하지 말라. 그러나 사람들에게 항상 그들의 은사들을 개발하고, 새로운 것과 새로운 아이디어들을 시도하라고 격려하라. 하나님 이름의 영광을 위해 주신 모든 것에서 새로움을 위해 훈련하고, 자라고, 노력하는 것을 계속 하십시오. 성경은 말씀한다.

> 새 노래로 노래하라(이사야 42:10)
> 너는 새 이름으로 일컬음이 될 것이다(이사야 62:2)
> 내가 그들에게 한 마음을 주고 그 속에 새로운 영을 줄 것이다(에스겔 11:19)

"새 노래", "새 날", "새 출발", "새 소망", "새 자비", "새 가능성", "새 아이디어", "새 길", "새로운 백성", 하나님께서는 말씀하십니다. "새 하늘"과 "새 땅", "새 언약"과 "새 모습", "새 마음", "새 계명", "새 창조"…… 새로운, 새로운, 새로운!

7. 하나님의 임재는 강력한 힘이다

우리의 역할은 하나님께서 여기 계시다는 것을 선언하고 알리는 것이다. 만일 우리가 단지 사람들의 귀를 즐겁게 하고 공연하고 노래하는 우리 스스로의 욕구를 만족시키기 위해 연주하고 인도한다면, 또한 그분의 임재와 위엄의 거룩한 자각 없이 예배에 나아간다면 우리는 사람들의 영적 유산을 도둑질 하는 것이다. 우리는 사람들을 하나님 성소 앞으로 인도해야 한다.

8. 우리는 감사함으로 그의 문에 들어가며 찬송함으로 그의 궁정에 들어간다 (시 100:4)

이 순서는 하나님의 계획이다. 세상의 낙관적 즐거움이 아니다. 우리 하나님을 높여 찬양하는 곳으로 사람들을 인도함을 확신하라. 우리 하나님이 통치하심을 선포하라. 천국 문화를 나타내라.

9. 천국의 원리에 기초한 음악

만일 당신의 팀이 연주는 잘 하지만 팀의 문화가 부정, 패배, 저항, 오만, 자부심의 부족, 질투, 심지어 불신 중에 하나라면 당신의 팀은 절대로 천국의 원리들에 기초한 문화로 함께 자라갈 수 없다. 천국 음악은 하나님 나라의 소리를 듣거나 맛본 사람들의 마음에서 만들어 진다.

10. 기도의 사람들

기도하지 않고 진실한 그리스도인의 삶을 살수 있다고 생각하는 사람은 매우 건방진 것이다. 기도는 우리의 생명줄이다. 기도는 우리의 '제 1언어'이다. 기도는 우리의 직접적인 접근이다. 이것은 하나님 앞에서 우리의 언어에 관하여 많은 것들을 가르쳐 주는 훌륭한 기도 책인 시편에서 명백하다. 감사함으로 들어가고, 그에게 모든 것을 가져와라, 그를 사랑하고, 그를 존경하고, 그에게 구하라. 이것이 기도의 언어이다. 당신의 기도의 삶을 개발할수록, 당신은 당신의 믿음의 삶과 예배의 삶도 발전시키고 있는 것이다. 이 주제에 관해 며칠이건 이야기할 수 있지만 지금으로서는 이것이 다이다. 우리의 왕을 경배하는 것이 얼마나 큰 영광인지를 절대 잊어버리지 말라.

달린 첵 *(Darlene Zschech)*

달렌 첵(dalenezschech.com)은 고전인 "내 구주 예수님(Shout to the Lord)"과 "예수님을 드러내기(Revealing Jesus)"라는 제목의 신간 앨범과 도서를 발매 및 출간했다.